走近

纵横家

走近谋略大师
聆听舌辩智慧
感悟人生冷暖

主编 舒大刚

杨世文 郑晔 著

山东城市出版传媒集团·济南出版社

图书在版编目（CIP）数据

走近纵横家 / 杨世文，郑晔著. —济南：济南出版社，2020.7
ISBN 978-7-5488-4135-7

Ⅰ.①走…　Ⅱ.①杨…②郑…　Ⅲ.①纵横家　Ⅳ.①B228

中国版本图书馆CIP数据核字（2020）第043092号

出 版 人	崔　刚
本书策划	冀瑞雪
责任编辑	孙育臣
装帧设计	李海峰

出版发行	济南出版社
地　　址	山东省济南市二环南路1号（250002）
编辑热线	0531－86131747（编辑室）
发行热线	82709072　86131701　86131729　82924885（发行部）
印　　刷	山东新华印刷厂潍坊厂
版　　次	2021年1月第1版
印　　次	2021年1月第1次印刷
成品尺寸	150mm×230mm　16开
印　　张	14
字　　数	182千
印　　数	1—5000册
定　　价	39.90元

（济南版图书，如有印装错误，请与出版社联系调换。联系电话：0531-86131736）

总　序

这是一个需要圣人而且产生了圣人的时代。

在公元前 800 年—公元前 200 年，在地球北纬 20°和北纬 40°之间的地域，世界上一批思想巨星和艺术宗匠闪亮登场，他们的思想和学说照亮了历史的天空，开启了人类的智慧，并一直温暖着人们的心灵。

那是一个群雄纷争、诸邦并列的时代：在古代欧洲，是希腊、罗马各自为政的城邦制时代；在南亚次大陆，是小国林立、诸邦互斗的局面；在古代中国，则是从"溥天之下，莫非王土"的西周王朝，转入了诸侯争霸、七雄战乱的"春秋战国"时代。那时天下大乱，战火连绵，强凌弱，众暴寡，争地以战杀人盈野，争城以战杀人盈城，百姓生活在被侵袭、蹂躏和面临死亡的威胁之中。如何才能恢复社会秩序，实现社会安定？什么才是理想的治国安邦良策？芸芸众生的意义何在？人类前途的命运何在？正是出于对这些现实问题的思考，一批批先知先觉诞生了，一服服治世良方出现了。人类历史也由此进入了智慧大爆发、思想大解放的"诸子并起，百家争鸣"时代！

在古波斯，琐罗亚斯德（前 628—前 551）出现了；在古希腊，苏格拉底（前 469—前 399）、柏拉图（前 427—前 347）出现了；在以色列，犹太教先知们出现了；在古印度，佛陀释迦牟尼（约前 565—前 485）诞生了；在中国，则有管子（约前 723—前 645）、老子（约前 571—前 471）、孔子（前 551—前 479）、孙子（约前 545—约前 470）、墨子（约前 475—前 395）等一大批精神导师、圣人贤人横空出世！德国哲学家雅斯贝尔斯在 1949 年出版的《历史的起源与目标》中，将这一时期定义为"轴心时代"，并认为，"轴心时代"思想家们提出的思想原则，塑造了不同的文化传统，也一直影响着人类未来的生活。在希腊、以色列、中国和印度的古代文化都发生了"终极关怀的觉醒"，智者们开始用理智的方法、道德的方式来面对这个世界，同时也产生了宗教和哲学，从而形成了不同类型的智慧，逐渐形成了"中国文化圈""佛教和印度教文化圈""希腊—罗马和犹太—基督教文化圈"，决定了今天西方、印度、中国、伊斯兰不同的文化形态。这些文化圈内人们的思想因为有了"轴心时代"思想家的智慧火花，才一次又一次地被点燃，这些文化也才一代又一代地得以传承和发展。

相反，由于没有"轴心时代"先知先觉思想的恩惠，一些古老文明也就无缘实现自己的超越与突破，如古巴比伦文化、古埃及文化、古玛雅文化，它们虽然都曾经规模宏大、雄极一时，但最终都被历史的岁月无情地演变成文化的化石。

中华民族以其悠久的历史和灿烂的文化屹立于世界民族之林，中华文化历经数千年而不衰竭，今日更以雄姿英发之势，傲视寰宇。它不仅是"世界四大古文明"（古埃及、古巴比伦、古印度和中国）中唯一迄今仍然巍然独立、生生不息的一个，也是上述四大文化圈中传承序列最明晰、文化形态最温和、可持续性最强的一种文化。

浩浩龙脉，泱泱华夏，何以能创造如此文明奇迹？中国"轴心时代"期间的"诸子百家"、圣人贤人所做的绝妙思考和留下的精神财富，无疑就是历代中国人获取治国安邦之术的智慧源泉。在这一群圣人贤人之中，有德有位、立言立功、多才多艺的周公（姓姬，名旦）无疑是东方智慧大开启的奠基者。历五百年，随着王室东迁、文献流播，而有管子、老子、孔子、孙子者出。管子是用知识和理想治理社会和国家而获得成功的第一人，是后世儒与法、道与名诸多原理的蕴蓄者。老子曾为周守藏室史，主柱下方书，善观历史，洞晓盛衰，得万事无常之真谛，故倡言不争无为，而为道家鼻祖。孙子虽言兵，然而崇仁尚智，以兵去兵，而为兵家之神圣。同时，有孔子者出，远法尧舜之美，近述周公之礼，删六艺以成"六经"，开学官以授弟子，于是乎礼及庶人，学术下移，弟子三千，达徒七十有二，口诵"六经"，身行孝敬，法礼乐，倡仁义之儒家学派因而诞生！

自是之后，民智大开，学术鼎盛，家有智慧，人有热忱，皆各引一端，各树一帜，于是崇俭兼爱的墨家（以墨翟、禽滑釐为代表），明法善断的法家（以申不害、商鞅、韩非为代表），循名责实的名家（以邓析、公孙龙为代表），务耕力织的农家（以许行、陈相为代表），清虚自守的道家（以文子、庄子为代表），象天制历的阴阳家（以子韦、邹奭、邹衍为代表），以及博采众长的杂家（以尸佼、吕不韦为代表），纵横捭阖的纵横家（以鬼谷子、苏秦、张仪为代表），纷纷出焉，蔚为人类思想史上之大观！

诸家虽然持说不同、观点互异，但其救世务急之心则一。善于汲取各家智慧，品读各家妙论，折中去取，必收相反相成、取长补短之效。《诗》曰："我思古人，实获我心！"生今之世，学古之人，非徒抒吊古之幽情、发今昔巨变之慨叹而已，亦犹有返本开新、鉴古知今之效云尔！

是为序！

目　录

汉唐书局

前　言

在群雄争霸、烽烟四起的战国、秦汉之际,出现了一个特殊的士人群体——"纵横家"。这些人多为策辩之士,游走于各国之间,推销自己的外交策略或政治主张。他们凭借思想、手段或谋略,折冲樽俎,排忧解难,或以三寸之舌退十万大军,或纵横捭阖巧解纷争,谱写出一首首智慧的颂歌,为中国历史增添了不少缤纷的色彩。

他们大多出身贫贱,渴望富贵;而这个大动乱的年代,正好为他们提供了获得利禄的大好机会。然而,作为平民出身的知识分子,要想跻身卿相、光宗耀祖,成为统治阶层中的一员,所付出的艰辛努力、遭受的屈辱和辛酸也是可以想见的。从苏秦、张仪、范雎三人身上,我们可以感受到从布衣到卿相的艰难历程。

韬略与口才是纵横家借以显身扬名的两大法宝。一个成功的纵横家能够依靠自己如簧之巧舌,或化干戈为玉帛、变仇敌为朋友,或智取卿相、巧获信任,或煽风点火、挑拨离间;他们甚至能依靠自己的满腹韬略倾人之城、救人之国。三寸之舌有时胜过千军万马。

他们不仅是一群优秀的演说家、谋略家,而且是一群具有卓越才能的外交家。在没有国际公法的时代,外交作为国内政治、军事的延续,具有很大的实用性。阴谋、欺诈、谎言、背信弃义、出尔反尔等情况,在战国时期的外交舞台上屡见不鲜;尤其在张仪身上,表现得淋漓尽致。所有这一切,构成了一组震撼人心的交响曲。

他们靠辩才和智谋去游说诸侯,博取各国君主的信任。这些人与他们所服务的君主之间的关系，往往是靠互相利用来维持的。一旦这种利用价值消失，他们就会被君主抛弃，或者弃君主而去。他们大多深谙此理，或避祸远害，或力破谗言、逃避暗箭。

他们是时代的弄潮儿，他们是谋略大师，是语言巨匠。他们的外交智慧和论辩技巧是一份宝贵的文化遗产。

从大处讲，当今世界并不太平，国际政治风云多变，利益冲突此起彼伏，要想从容地应对种种复杂的国际形势，我们可以从纵横家那里吸取经验。从小处讲，具有优秀的语言技巧、娴熟的处世谋略，在职场竞争、商业舞台以及各种社会活动中无疑会占据先机。

纵横家可以给我们提供许许多多有益的启示。

第一章　兵交中国无复宁

周威烈王二十三年(前403年)，晋国的三大贵族——韩、魏、赵三家分别被周王室封为侯国。又过了二十七年，即公元前376年，韩、赵、魏三家废掉了晋静公，将晋公室剩余的土地瓜分完毕。

从此，晋国不复存在，赵、魏、韩三国取而代之，中国历史进入战国时期。

这是一个干戈扰攘、四海动荡的时期，也是一个社会巨变、思想解放的时期。在这个时期，英雄辈出，政治家、思想家、军事家、谋略家、游说家……纷纷登场，施展才华，为这个大变动的时代增添了不少缤纷的色彩。

一、战国七雄

经过春秋时期的兼并与整合，战国时期出现了七大诸侯国并立的局面，分别为韩、赵、魏、楚、燕、齐、秦。另外，还有所谓泗上十二诸侯及其他一些小国，但这些小国只是作为大国的附庸而存在，对当时的政治格局已经无足轻重了。

韩国地处今山西东南部与河南西北部。韩国的东北方是魏国，居今陕西东部沿黄河一带，包括山西中部、西南部，河南中、北部，河北南部以及山东的一部分。魏国北边是赵国，位于今陕西东北部、山西大部、河北西南部、山东西部、河南北部。赵国的东边是燕国，居今河北北部、辽宁西南部、山东西北部。齐国位于今山东大部和河北的西北部。秦国在今陕西中南部、甘肃东南部及河南西部。楚国占有长江流域,包括今湖北全部、江西北部、安徽大部和江苏一部分、河南南部、陕西东南部、四川东部、湖南大部乃至广东北部。

各国统治者为了获取更多的土地、人口和财富,展开了长期而激烈的兼并战争,不断改写着这个时期的政治地图。这些兼并战争较春秋时期在性质上已经大大不同了。

春秋时期的战争大多是为了称霸诸侯,很少有以灭人之国为目的。而战国时期,战争已经不只是为了充当霸主,执天下之牛耳,这是一个大欺小、强并弱的时代。由于周王室的共主地位已经彻底丧失,天下再也没有一个诸侯共尊的权力中心,野心勃勃的大国诸侯纷纷想取而代之,一统天下。

群雄逐鹿,靠的是实力和战场上的胜负。战国时期,诸侯之间的大小战争有上百次。在战术上,原来的车战已逐渐让位于骑兵步卒之战,这是军事上的重大进步。步卒成为战争的主力,军功之制应运而生,军人成为一种职业,专门研究战法、战术的军事著作也随之出现,兵器制造水平有了长足的进步。

此时,战争不仅异常频繁,而且战争规模不断扩大。春秋时期的战争,参战的人员少则几千,多也不过数万。如著名的城濮之战,双方出动的士兵只有数千人。直到春秋末年,晋、楚两国争霸时双方士兵的人数也不过十多万。可是战国时期,各国不断扩张军备,连韩、燕之类的小国也有带甲数十万;至于秦、楚等"超级大国",总人数都在百万以上。大国发生战争,往往全国动员,出动士兵达数十万。马陵之战,魏国十万大军全军覆灭。后来秦将白起攻韩、魏于伊阙,斩敌首二十四万。长平之战,赵卒四十万人向秦国投降,白起下令将其全部活埋。

战争是残酷的。不过,这也许就是由分裂走向统一要付出的代价吧!

战国初期,最强大的国家是魏国。

魏文侯是三家分晋后魏国第一位英主,也是当时最有声望的诸侯。他广揽人才，许多怀才之士聚集在他周围。先后有卜子夏、田子方、段干木、吴起、李悝、西门豹等帮助他治国，魏国呈现欣欣向荣的景象。

李悝是魏文侯时的相国，子夏的学生，战国前期法家的著名代表人物。他所著的《法经》不仅集当时各国法律于大成，而且奠定了秦汉以后中国古代法律体系的基础。在魏文侯的支持下，李悝在魏国推行了一系列政治经济改革，主要内容包括用刑法、尽地力、行平籴（dí），信赏必罚，唯才是举，建立起新的政治经济体制。魏文侯还重用吴起，改革了军事制度。通过变法，魏国经济得以迅速发展，国力日渐强盛。公元前408年，吴起奉魏文侯的命令率军伐秦，一举攻下秦国洛水以东的五座城池，在那里设立了西河郡。吴起任西河守，使"秦兵不敢东向"。

变法运动很快形成了一股不可阻遏的历史潮流，迅速波及其他各国。吴起由于在魏国受到猜忌，就逃到了楚国；并受到楚悼王的重用，在楚国推行变法。齐威王在邹忌等大臣的帮助下，也广开言路、任用贤才、训练军队、加强武备。就连比较弱小的韩国、燕国也在国内推行变法。赵国的一代雄主赵武灵王推行"胡服骑射"，提倡士兵穿窄袖衣服，以便行军打仗；并要求他们学习北方少数民族的战法、战术，改步兵战、车战为骑兵战，大大提高了赵国军队的战斗力。

山东（崤山以东）形势的变化，使秦国君臣产生了强烈的危机意识。

秦国地处古雍州，相当于今天的陕、甘、宁一带，远离当时的政治文化中心——中原，民风朴野，文化落后。东方各国都视其为戎狄，很少与之往来，连盟会都不邀请秦国参加。公元前361年，年仅21岁的秦孝公即位。他痛感秦国地位卑下，国力不振，决心励精图治，改变秦国落后的面貌。他深知国家要富强，人才是关键，于是亲自签发了一份"求贤令"，向天下人宣布：有谁能出奇计使秦国富强起来，我将授予他高官，赐他封邑，与他同享荣华富贵。

秦孝公的"求贤令"很快传到魏国，引起一位年轻人的极大兴趣。他就是寓居魏国的卫国公子——公孙鞅（即商鞅）。

公孙鞅来到秦国，打通各种关系，见到了秦孝公。他先向秦孝公讲述三皇五帝的治国之道，秦孝公却一点兴趣也没有，竟打起瞌睡来。第二次，他又向秦孝公讲述夏、商、周三王之道，秦孝公却认为他是一个华而不实的家伙。最后，公孙鞅决定鼓动秦孝公实行"霸道"，建议他用法家思想治理国家。这次大合秦孝公的胃口，公孙鞅讲得滔滔不绝，秦孝公听得津津有味，二人在一起谈了好几天。

秦孝公决定重用公孙鞅，实行变法。

但是，变法受到国内保守势力的强烈反对，双方进行了辩论。他们认为沿袭旧制度，官吏习惯，老百姓也安定。没有百倍的好处，就没有必要改变法度；没有十倍的功效，就不要更换旧的东西；效法古代就不会犯错误，遵循旧制就不会出偏差。

对于这些谬论，公孙鞅一一进行了驳斥。他指出平庸的人才安于旧习，真正聪明的人应该未雨绸缪，见事变于未萌。何况夏、商、周三代礼制不相沿，齐桓公、晋文公、宋襄公、楚庄王、秦穆公五霸治国之术也各不相同，怎么能墨守成规、不求变通呢？

经过辩论，变法与守旧的是非利害一目了然。秦孝公最后下定决心排除干扰实行变法。

公孙鞅变法的主要内容有：(1) 奖励军功；(2) 鼓励农桑；(3) 强化社会基层组织；(4) 设立县制；(5) 废井田，开阡陌；(6) 统一度量衡。这些改革涉及政治、经济、军事、社会生活的各个方面，对秦国的发展产生了深远影响。

公孙鞅刚实行变法时，秦国上下将信将疑，许多人公开发泄对新法的不满。可是十年以后，秦国大治，老百姓得到了实惠，社会秩序井井有条，路不拾遗，山无盗贼，百姓家给人足，勇于公战，怯于私斗。秦国因此府库充溢,军事力量也大大增强。山东(崤山以东)诸侯不得不对秦国刮目相看。公元前355年,秦孝公与魏惠王相会于杜平,结束了多年以来中原诸侯瞧不起秦国、不愿与其会盟的历史,秦国的国家地位进一步提高。

正当秦国致力于变法、发展经济、加强军备之时,山东(崤山以东)形势也发生了戏剧性的变化。齐国经过齐威王的改革以后,国力也迅速强盛起来,成为魏国霸业的竞争对手。

公元前354年,赵国对卫国发动了一场战争,最终迫使卫国从属于赵国。魏国历来把卫国视为自己的势力范围,如今赵国胆敢对卫国动武,这不是对魏国公开发难吗?魏惠王无法容忍这样的事情,于是下令讨伐赵国。魏国大军一直打到了赵国都城邯郸,将这座城池围得像铁桶似的。

赵国面临亡国的危险!

齐国是赵国的盟友,赵国国君派来求援的使臣接踵而至。齐国不愿意看到魏国势力过度膨胀,经过一番讨论,齐王决定对赵国实行救援。但为了齐国的利益,要等到魏、赵两国打得精疲力尽、两败俱伤时齐国才出兵。

第二年,魏军攻破了赵都邯郸,齐国君臣认为出兵救赵的时机已经成熟,便任田忌为主将、著名军事家孙膑为军师,举兵伐魏救赵。

孙膑提出一个"围魏救赵"的战术,即不直接率兵攻打赵国,而是直奔魏国本土,围攻魏国首都大梁。由于魏国后院着火,魏军不得不从邯郸撤退回国,当行至桂陵(今河南长垣西南)时,与齐军相遇,疲惫不堪的魏军被齐军打败了。

十年以后,魏国攻打韩国,韩国急忙向齐国求援。齐国又派田忌为大将,田婴为副将,孙膑为军师,还是采用"围魏救赵"的办法,率五万大军直扑魏都大梁。魏惠王派太子申与庞涓为将,他们带领十万大军前去迎战,结果在马陵(今河北大名东南)遭到齐军的伏击,十万人马全军覆灭，庞涓自刭(jǐng)而死，太子申成为俘虏。

魏国从来没有遭受过如此惨败，霸主地位已岌岌可危。秦国抓住了这个有利时机，与齐、赵一起从三面夹击魏国。公元前340年，公孙鞅用计抓到魏公子卬，秦国终于打败宿敌魏国，歼敌十万人，夺回了被魏国侵占多年的西河地区。

从此，七国的力量对比发生了根本性的变化，魏国逐渐沦为与韩、赵、燕类似的二流国家。西边的秦、东边的齐、南边的楚成为当时的头等强国，形成三强鼎立的局面。

后来，秦国经过持续不断的发展，实力逐渐超过了齐、楚等山东六国，成为带甲百万、骑兵过万、地方五千里的唯一超级大国。

一强六弱的局面就这样形成了。

二、士·游士·辩士

思想的解放，知识的下移，贵族的腐化，为平民知识分子走上政治舞台创造了有利的条件。

在西周时代，"士"是一种令人羡慕的身份。他们虽是低级贵族，但居住在都城之中，有统治平民的权利，也有拿起武器保卫国家的义务。然而到了春秋战国时期，由于社会的剧烈变动，旧的宗法关系开始解体。很多贵族世家家道中落，徒有虚名，甚至失去了贵族身份，没有了过去的世袭特权，不得不靠知识、技能谋求生存。从前由贵族垄断的文化、知识以及各种典籍也逐渐散落，流传到民间，平民们开始有了受教育的机会。儒学创始人孔子就是一个典型的例子。

孔子的祖先是宋国贵族，后来到鲁国避难，从此默默无闻。到孔子父亲叔梁纥，算是有点小名气了。叔梁纥是鲁国贵族孟献子手下的一名武士，膂(lǚ)力过人，作战勇敢。在一次战斗中，他用双臂把敌方放下的悬门托起，避免了己方的损失。就这样，他"以勇力闻于诸侯"。但他并没有加官晋爵，只得到一个陬邑宰的低级官职，身份始终只是一名武士。到了孔子时,家境更加贫寒。有一次,鲁国贵族季孙氏宴请士一级的贵族。当时孔子丧母不久,孝服未除,以为自己是叔梁纥的儿子,大概也有资格参加,就跟着别人去了。谁知季孙氏有一个叫阳虎的家臣对他极为无礼,奚落他说:"季家宴请的都是士,你跑来凑什么热闹?"

孔子的遭遇非常具有普遍性。当时许多贵族家庭沦为庶民,他们要想重新跻身于统治阶层,必须靠自己特殊的知识和才能。所以,后来孔子发愤读书,精研礼乐,周游列国,希望自己的主张能得到诸侯国君的重视。在接连碰壁、屡遭不测之后,他开门授徒,广收弟子,传播文化知识,并著书立说。后来,孔子被尊为至圣先师。

孔子的一生在中国文化史上具有象征意义。首先,从他们父子身上,体现了"士"由武士向文士转化的历程。其次,孔子开门授徒,"有教无类",即不问学生的出身,一视同仁传授知识,表现了教育平民化的趋势。很多平民子弟就是通过向掌握着文化知识的没落贵族学习,才得到了受教育的机会,因此成为平民知识分子。

这个时期,一方面是贵族地位的下降,另一方面则是平民地位的上升,形成了一股社会对流的趋势。由于当时特殊的社会政治文化背景——诸侯并立、列国纷争,谁拥有人才,谁就有可能富强,谁就能在国际舞台上执牛耳、充当霸主。因此,各国都把延揽人才作为一项很重要的国策。在这个剧变的时代,各种特殊的知识、技能受到空前重视。因而,平民知识分子可以凭借自己的文化修养、思想主张及一技之长,获取官爵、利禄。由于诸国对各种技能人才的需求,各类人才蜂拥而出,游说之士、侠义之士、神仙方术之士以及斗鸡走狗、狐窃鼠偷之士,应有尽有。特别是游说之士,他们以跻身公卿、获取富贵为目的,对列国形势、游说技巧有深入的研究。他们善于察言观色、随机应变,不像现代人这样有强烈的国家观念。哪个诸侯国的君主重用他们,并给予他们优厚待遇,他们就为哪个诸侯国效力。当时各国对人才流动的控制也不严,只要不是正在通缉的逃犯,边境都会放行。因此,在春秋战国时期产生了一大批以"干禄"(找官做)为目的的游士。他们或朝秦暮楚,或楚才晋用,奔走于各国之间。苏秦、张仪、范雎、甘茂、陈轸等人就是其中的典型。

第二章　战国纵横家

——时代骄子

三家分晋,揭开了战国时期的序幕。

这是一个历史大变革时期,社会的动荡、战争的惨烈,较此前的春秋时期,有过之而无不及。明末清初著名学者顾炎武在《日知录》中曾说:

> 春秋时犹尊礼重信,而七国则绝不言礼与信矣;春秋时犹宗周王,而七国则绝不言王矣;春秋时犹严祭祀,重聘享,而七国则无其事矣;春秋时犹论宗姓氏族,而七国则无一言及之矣;春秋时犹宴会赋诗,而七国则不闻矣;春秋时犹有赴告策书,而七国则无有矣。

这段话概括出了当时历史形势的巨大变化。从中国历史长河来看,春秋、战国同是天下纷争、礼坏乐崩的混乱时期;但是,在春秋时期,周天子还保持有天下共主的地位,各国在表面上还要听从周天子的号令,宗法礼制对各国之间的争战、讲和还具有一定的约束作用。虽然"五霸"迭兴,战争不断,但各个诸侯国力量还不够强大,相互之间还能互相制约,战争的目的只是为了在诸侯中取得霸主地位而已。到了战国时期,周天子已经名存实亡,等级名分完全遭到破坏。由于长期的兼并战争,诸侯国数量大为减少。周初分封130多个诸侯,到春秋时还有数十国;至战国时,形成了"七雄并立"的政治格局。各国为了在兼并战争中占据有利地位,纷纷推行变法,以图富国强兵。各国的实力往往与人才争夺、变法成败紧密相连。

战国初期，魏国变法成功，因而国力大增，成为当时的强国，称霸近百年。公元前334年，魏惠王和齐威王在徐州会盟，两国互相承认对方为"王"。之后诸国纷纷仿效，又有五国相互承认对方为"王"。这标志着霸主时代结束，兼并时期开始，周天子彻底丧失了"天下共主"的地位。"周礼"的约束力已经失效，"实力"和"利害"成为国家关系的尺度。

各国由于内部变法程度的不同和外部发展条件的变化，力量逐渐分化。这时，七国之间虽然还没有哪一国能够仅凭自己的力量吞并其他诸国，但兼并他国，进而统一六国已经成为几个大国追求的最终目标。所以到了战国中后期，由于各国之间力量的天平逐渐倾斜和国家之间相互关系的重新组合，战争比春秋时更加激烈和残酷，战争的规模也越来越大，持续时间也越来越长。这时战争已经不单单是两国之间的事情了，也关系到其他国家的安危甚至生死存亡。

由于战争的影响已经越出国界，外交就凸显出前所未有的作用，从而受到各国的重视。春秋时伟大的军事家孙武曾说："上兵伐谋，其次伐交，其次伐兵，其下攻城。"用兵打仗，谋略当然最重要；但通过外交努力，扩大己方阵营，瓦解敌方势力，最大限度地争取盟友，可以获得一个有利于自己的外部环境，这也是战争胜利的重要保证。在七国互相牵制时期，各国在发展实力的同时，都十分重视外交。这时，专门驰骋于外交场合，以其机变之谋、捭阖之术直面各国诸侯，以三寸之舌对百万之师，"一怒而诸侯惧，安居而天下熄"（《孟子·滕文公下》）的"纵横家"就应运而生。

一、行人之官

虽然"纵横家"主要活跃在战国、秦汉之际的历史舞台上，但它是历史积淀的结果。正如一些研究者所指出，尧舜时期的韬略之光，夏、商、西周的谋略实践，春秋时期能言善辩、长于计谋智慧、擅长斡旋的人物的出现，以治为务的儒、道学说的形成，以及战国时期特殊的社会环境，最终孕育出"纵横家"这个显学。

刘歆《七略》第一次把"纵横家"和儒、墨、道、法等家相提并举，后人遂沿其流。如果非要对"纵横家"的来历做一个探源，可追溯到"行人"这一官职。班固《汉书·艺文志》早就指出："纵横家者流，盖出于行人之官"。

"行人"之官始设于西周，有"大行人"和"小行人"之分，属于"秋官"。"大行人掌大宾之礼及大客之仪，以亲诸侯。""小行人掌邦国宾客之礼籍，以待四方之使者。"（《周礼·秋官司寇·衔枚氏》）他们是专门负责周王室与诸侯邦国朝觐聘问的外事之官。但当时周是天下宗主，"行人"的职责只是和周王属下的诸侯邦国进行交往，从事的只是外交官的一部分工作，从严格意义上来说，还不是真正的外交官。

到春秋时期，各诸侯国都设立了从事外交活动的官员"行人"，作为"通使之官"。最初，"行人"是兼职出使的使者，如鲁国叔孙氏以司马而为行人，郑国的公孙黑以上大夫而世行等。其后，各国都相继设"行人"之官，在国内掌宾客之事，遇事则出使，专门负责交涉。随着诸侯间外交活动的频繁，"行人"变得日益重要。他们往来于列国之间，通两国之情，释仇化怨，在列国竞争中发挥了巨大作用。

由于体会到"行人"地位的重要性，各诸侯国都不拘一格吸引这方面的人才，希望在复杂多变的外交战中占据先机。春秋时以擅长外交和游说著称的"行人"有很多。如秦穆公时期的公子絷，他以吊唁的名义探望逃亡在外的晋公子重耳和夷吾，然后从秦国利益出发，建议秦国支持"不仁"的公子夷吾，以削弱晋国。郑国的子产，不仅本人非常善于外交，而且手下也人才济济。由于他们的纵横捭阖，使郑国处于晋、楚两个大国之间而游刃有余。孔子弟子子贡，"存鲁、乱齐、破吴、强晋而霸越"（《史记·仲尼弟子列传》）。总之，春秋时期会盟兼并的特殊政治环境，造就了一批有着机敏应变能力的精英。这些人知识渊博,机智灵活,谨言慎行,胆识过人,活跃在当时的外交舞台上,成为战国纵横家的先驱。

　　纵横家又称"策士""游士""谋士"等,多是一些巧舌如簧的权谋之士。战国时最著名的纵横家有苏秦、苏代、张仪、公孙衍、范雎等人。他们凭借自己过人的智慧、精湛的外交技巧,出将入相,权倾一时,"一怒而诸侯惧,安居而天下熄"。张仪数次担任秦相、魏相,推行"连横"策略,削弱魏国,打击楚国,为秦国的强大和六国的统一做出了极大贡献。苏秦卿齐相燕,推行自己的"合纵"主张,合六国以制秦,在客观上延缓了六国的灭亡,充分显示了其谋略的功效。公孙衍发起五国攻秦、姚贾破四国之盟,纵横之术对当时时局确实产生了巨大影响。纵横家在战国这一错综复杂的形势下所起的历史作用是难以否认的。

二、纵横之术

　　战国时期"邦无定交,士无定主"(《日知录·周末风俗》)的国际环境,为纵横家提供了大展身手的舞台。他们凭借自己的三寸之舌,活跃在七国之间,极力迎合列国诸侯强者争霸、弱者图存的不同需要。

　　"纵横",即合纵与连横。从地域来说,原是指以韩、赵、魏为中心,南交楚或北通燕,"南与北合为纵";西连秦或东接齐,"西与东合为横"(《淮南子·冥览训》高诱注)。就其策略而言,合纵即"合众弱以攻一强",就是许多弱国联合起来共同抵御一个强国,以对付强国的兼并;连横即"事一强以攻众弱"(《韩非子·五蠹》),就是强国拉拢一些弱国来攻打其他弱国,以达到各个击破的目的。在战国初期,由于列国实力相差还不太悬殊,因此当时各国的外交还没有形成一个固定的目标,列国聚散离合无常。战国中期以后,由于秦国实力大增,跃居七雄之首,其兼并天下的野心昭然若揭。面对弱肉强食、风谲云诡的国际环境,"合纵"就变成关东六国联合抗击强秦的手段。与此相对,秦国为了分化瓦解六国联盟,以便各个击破,推出了"连横"政策,后来又发展为"远交近攻"的战略。

司马迁说:"三晋多权变之士,夫言从衡强秦者大抵皆三晋之人也。"(《史记·张仪列传》)相传纵横家的始祖是鬼谷子,"颖川阳城有鬼谷,盖是其人所居,因为号"(《史记·苏秦列传》集解引徐广曰)。阳城在韩国境内,"周有豪士居鬼谷,号为鬼谷先生,苏秦、张仪往见之,择日而学"(《太平御览》卷530引《鬼谷子》)。战国时很多谋士出自鬼谷子门下,这些人大多来自三晋(韩、赵、魏),如张仪和公孙衍均出生于魏国,苏秦兄弟为三晋间周人。卢云《汉晋文化地理》曾对《战国策》所载策士的国籍做过统计,其中魏策士最多,达29人;赵次之,15人;周、韩又次之,分别为13人和11人。这些统计数字为太史公的说法提供了佐证。

为什么三晋多权变之士? 这应该与其战略位置、社会背景和文化传统有很大关系。就战略位置而言,三晋地处天下之中,位于秦、楚、齐等大国之间,是列国外交的必经和必争之地。无论是南北合纵,还是东西连横,都与三国关系很大。三晋的态度直接关系到"合纵"或"连横"的成败。特别是三晋中的魏国,更是纵横家大显身手的中心舞台。张仪连横,首先选择的对象就是魏国,"欲令魏先事秦而诸侯效之"(《史记·张仪列传》);而魏相公孙衍积极倡导合纵,率五国联军伐秦。在后来的历次合纵抗秦活动中,魏国都充当了主要角色。就社会背景而论,纵横家的出现和活跃,与传统的宗族政治和礼义道德的崩塌有直接关系,是新的政治秩序和价值观念确立过程中的一种社会现象。在这种社会变革的大潮中,三晋捷足先登,因而很自然地成为纵横家的摇篮。

纵横家在战国时期被称为"辩士",主张"合纵"的被称为"纵人(从人)",主张"连横"的被称为"横人(衡人)"。这些人大多来自"士"阶层,还不能成为独立的政治势力,需要依附于某些政治集团才能施展自己的才能。因此,在没有取得富贵之前,他们要想方设法展示自己的才能,得到欣赏,然后依靠自己的智慧为特殊的势力服务,以此换取个人的身荣名显。在登上政治舞台之前,他们往往生活贫贱,历经困厄。如苏秦原为"东周之鄙人",曾受尽冷落;张仪虽然出身于贵族,但"贫无行",乃至因为贫穷被诬盗璧而惨遭笞(zhā)辱;范雎家贫无以自资;蔡泽因贫困而问卜于唐举。李斯曾说"垢莫大于卑贱,而悲莫甚于贫困",道出了这些人的心理状态。

虽然这些人出生贫贱,但因为学有专长,雄心勃勃,富有进取之心,最终凭借智慧跻身上层,左右国政。苏秦佩六国相印;张仪叱咤一时;范雎、蔡泽游说诸侯,虽"至白首无所遇",但仍不气馁,最终相继取得卿相之位。他们智慧超卓,虽处在诡谲多变的国家关系和复杂的国内政治斗争中心,但能够驾驭局势,保全自己。苏秦为燕行间于齐,在燕常遭诋毁,受到燕王的怀疑,但苏秦以"进取之道"自辩,得以脱身;他在齐国被刺,临死之际巧设计谋捉住刺客。张仪为秦谋划,殚精竭虑,甚至不择手段,两次入楚,玩弄楚怀王于股掌之中,仍能全身而归;晚年受人诋毁,只好设计逃到魏国,得以善终。

纵横家擅长"外事"(外交事务),强调国家关系的作用,认为只要处理好国与国之间的关系,则"大可以王,小可以安"(《韩非子·五蠹》)。他们认为国家的兴衰存亡取决于外交策略的得失,因此宣称"安民之本,在于择交"(《史记·苏秦列传》)。他们主张通过"合纵"与"连横"的外交活动达到称霸称王的目的,鼓吹"纵成必霸""横成必王"(《韩非子·忠孝》)。这与法家主张通过改革内政、谋求富国强兵的政治思想有显著的不同。韩非曾对纵横家这种轻内政而重外交的思想倾向提出了批评:"今不行法术于内,而事智于外,则不至于治强矣"(《韩非子·五蠹》);"山东之言纵横,未尝一日而止也,然而功名不成,霸王不立者,虚言非所以成治也"(《韩非子·忠孝》)。韩非的批评无疑击中了纵横家的要害。

贵权变而轻仁义,是纵横家的另一个显著特点。春秋以来,社会政治、经济生活的巨大变化带来了价值观念、道德风尚的显著改变。关于这一点，西汉的刘向有比较精到的论述。他指出，西周文王、武王之世，"崇道德，隆礼义"，以礼乐文明教化天下，故"远方慕义，莫不宾服，《雅》《颂》歌咏，以思其德"。到康王、昭王之后，周德渐衰，但"其纲纪尚明"。春秋时期，虽然霸主迭兴，战争不止，但道德礼义的约束力仍在。五霸之后，君不君，臣不臣，但如郑国子产、晋国叔向、齐国晏婴，"挟君辅政，以并立于中国，犹以义相支持，歌说以相感，聘觐以相交，期会以相一，盟誓以相救。天子之命，犹有所行；会享之国，犹有所耻。小国得有所依，百姓得有所息"。

可是春秋之后，贤辅既没，礼义衰亡，社会的道德价值观发生了根本性变化。孔子虽删《诗》《书》，定《礼》《乐》，阐王道，复周礼，弟子三千，贤者七十二人；但孔子死后，"田氏取齐，六卿分晋，道德大废，上下失序"，传统礼义道德沦丧，"捐礼让而贵战争，弃仁义而用诈谲，苟以取强而已矣"。战国时期，"上无天子，下无方伯；力政争强，胜者为右；兵革不休，诈伪并起。当此之时，虽有道德，不得施谋；有设之强，负阻而恃固；连与交质，重约结誓，以守其国"。在崇功利、重实力、尚权谋的社会风尚面前，孟子、荀子等儒术之士"弃捐于世""而游说权谋之徒，见贵于俗"。因此苏秦、张仪、公孙衍、陈轸、苏代、苏厉之徒，竞相兜售其纵横短长之说，"左右倾侧"，"苏秦为从，张仪为横；横则秦帝，从则楚王；所在国重，所去国轻"。这些人在重实用、好功利的时代大潮中，随波逐流，游说列国，猎取功名，"度时君之所能行，出奇策异智"（以上见《战国策·刘向书录》），见风使舵，巧言诡辩，挑拨离间，背信弃义，无所不用其极。

正因为纵横家着眼功利，重视实际操作，不追求高远的价值理想，其他诸家对他们贬多褒少。特别是汉代以后，独尊儒术，儒者更是对纵横家大加挞伐。事实上，由于纵横之术有巨大的实用性，凡用世之学必有似纵横者，儒、墨、法等皆入纵横樊篱，所不同者，纵横仅手段、方法而已。章太炎就曾指出:"孔子干七十二君,已开游说之端。其后儒家率多兼纵横者",因此"儒与纵横相为表里,犹手足之相支,毛革之相附也"(《诸子学略说》)。其他诸家为了推销自己的学说、主张,也纷纷采用纵横之术。

三、《鬼谷子》与《战国策》

《鬼谷子》记载的是纵横家的基本理论,而《战国策》所收的文献则是游说辞的范本。

关于鬼谷子其人其书的真伪,自古就有不同的看法。最早记载鬼谷子其人的是司马迁的《史记》,而最早引用《鬼谷子》的是汉代刘向的《说苑》。东汉王充《论衡·答佞篇》还记载了一个传说故事。苏秦、张仪跟随鬼谷子学习纵横术,鬼谷子掘地为坑,自己下去,对苏、张二人说:"如果你们能够把我说哭,劝我从坑中出来,将来就能分到人君的土地。"先是苏秦下去,施展自己的本领,鬼谷子听后泪如雨下,张仪却稍逊一筹。关于这个传说,古籍中虽有不同记载,但基本内容则是一致的。

汉代学者对鬼谷子其人其书的记载,后人有的相信,有的怀疑,甚至否定,从而引发了长期的争论。《汉书·艺文志》没有著录《鬼谷子》一书,直到《隋书·经籍志》才被著录。因此,有些学者怀疑《鬼谷子》一书晚出。其实《汉书·艺文志》没有著录《鬼谷子》,并不能证明没有鬼谷子其人其书。清代学者俞樾对《鬼谷子》研究用力极深,他在《鬼谷子先生事略》中指出:"鬼谷先生必长于苏、张,其为战国初期时人无疑。约当墨翟、杨朱之后,略先于申不害、商鞅、惠施、尸佼诸子,或与之同时。"俞樾的《〈鬼谷子〉真伪考》通过对文体时代特征的考论,指出:"由今观之,吾人研究其学,虽或能考定其作者及时世,要亦不能忽略其书之体裁,此则读者所当详察也。"当代学者李学勤《〈鬼谷子·符言篇〉研究》一文,通过对其行文方式与近年出土的简帛相比较,断定《鬼谷子》为先秦之作不伪。总而言之,《鬼谷子》一书经过长期的流传,其间可能有后人添加、附益或改写,但基本内容应当可信。

《鬼谷子》的价值体现在多方面,它是先秦时期流传下来的唯一一部关于纵横家的理论著作。《汉书·艺文志》著录了从战国至西汉纵横家著作 12 部,但无一留存,因此,更加凸显出《鬼谷子》的重要价值。今本《鬼谷子》的内容可分为三大部分:第一部分是总论,《捭阖第一》集中论述了谋略思维的根据、原则和方式,并以这三个方面统摄了《反应第二》至《谋篇第十》诸篇,是《鬼谷子》一书的核心部分;第二部分包括《决篇第十一》《符言第十二》及下卷《持枢篇》,论述为君之道,虽然这也是谋略的一个组成部分,但谈论的思维主体是君王;第三部分包括《本经阴符七术》,重点讲思维主体如何提高自身在人际交往中的魅力。

战国时期诸子学说各有特色,而《鬼谷子》以讲述谋略智慧著称于世。如《捭阖第一》讲"开合之术",在用人或与人结交之时,究竟是"开"还是"合",这就要求详细了解情况,抓住时机,掌握事物变化的规律,恰当准确地运用"开"与"合"的策略。又如《反应第二》,讲的是反复与事物接触,以便准确彻底地了解事物的情状;并由此引申出"钓言之术",即在与人交谈时应当善于发现对方的破绽,择机进攻,抓住要害,击败对方。除此之外,另有"抵巇(xī)之术""飞箝之术""揣摩之术"。还有《权篇第九》《谋篇第十》,都是讲权变、计谋。可以说,《鬼谷子》一书是讲阴谋、权变理论原则和方法的渊海。苏秦、张仪就是运用这些权谋之术游说各国诸侯,或主"合纵",或倡"连横",取富贵,佩相印,主宰战国政治局势数十年。

《鬼谷子》中的这些原则与技巧的具体运用,在《战国策》中得到集中反映。游说技巧是纵横家十分讲求、用心研习的。《鬼谷子·转丸第十三》说:"故与智者言,依于博;与博者言,依于辨;与辨者言,依于要；与贵者言，依于势；与富者言，依于豪；与贫者言，依于利；与贱者言，依于谦；与勇者言，依于敢；与愚者言，依于锐。"战国之时，以纵横短长之策游说诸侯，是建功立业最便捷的途径，急功近利的士人趋之若鹜。苏秦、张仪等著名策士的成功令游士们羡慕不已，成为游士们学习和模仿的榜样。当时就有人迎合游士们的需要，广泛搜集历史上的权变典故、游说故事以及策士游说诸侯的信函和说辞，汇编成册，供游士们学习借鉴。《战国策》中的许多文章实际上就是游说范本，可供后人揣摩研究。纵横家在游说君主权臣时，首先要了解一切相关资料，包括对方的志趣爱好，视其对象不同而随机变换。在游说时，要注意以理服人、以情动人、以利诱人、以威逼人；对于天时、地利、人和都要用心研究，要阐述明白。在推销主张时，他们往往给出上、中、下三策供对方选择，常常收到奇效。总之，"善说者，陈其势，言其方，人之急也，若自在隘窘之中，岂用强力哉！"（《战国策·齐策三》）掌握对方心理，抓住要害，以利害打动对方，就能够收到奇效，最终游说成功。《战国策》有十余章记载张仪、苏秦的游说辞，其皆善于铺陈，词锋犀利，有很高水平。他们在与对方交谈时，显得成竹在胸、善守善攻，往往切中要害，或投其所好，或诱其以利，或危言耸听，或惧其以势。他们的说辞或主动出击，或暗藏锋芒，对方在不知不觉中就落入预设的圈套，心悦诚服地接受其主张，游说便获得成功。

　　从《战国策》的形成过程来看，它的每一篇应该有原始作者。书的名称也不尽一致，或曰《国策》，或曰《国事》，或曰《短长》，或曰《事语》，或曰《长书》，或曰《修书》。我们今天所看到的《战国策》，是西汉后期学者刘向编成的，书名也是他起的。书中的史料大抵是战国时期的，其中，包括策士的著作和史官的记录。现在的《战国策》按国别分为三十三篇，为东周一、西周一、秦五、齐六、楚四、赵四、魏四、韩三、燕三、宋卫一、中山一，分类与《国语》有相似之处。其中，史事的年代大致上接春秋，下迄秦统一。全书没有系统完整的体例，大都是相互独立的单篇记载，"其事继春秋以后，讫楚、汉之起，二百四十五年间之事，皆定以杀青"(《战国策·刘向书录》)，是研究战国历史文化的基本资料之一。1973 年，在长沙马王堆汉墓出土了大批帛书，其中，有一种主要记录的是苏秦等人的书信和谈话，原书没有书名，整理者将其定名为《战国纵横家书》。全书共 27 章，其中 11 章见于《史记》和传世的《战国策》，另外 16 章是久已失传的佚书，为司马迁和刘向所未见。这批古佚书的重见天日，丰富了我国历史文化典籍的宝库。特别是出土文献中关于苏秦、张仪等人生平事迹的记载，与《史记》颇有不同，从而引发了学术界对苏、张年代的讨论，这无疑深化了人们对于战国纵横家的认识。

第三章　充满荆棘的卿相之路

大动乱的年代为各种各样的冒险家提供了获得利禄的大好机会。可是,作为平民出身的知识分子,要想跻身卿相、光宗耀祖,成为统治阶层中的一员,所付出的艰辛努力也是可以想见的。在苏秦、张仪、范雎三人身上,我们可以看到从布衣到卿相的艰难。

一、锥刺股

在春秋战国时期,鬼谷是一个充满神秘传说的地方。

那里山高林密,幽深难测,仿佛人间仙境,其中住着一位隐士,自号鬼谷子。他的学问极高,天文地理、行军布阵无所不通,无所不精。他收了许多门徒,最著名的有学习兵法的庞涓、孙膑和学习游说的苏秦、张仪。他的门徒学成之后先后下山,各自干出了一番轰轰烈烈的事业,给战国历史增添了不少色彩。

苏秦是东周雒邑人,祖辈务农,家里有一点田产。但苏秦认为,在家里种地没有什么出息,要想干出一番惊天动地的大事业,在青史留名,就得出去闯荡。于是他向父母讨了些盘缠,出去拜师学艺。他听说鬼谷子广收门徒,便拜在鬼谷子门下。经过几年的学习,苏秦自认为时机已到,就辞别了鬼谷子。

苏秦辞别鬼谷子后,踌躇满志,想凭着自己的满腹韬略,在诸侯纷争的乱世求取荣华富贵,给父母兄弟看看,免得他们说自己不成才。因此他并没有立即回家,而是先到各国去碰运气。

先去哪国游说呢? 苏秦首先想到了家乡所在的东周。当时周王室虽然名为天下共主，但没有一个诸侯前来朝聘。不仅如此，有些人不怀好意，觊觎周王室祖上传下来的礼器，尤其对周鼎感兴趣，想把它搬到自己国家。周天子在诸侯眼里只能算一个弱国之君，可以随意欺凌。苏秦想通过游说周显王振兴周室，并在家乡取得荣华富贵。

他来到王宫前，先求见周显王周围的大臣，希望得到他们的引荐。但这些大臣都是一些豪门贵族，养尊处优，思想保守，只求明哲保身，不想惹什么麻烦，因此，对苏秦说的自强、图变并不感兴趣，认为这些都是不切实际的胡吹。而且这些豪门显贵也瞧不起平民出身的苏秦，怀疑他的学识，不想与他来往，所以拒绝为他引荐。苏秦最后没有被周显王召见，他在家乡扬名的希望破灭了。

苏秦当时只想求取功名，博得富贵。合纵、连横或兴周都不是他始终坚持的主张，只要哪位君主用他，他就为哪位君主献计献策。他的性格也反映了春秋战国时期游士的普遍特征。

苏秦在周显王那里没有得到什么好处，心里很不服气。他想：东方不亮西方亮，凭我苏秦的才学哪里不能获得荣华富贵？既然在家乡找不到出路，我还是出去闯荡吧！于是他背上书箱，肩挑行李，风餐露宿，风尘仆仆地向他景仰已久的秦国赶去。

秦国自穆公以来就有"好士"之名，无论来自哪个国家，只要有经邦之才、治国之术，或者一技之长的人，都有可能在秦国获得一展才华的机会，得到官职或钱财，甚至官至公卿。最著名的故事是秦穆公用五张羊皮换来百里奚，任命其为大夫，在他的辅佐下成就霸业。于是苏秦满怀希望地来到了秦都咸阳。

在穆公以前，秦国一直是一个弱国，东方诸侯视其为戎狄，各种盟会都不让它参加。后来经过几代君主的励精图治，秦国疆土日益扩大，国力日益雄厚，使东方诸侯对它刮目相看。到秦孝公时，任用卫公子公孙鞅（商鞅）实行变法，废井田、开阡陌、赏军功、禁私斗，仅仅十几年时间，秦国就成为当时最富庶和强大的国家。秦国不仅甩掉了戎狄的帽子,成为超级大国,而且多次侵犯东方各诸侯国,并屡战屡胜。

苏秦来到秦国,希望能像百里奚、公孙鞅等人那样在秦国大展宏图。但他去的时候秦孝公已经死了,新即位的秦惠文王在做太子时,因为反对新法被公孙鞅定了罪。他的两个老师,一个叫公子虔,被割了鼻子;一个叫公孙贾,脸上被刺了字。如今太子即位,公子虔和公孙贾这帮人都得了势。他们是公孙鞅的死对头,于是借助新君的威势来报仇。最后秦惠文王给公孙鞅定了个谋反罪,将其处以五马分尸之刑。

苏秦求见秦惠文王时,这场风波刚刚过去,秦国君臣对来自东方的舌辩之士犹存戒心。但还是接待了苏秦,听他把话说完。

苏秦对秦惠文王说:"秦国西有巴、蜀、汉中,北有胡族、貉(mò)族、代郡、马邑,南有巫山、黔中,东有崤山、函谷关作为天然屏障,可以说四面都是要塞,固若金汤;加上田野肥沃,人民富裕,军力强大,占尽天时、地利与人和,真是天下头等强大的天府之国啊!秦国有众多的人民和车马,有精通兵法的战将,在大王您的英明领导下,一定可以吞并诸侯、统一天下,称帝而治!"

苏秦正要继续说下去,秦惠文王却接连打了几个哈欠,不想再听下去了。他礼貌地打断苏秦的话,说:"我曾经听人说过,一只鸟的羽毛还不够丰满时,不可以高飞;国家的法令制度还不完备时,不能征战;对人民施恩还不够时,不能驱使他们去打仗;政治教化还不顺人心时,不能以战争去劳烦大臣。先生不远千里来到我国,为我国出谋划策,我很感激。至于兼并诸侯、统一天下的事,还是等以后再说吧!"

虽然苏秦见秦惠文王对自己的主张不感兴趣,但还是硬着头皮把话说完。他从三皇五帝说到夏、商、周诸王,又说到春秋五霸,最后说:"从古到今,要想统一天下,必须靠战争。现在天下大乱,干戈不息,礼义廉耻是没有用处的,必须使用武力,胜者为王!"

但秦惠文王现在还不想立即发动大规模的战争,他便不再理会苏秦。苏秦还不死心，又处心积虑写了十封奏章，向秦惠文王推销自己的战争策略。但每封奏章送出去以后都如石沉大海，始终不见回音。

几处园林皆绿暗，一番风雨又黄昏。苏秦在咸阳住了一年多，非但没有捞到一官半职，就连当初为了见秦王特意购置的一件貂皮大衣都已经破败不堪，积攒的一百斤黄金（铜）也已经用完了。又过了一段时间，苏秦开始吃了上顿没下顿，无奈之下只能身背书箱，肩挑行李，打着绑腿，穿着草鞋，步履蹒跚地踏上了归途。

家门越来越近，苏秦的脚步却越来越沉重。自己当初好不容易说服父母兄弟让自己出去闯荡，还求他们拿出一笔不菲的钱财作为经费，拍着胸脯对他们说："凭我苏秦一张铁嘴，满腹经纶，一定能轻取富贵、光宗耀祖，你们就等着同享荣华吧！"现在，钱花了不少，却仍旧一事无成，真是愧对家人啊！还不知道他们会怎样数落自己。

但苏秦还是忍受着邻居和熟人们的奚落和白眼，硬着头皮向家门走去。

还没有进屋，家人们就知道苏秦回来了。看到他衣衫褴褛，形容枯槁，家里人就明白是怎么一回事了。大家都不搭理他。父母坐在一边生闷气，妻子躲在屋里织布，不肯出来和他相见，几个兄弟也不知躲到哪里去了。苏秦又饥又渴，哀求嫂子给他弄点吃的。嫂子说："家中没米！"说完就走开了。这时，父母走过来责骂他："我们洛阳的周人一向不爱做官，若是辛勤耕作，专心做生意，也能赚得十分之二的利息，日子还能过得去。你倒好，成天不务正业，尽学些摇唇鼓舌的本事，花了那么多的盘缠，结果怎么样？荣华富贵又在哪里？你现在这副模样就是自作自受！"

苏秦羞愧难当，躲进自己的屋子里暗自伤心落泪，叹息道："一个人穷困潦倒的时候，妻子不把他当丈夫，嫂子不把他当兄弟，父母也不把他当儿子。这都怪我自己不争气啊！"

面对家庭的压力，苏秦还是没有放弃游说取富贵的想法。从此他闭门不出,把过去读过的书全部找出来,重新温习,同时对自己以往的游说经验和教训进行反思和总结。

有一本名叫《太公阴符经》的书引起了苏秦的注意。这是一本专讲权谋应变的书,相传是姜太公写给周文王、周武王看的。苏秦对该书认真加以研究,运用书中理论,结合自己多年来的实际经验,总结了纵横游说的技巧。他认为一个成功的说客在没有开口之前就应该了解君王的心理,弄清楚他愿意听什么,并在游说时随时把握住他们瞬间的心理变化。他深入研究了不同的游说对象,把他们分为王者、智者、富者、贫者、贼者、勇者、愚者几类。他深知针对不同的对象,要运用不同的游说技巧,从容应战,否则只能是对牛弹琴,白费口舌。因此,有时要谦卑恭敬,有时要大言不惭;有时要威胁利诱,有时要咄咄逼人;有时要因势利导,有时要吹牛拍马。目的很明确,就是要让对方接受自己的游说,采纳自己的主张,并授予自己官职。

据说苏秦读书十分勤奋,常常读书到深夜也不休息。每当十分困倦时,眼皮不由自主地打起架来,他都凭自己顽强的毅力坚持住。想睡觉时,他便用铁锥猛刺自己的大腿,以此来使自己清醒些。

经过一年的努力,苏秦以超凡的意志读完了家中的书籍,苦苦钻研游说技巧和谋略,写下了《揣》《摩》两篇文章。中心内容是讲如何揣摩人们,特别是君王的心理,以便推销自己的策略。他曾经说,就凭这两篇文章中归纳的游说技巧,加上自己的如簧巧舌,如果有机会再去周游列国、游说君王,金玉锦绣、卿相之尊得之易如反掌。

除了研究论辩游说技巧和谋略外,苏秦还对当时列国形势进行了研究,终于形成了他的合纵构想。

苏秦生活的时代,礼崩乐坏,列国纷争,经过几十年的大欺小、强并弱,只剩下七个较有实力的诸侯国,即齐、楚、燕、韩、赵、魏、秦。贵族势力相对弱小的秦国经过政治、经济、军事体制的改革,完成了由分封制向郡县制的转变,迅速走上了富国强兵之路。其他诸侯国虽也实行改革,但没有秦国彻底。如七国中的魏国原本是第一流的强国,但因为改革不彻底,又不重视人才(秦国很多著名的政治家、军事家都来自魏国),逐渐沦为二三流国家。从实力上来说,战国时期有三个超级大国,那就是西边的秦、东边的齐和南边的楚,而秦又比齐、楚稍胜一筹。这三国都有称霸天下,甚至并吞诸侯的野心。特别是秦国,借助自己的经济、军事实力,频频向东边邻国发动战争,掠夺土地和人口。对秦国来说,对付东边一国有余,但对付多国还是有些吃力;对东边各国来说,单靠一国的力量难以抵挡秦国的攻势,但如果几国组成同盟,互相支援,还是能够把秦国的势力遏制在函谷关以西。

苏秦对上述现实有着清醒的认识。他花了很大的功夫搜集各国的政治、经济、军事情报,研究了各国的人口、地理、风俗,对各国的综合国力了如指掌,这些信息在他后来的游说生涯中发挥了很大的作用。他总结过去失败的教训,心想:我曾经劝说秦惠文王向东扩张,消灭六国一统天下。他既然不理睬我,我为何不去游说六国,劝他们结成联盟共同对付秦国呢? 六国从北方的燕、赵到南方的楚国,呈南北纵向分布,一个大胆的合纵抗秦的构想在他脑海里形成了。这样,苏秦再次踏上周游列国的旅途,走向了通往卿相的道路。

二、三寸之舌

在战国纵横家中,张仪与苏秦堪称两颗明星,给这段历史画上了浓墨重彩的一笔。

他们曾经都是鬼谷子的得意门生,求学期间还是非常要好的朋友。两人各有特点:苏秦以勤奋著称,张仪则以颖悟闻名。他们都是平民出身的知识分子,没有什么家族背景可以依托和炫耀。要想获取富贵、跻身卿相,需要付出比贵胄子弟更大的努力。由于张仪对权谋应变之术有很好的悟性,苏秦常常感叹自己不及。

这两个同窗好友在战国那种特有的政治环境和历史背景下,依靠自己的努力干出了一番常人难以想象的事业，成为那个时期威震列国的风云人物。苏秦由一介平民而佩六国相印，张仪由落魄书生而掌秦国大政。

张仪告别鬼谷子以后，就去周游列国、游说诸侯。他也像当初的苏秦一样，想靠口舌混饭吃，人家对什么感兴趣他就推销什么。可是一年一年过去了，张仪还是一介穷书生，富贵总是与他无缘；而且他还贪杯好色，骗吃骗喝。渐渐地，人们说起张仪，就知道是那个穷酸寒碜、轻薄无行的家伙。但由于他有些歪才，油嘴滑舌，每当达官贵人办红白喜事、宴请宾客时，也常叫他去凑热闹。

在北方诸国没有碰上好运，张仪便南下来到楚国都城，投奔楚国令尹（相当于宰相）昭阳。昭阳根本看不上张仪，只是见他能言善辩、有些讨人喜欢，就把他留在府中，给他下等门客的待遇。此时张仪也没有什么大志，有酒就喝、有肉就吃，暂时在楚国住了下来。可是不久以后，因为一件小事，张仪蒙受了奇耻大辱，使他强烈地感到权势地位、荣华富贵的重要性，他的人生道路自此发生了根本性的变化。

一次，昭阳宴请宾客，张仪也混在中间，大家正在兴头上的时候，忽然府中一阵骚动，原来是昭阳一块随身佩戴的宝玉不见了。他让手下的人在府中四处搜寻，还是没有找到，就怀疑宝玉被人偷去了。他仔细想了想，觉得偷宝玉者应是张仪，就叫手下人把张仪带到一边，搜了好几遍也没有找到宝玉。昭阳手下人还不甘心，对昭阳说："张仪这个人很穷，平时又行为不端，一定是他见财起意偷了大人的宝玉！"昭阳就叫手下人对张仪严加拷问，但他死不承认。昭阳见还是问不出一个所以然，只得下令放了张仪，并把他赶出府门。

张仪带伤回到家中，妻子见他被打得遍体鳞伤，又气又疼，哭着埋怨他："你真是自作自受！你要是听我的话不出去游说，安分守己在家过日子，怎么会受到这样的屈辱呢？"

张仪闭目躺在床上，正疼痛难忍，听妻子数落他，就问她："快过来瞧一瞧，我的舌头还在不在？"

妻子啐了他一口："现在都什么时候了，你被人家打得半死还有心情开玩笑，舌头还在！"

张仪强忍着疼痛，笑了笑，说："只要舌头还在就好，你不用担心。"

经过这次屈辱，张仪发誓要凭自己的三寸不烂之舌去各国游说，获取功名，以报答辱之仇。

他不再像过去那样锋芒毕露，反而变得沉默寡言，了解他的人都在背后悄悄地说，张仪比以前成熟多了。他白天出去碰运气，晚上在家读书，等待出人头地的时机。

此时，苏秦已经在赵国取得了成功。他劝赵肃侯发起合纵抗秦运动，得到赵肃侯的宠幸，被委任为相国。经过他的艰苦努力，总算把六国撮合在一起，大家同意互相支援以抗秦；可苏秦心中也明白，此时大家虽已歃血为盟，但如果秦国真的进攻其中一国，其他诸国未必会拔刀相助。他担心秦国会对关东诸国发动突然袭击破坏合纵战略，就想找一个人去秦国，获取秦王的信任，左右秦王的决策，进而阻止秦国向东扩张。他想了很久也没有想出有谁适合这个角色。忽然他灵机一动：自己的同窗好友张仪不就是最恰当不过的人选吗？论辩才、论谋略，他都不在我之下，但如果我直接跟他说让他去秦国，他未必愿意，不如用激将法逼他去秦国。

主意既定，苏秦就派一个心腹找到张仪，暗示他说："你张仪曾经与苏秦是同窗好友，现在苏秦在赵国发迹了，你何不登门拜访他，让他助你平步青云，实现你的愿望呢？"

张仪听了这人的话，觉得有理，就风尘仆仆地赶到赵国都城邯郸，准备去找苏秦。

苏秦早知道张仪来了，暗中嘱咐手下的人，不准为张仪引荐，但又要与他周旋，不要让他离开邯郸。张仪在邯郸住了一段时间，一直没有见到苏秦，每次去苏秦府前，门卫不是说苏秦刚好出去就是说他马上回来，最后都碰壁而归。终于有一天，苏秦的一个手下来找张仪，说苏秦要设宴款待他。张仪喜出望外，跟随仆人来到苏秦府中，远远看见苏秦，忙快速上前，连叫"苏兄，苏兄"。但苏秦冷着一张脸，也不跟他打招呼，只让人在堂下摆了一张凳子、一个小几案，端上饭食。张仪低头一看，只是些粗茶淡饭，与仆人们吃的没有什么区别。苏秦面前却摆满了山珍海味，苏秦正吃得津津有味，看都不看他一眼。张仪心里一阵酸楚：想当初二人学道之时，有饭同食、有袍同穿、亲如兄弟；如今苏秦富贵了却变得傲慢，再也没有同甘共苦的情义了。张仪越想越不是滋味，哪有心思吃饭，他放下筷子，长叹了一声。这时苏秦说：

"你曾经那么有才能，却不好好利用，竟沦落到这个地步，还有脸来见我！你要是真有本事还来找我干什么？我不会为你引荐的！"

听了苏秦的话，张仪满脸通红，羞愧难当。尽管他曾经被人羞辱，还受过皮肉之苦，但从来没有哪个人说他没才能。如今苏秦一点儿也不念故人之情，看来靠他发迹是不可能了。张仪离开苏府回到客舍，暗自伤心落泪。他下定决心一定要混出名堂让世人瞧一瞧。苏秦既然是赵国的相国，我就要与他作对，给赵国找麻烦，让他不能安心吃山珍海味、享荣华富贵。他想到西边的秦国是赵国的敌人，不如去游说秦国来对付赵国。于是张仪背起行囊赶往秦国都城咸阳。

张仪离开后，苏秦便对他的一个心腹说："张仪是当今天下少有的能人，恐怕我也比不上他。现在我得到赵王的重用，侥幸比他先得了富贵。我反复考虑过了，为了合纵策略能取得成功，还得派一个我们信得过的人去控制秦国的大权。张仪这个人潜力很大，别看他现在穷困潦倒，将来他定会得势。只有他这样的能人才可以得到秦王的信任，掌握秦国的大权。我不是不念同窗之谊，只是担心如果有人提拔，他就不再求进取、立大志，所以故意把他叫来当众羞辱他，目的是想激起他的进取之心。你去暗中跟着他，注意他的行踪，一定要让他平安到达秦国。"

随后，苏秦把自己的想法向赵王汇报，并向赵王求取了金钱、车马等物，然后交给心腹，让他慢慢与张仪套近乎、结交。凡是张仪想要的，无须报告任凭他使用。张仪正在穷困之中，有了这个人的周济，为他解了燃眉之急。到了秦国，那人又帮张仪上下打点、送礼行贿，使张仪能够顺利地面见秦王。此时苏秦在六国推行合纵外交，这事早已传入秦王耳中，他正寝食难安，张仪向秦王献上了破坏合纵策略的锦囊妙计。秦王大喜，立即任命张仪为客卿，密谋进攻其他诸侯国。

待张仪在秦国站稳了脚跟，苏秦的那位心腹便去向张仪辞行。张仪动情地说："当初我穷困潦倒，多亏先生的帮助才有今天。现在我可以与先生同享荣华富贵了，为何先生却要离我而去？"

那位心腹笑了笑，对张仪说："看来先生还蒙在鼓里呢！我原本并不了解你，真正了解你的人是你的同窗好友苏秦大人啊！苏大人担心秦国进攻赵国会破坏合纵联盟，认为除了先生之外没有其他人能够执掌秦国的大权。所以故意羞辱先生，迫使你离开赵国来秦国，并暗中派我给你提供资助，让你实现自己的抱负。苏大人希望你在掌握秦国大权后，对合纵联盟给予一定的关照，不要进攻赵国。我做的一切都是执行苏大人的命令。如今你已经获得秦王的重用，我的任务也完成了，请先生让我回赵国向苏大人交差吧！"

听完这人的话，张仪大吃一惊，接着又怅然若失，感叹说："原来如此！我得到的一切都是苏兄有意安排。我自以为饱读诗书、精通谋略，中了苏兄的计却不自知，我可比不上苏兄啊！"然后他对那人说："我现在刚刚得到秦王的任用，怎么能够谋划进攻赵国呢？请先生回去替我向苏兄致谢，并转告他，只要苏兄在位一天，我就不会与苏兄作对。何况有苏兄在，我哪敢逞威风？"

苏秦获高官、取富贵的基础是他所倡导的合纵战略，他要取得赵王信任、长保富贵的前提条件就是保障赵国的安全。虽然六国签订了盟约，每一方都可以享受均等的权利与义务，但盟约本身并没有很强的约束力,如果其中一国受到秦国的威胁,也许其他各国会隔岸观火、见死不救。盟约规定,如果一国违背盟约,就是与其他五国为敌,大家群起而攻之。但是如果两三国违背盟约,又由谁来强制执行惩罚措施呢?所以最有效的安全保障就是使秦国不要进攻其他各国,尤其是赵国。苏秦曾经信誓旦旦地向赵王许诺过,只要推行合纵抗秦战略,赵国就会长治久安。如果赵国的安全得不到保障,那么,苏秦在赵王眼里不就成了一个骗子了吗?

张仪并不是那种为了报恩而放弃自己主张的人,他有自己的打算。尽管苏秦对他有恩,但这并不妨碍他实现自己的个人目标——最大限度地求取富贵,实现自己的人生价值。起初,他打从心底里感激、佩服苏秦,但那时他羽翼未丰,要想左右秦王的决策的确有些困难,故而发誓要报答苏秦。当他一步一步登上秦国的权力顶峰以后,就再也不顾同窗情义了,也不再按苏秦的意愿行事。既然秦王重用了他,他就打定主意要在秦国干出一番事业。

张仪仔细分析过天下形势:秦国强、六国弱,如果秦国善于利用自己的优势,就有希望统一天下。但苏秦推行的合纵战略如果真的得到巩固,且被认真实施,对秦无疑是一个严重威胁。所以,当务之急是拆散六国联盟,对联盟的六国采取各个击破的策略。

三、苇席裹尸

汉代伟大的史学家司马迁在《史记》中曾经说过,三晋多权谋应变之士,那些宣传合纵或连横的人大多是三晋之人。三晋,指的是战国时期的韩、赵、魏三国。的确,许多游士都出生于这三个国家,他们纵横天下,在异国他乡建功立业、威震诸侯。在战国时期著名的纵横家中,张仪和范雎就是弃魏投秦的典型,范雎的经历则更具有传奇色彩。

范雎在魏国不被重用,甚至无端受到怀疑,被扣上"里通外国"的帽子,受尽迫害与折磨,死里逃生,偷渡到秦国。他几经周折,受到秦王的赏识,拜相封侯。他凭借自己的智慧和才能,成为战国时期著名的谋略家、政治家和外交家,使秦国声威远扬。他的"远交近攻"战略思想的提出与实施,加快了秦国统一天下的步伐。

和同时代的许多游士一样,范雎也是平民出身。但他有一种从小就磨炼出来的坚忍不拔的毅力和非凡的智慧,正因为如此,他才能脱颖而出。

受社会环境的影响,范雎自幼就立志要改变自己的社会地位,跻身统治阶级之列。因此,他发愤苦读,精研王霸之术、学习各家学说,并特别留意当代政治、列国形势。在当时的历史背景下,一个平民知识分子要想出人头地,一要靠机遇,二要靠本事。机遇可遇不可求,而自身的才学可以靠自己的努力去充实。范雎生活的时代,读书人猎取富贵的捷径是通过游说求得权贵的赏识。因此,游说者必须能言善辩、巧舌如簧,要善于推销自己的主张。范雎在学习知识的同时,也有意识地锻炼自己的游说才能。

通过不懈的努力,他终于成为魏国最著名的辩士之一。

尽管范雎有满腹韬略,但因为他出身贫寒,凑不起周游列国的经费,所以只好留在魏国。魏国没有破格录用人才的传统,范雎无缘见到魏王,只能暂且找个安身之地。他听说中大夫(官名)须贾礼贤下士,便去投奔须贾,做了他手下的一个门客。

须贾也是辩士。有一次,秦国军队越过边境,兵锋直指魏国都城大梁。须贾主动请缨,只身一人来到秦军营中,说服秦相国魏冉退兵,解了大梁之围,因此颇得魏王赏识。从这以后,须贾常常作为魏王的特使出使各国,负责外交活动。须贾见范雎博学多闻、能言善辩,对列国形势有独到的见解,就把他留在府中。遇到疑难问题,常常叫他帮忙出主意;出使国外时,也常把他带在身边。范雎见须贾如此赏识自己,就一心一意为他办事,在外交活动中,多次使须贾摆脱了窘境。

范雎的才气为他赢得了声誉,但也使他差点丢了性命,从而改变了他的人生道路。

有一次，魏昭王派须贾出使齐国，范雎也随同。当初燕将乐毅联合五国一起攻打齐国，魏国也曾出兵帮助过燕国。后来田单用火牛阵打败了燕军，收复了齐国失地，齐襄王法章即位。齐襄王非常怨恨五国，这次见了魏国的使臣，触景生情，不由得想起以前的仇恨，拒绝接见他们。须贾等人在齐国逗留了好几个月都没有见到齐襄王，也没有完成魏王交给他们的使命，急得团团转。这时范雎大显身手，四处游说，终于打破了僵局，齐襄王同意召见须贾等人。最终，须贾完成了使命，齐国和魏国缔结友好条约。

齐襄王见范雎口齿伶俐、能言善辩，非常欣赏他，称赞他是难得的人才，心中起了爱才之意。齐襄王想：如果这样的人才能为齐国所用，一定能帮助自己成就霸业、统一天下。他暗地里派人去找范雎，对他说："我们齐王非常敬佩先生的才干，可先生在魏国不过是一个门客，寄人篱下。要是先生能留在齐国，凭先生的才能取卿相易如反掌。"

面对齐襄王的挽留，范雎陷入矛盾之中。自己历尽艰辛不就是为了能够出人头地、光宗耀祖吗？不就是为了获得君主的赏识，实现自己的雄才大略吗？但是范雎还是拒绝了来人，他不想让人说自己是一个不忠不信、叛国卖主的人。他对来人说："我是魏国人，应该在魏国做官。再说须贾大夫对我有知遇之恩，不能不报。"那人将范雎的话报告给齐王，齐王感叹道："当今天下，背信弃义、卖主求荣的事多得很，像范君这样的忠信之士真是难得啊！"于是派人赐给他十斤黄金和一些牛肉、美酒。范雎哪里敢接受，便主动向须贾汇报此事。

须贾这次来齐国办事，多亏了范雎的帮助才顺利完成任务。因此，他的心态是复杂的。一方面，他为自己门下能有这样杰出的人才而高兴；另一方面，自己以能言善辩著称，可从这次外交活动看，范雎的才能远在自己之上。每次想到这里，他的心中便涌出一丝莫名其妙的妒意。现在齐王没有和自己打招呼就把厚礼送给自己的一个门客,不是表明齐王看不起自己吗?须贾越想越气,最后"恍然大悟":范雎如果不是出卖了国家机密,齐王怎么会平白无故送给他如此厚礼?

须贾不动声色地对范雎说:"齐王赏赐的东西你不收下,不太好吧?"有了须贾的这句话,范雎只好收下牛肉和美酒,与大家共享,但把黄金原封不动地退了回去。此时的范雎还不知道这份厚礼会给自己带来怎样的灾难。

回到魏国以后,须贾把齐襄王馈赠范雎厚礼的事禀报给相国魏齐,并说范雎是个被齐国收买了的间谍。魏齐大怒,立即下令把范雎抓起来,对他严刑拷打,让他承认自己暗中替齐国办事,并让他交代接受了什么特别任务。范雎被这莫须有的罪名弄得晕头转向,连喊冤枉,但魏齐就是不相信。范雎被打得皮开肉绽,断了两根肋骨,门牙也被打掉了,最后昏死过去。

过了很久,范雎苏醒过来,听到魏齐说:"一定要把这种吃里爬外的人打死喂狗!"须贾在一旁冷笑。范雎心想:看来他们是不想让我活了,我不如装死,也许还有一线生机。于是范雎双眼一闭,躺在那里一动也不动。魏齐见范雎已死,还不解恨,派人把范雎的尸首用一张破苇席裹起来扔到厕所里,然后摆起酒席,与宾客们痛饮。宾客们喝醉了酒,魏齐就叫他们轮流向范雎的尸首撒尿,肆意侮辱,以警示那些叛国的人。

范雎在破苇席里躺了几个时辰,周身臭烘烘的,大气也不敢出。待夜深人静,宾客散去以后,范雎从苇席中探出脑袋,向看守的人哀求道:"大人啊,要是您能把我从这儿弄出去,我一定会重重酬谢您。"那人见他实在可怜,就去报告魏齐,说厕所里的死人实在太臭,把他弄出去扔掉算了。魏齐这时酒还没醒,昏昏沉沉地说:"那就把他抬出去扔掉喂狗!"这样,范雎才得以死里逃生,捡回一条命。

后来,魏齐酒醒以后起了疑心:莫非那家伙装死,想借此骗过我?

于是他命令手下人去寻找范雎的尸首,但尸首早已不见了,只剩下一张破苇席。范雎东躲西藏,如丧家之犬。幸得好友郑安平相助,他隐居在一个人迹罕至的地方,改名张禄,这才逃过了搜捕。

范雎发誓要报此仇。可是魏国是魏齐的天下,范雎根本不敢抛头露面。这时秦昭王正在关东各国招贤纳士,他决计寻找机会去秦国一展身手。在这段时间里,范雎对秦国的政治、军事、经济、外交现状进行了深入的分析和研究,一个崭新的战略构想在他的脑海里逐渐成形。范雎决定用这个战略构想去叩开秦国卿相的大门。

一天,郑安平喜滋滋地找到范雎,说:"告诉你一个好消息,秦昭王派王稽出使魏国。我听说王稽一路上寻访人才,很多人便是得到他的推荐,才在秦国受到重用,先生何不去试一试运气?"范雎听了郑安平的话非常高兴。可是,魏国遍地都是魏齐的爪牙,范雎心想:要是我会见王稽的事被魏齐的人发现,不就鸡飞蛋打了吗?郑安平看出他的心思,拍拍自己的胸脯,说:"先生放心,一切都包在我身上,你只管收拾行装,在家等候好消息吧!"

郑安平装扮成差役,去服侍王稽。王稽见他聪明伶俐,慢慢与他亲近起来。一天,王稽把郑安平叫到身边,悄悄问他:"魏国有没有贤士愿意和我一起去秦国做官?"郑安平立即回答说:"小人有一个同乡叫张禄,早就想拜见先生。但他在魏国有一个仇人,势力很大,所以白天不敢出来。"王稽一听大喜,说:"那你就晚上带他来见我!"

当晚,郑安平就把范雎带进王稽下榻的客舍。范雎与王稽讨论了很多现实问题。从内政说到外交,从列国纷争说到统一天下。范雎口若悬河,说理透彻。没等谈完,王稽就意识到眼前这位张禄是天下少有的奇才,如果能为秦国所用,必能成就大事。当即派人把范雎送到魏国边境一个叫三亭的地方,等自己办完公事回国时带他回秦国。

王稽完成了使命,告别魏王回国。途经三亭时,让范雎假扮成随从，混过边境检查，进入了秦国。他们一路过关卡、越险阻，范雎心中充满了希望。

忽然，前面扬起了一阵尘土，远处有一队人马拥着一辆高大的车自西向东飞驰而来。范雎心里一阵紧张，问："前面来的是谁？"王稽告诉他："是我国的相国穰侯魏冉，他每年都要定期到我国东部县邑巡视。"范雎听说是魏冉，脸色一下子就变了，对王稽说："我早就听说穰侯专横跋扈、嫉贤妒能，特别憎恶来自别国的宾客。他要是发现我是魏国人，肯定不会放过我，我还是躲进车里去吧！"

这个魏冉很有些来头。他是秦昭王的舅舅，宣太后的弟弟。秦昭王即位时年纪还小，由太后摄政。太后拜她的弟弟魏冉为相国，封为穰侯，又封她的另一个兄弟为华阳君，太后一家把持了秦国的大权。不过，魏冉文武双全，执政期间，为秦国开疆拓土，秦国的实力大为增强。为了长期把持朝政，他反对从关东各国引进人才，以免有人对他的相位构成威胁。他在秦国东部边境设置关卡，对过往人员严加盘查，表面上是为了防止六国"渗透"，实际上是想把关东游士拒于国门之外。

不一会儿，两队人马相遇了。王稽下车向穰侯行礼，穰侯也下车对王稽等人说了几句慰问的话，然后围着王稽的车辆转了转，两只眼睛一直往车里瞧，问王稽："关东各国有什么动静？"王稽恭恭敬敬地回答："目前还没有。"穰侯盯着王稽看了一阵，又问："先生这次出使，就没有带回几个关东的游士吗？"王稽诚惶诚恐地说："不敢！"穰侯敲了敲车上的箱子，说："那些游士就会动嘴皮子，对国家一点用处也没有。"说完，他就带着队伍往东去了。

范雎从车中钻出来，对王稽说："穰侯才智过人，但反应较慢。刚才他怀疑车中有人，却忘了让人搜查。他肯定会返回来搜车，我还是下车步行吧！"王稽将信将疑，让范雎扮成秦国百姓的模样，远远地跟在车队后面。走了十多里路后，穰侯果然派人骑着快马追了上来,说要对车厢进行搜查。王稽吃了一惊,不由得佩服范雎的先见之明。

范雎以超凡的智慧躲过了一次又一次危险,历尽艰辛,终于安全抵达了秦国都城咸阳,开始了崭新的生活。

第四章　合纵与连横的交互变奏

自春秋时期以来,出现了百家争鸣的局面。一方面,旧的制度、旧的价值观念渐渐失去了传统的权威;另一方面,新思想、新观念层出不穷,人们自由地思考宇宙、社会及人生。这股思想解放潮流一直延续到战国时期。

在战国这样一个强凌弱、众暴寡的时期,各国君主最关心的不是如何成贤成圣,而是如何富国强兵,使自己在兼并战争中立于不败之地。所以,从魏文侯西河养士开始,各国君主都竞相延揽人才,甚至抛弃道德观念,唯才是用。于是公孙鞅入秦而秦强,吴起至楚而楚兴,乐毅离燕而燕衰,真可谓"得士者昌,失士者亡"(《列子·说符》)。就连那些名公巨卿也大量养士,有名的"战国四公子"便是典型。在重视人才的时代潮流影响下,战国时期人才辈出。在诸子百家学说中,最适合时代要求的并不是主张兴礼乐、行仁义的儒家,而是主张信赏必罚、富国强兵的法家。但在风云变幻的国际舞台上,号称显学的儒墨两家就显得无能为力了,以游士为主体,"一怒而诸侯惧,安居而天下熄"(《孟子·滕文公下》)的纵横家成了时代的弄潮儿。

一、两条路线

合纵与连横是战国时期外交路线的两大主流,这两条路线是互相对立的。

由于秦国的强大和东进给诸侯各国造成了巨大的威胁,此时任何一国都无法单独与秦国抗衡,所以就有人鼓动其他各国结成联盟,"合众弱以攻一强也",以求得生存和自救。由于其他六国在地理分布上从燕到楚呈南北走向,故当时及后世人们将这种结盟运动称为"合纵"。

六国结盟,对秦国来说无疑是一种挑战。所以,另一派主张连横(衡)的人去游说秦国,千方百计拆散纵约,号召"事一强以攻众弱也",即秦国与其他诸国分别单独媾和,各国以割地、顺秦等方式来换取本国的安全得到保障。由于从秦到齐呈东西走向,故将这条外交路线称为"连横"(连衡)。

合纵与连横长期对抗,互为消长,推行这两种路线的人被称为纵横家。主张合纵抗秦的主要有苏氏兄弟(苏秦、苏代、苏厉)、战国四公子(平原君、信陵君、孟尝君、春申君)、周最、虞卿、陈轸、昭雎等;主张连横的有张仪、公孙衍、甘茂等人。他们长于应变、才略过人,具有真才实学,往往能够排危解难,出奇制胜。

纵横家大多通晓"五帝三代之事,百家之说","明于三王之事,五伯之业,世俗之变"(《史记·范雎蔡泽列传》)。他们精研过当时最切实用的军事谋略,对于列国的历史、现状,彼此之间的矛盾以及山川形势、要塞关隘了如指掌。他们还有一种坚忍不拔、锲而不舍的顽强精神。

除此之外,纵横家还拥有一种号称"强于百万雄师"(《史记·平原君列传》)的三寸不烂之舌,在游说过程中,遣词造句,设喻取譬,出口成章。他们有高超的游说技巧和表演才能,能准确把握游说对象的心理,达到推销自己主张的目的。

二、苏秦的合纵战略

提倡合纵抗秦最有名的是东周洛阳人苏秦。

苏秦举着"合纵"的大旗,取青紫如拾地芥,成功地说服了燕、赵、韩、魏、齐、楚六国之君加入到联盟中来,订立盟约。六国君主纷纷把相印交给苏秦,他成了名副其实的"国际宰相"。

苏秦先到北边的赵国游说。当时赵国君主是赵肃侯,宰相是号称奉阳君的公子成。苏秦先去面见公子成,希望得到他的引荐,但公子成不喜欢舌辩之士,很多人都在他这里碰过钉子,苏秦也不例外。苏秦只好再向北走,进入燕国。

燕国在战国七雄中国力相对弱小。它地处东北一隅,北边有游牧民族常来骚扰,南有强大的齐国虎视眈眈,西边的赵国更是时刻觊觎燕国的土地。但总的来说,燕国由于特殊的地理位置,除与北方少数民族时有冲突外,与中原各国的摩擦较少,相对来说比较安定。苏秦想在燕国打开突破口,以实现他的合纵构想。但他初来乍到,人生地不熟,始终没有机会与燕文公相见。于是苏秦先在燕都暂住下来,广交朋友,结识名流,努力显露自己的才华和学识,宣扬自己的主张。苏秦渐渐在燕国站稳了脚跟,他的名字也传到燕文公的耳中。他在燕国逗留了一年多后,终于得到了燕文公的召见。

宾主坐定之后,燕文公客气地对苏秦说:"听说先生为敝国设计了一条强国之路,望先生明示!"苏秦早有准备,略加谦虚就说起了自己的主张。

他先分析了燕国的形势,说:"燕国东有朝鲜、辽东,北有林胡、楼烦,西有云中、九原,南有滹沱河与易水作为天然屏障,方圆两千余里,甲兵数十万,战车七百辆,壮马六千匹,积贮的粮食可以吃十年。燕国南面还有碣石、雁门这样富饶的地方,北边盛产大枣、板栗,也可以维持生存。这里真是一个天府之国啊!"

燕文公听了苏秦的话,面带得意之色。苏秦早已察觉到,也暗自高兴,心想:只要燕王不反感我说的话,我就有了成功的希望。于是他接着说:

"近年来燕国在大王您的治理下,国家太平无事,没有干戈,人民安居乐业。我游历过不少国家,却没有见过像燕国这样的乐土,这全靠大王您的圣明啊!"

燕文公虽然觉得苏秦有些拍马屁的嫌疑,但开始有点喜欢这个巧舌如簧的游说之士了。苏秦抓住机会把话题一转,说:"但大王也应该看到对燕国的不利因素。这些年来燕国没有遭到别国的进攻,大王您知道这是为什么吗?"

燕文公有些茫然,他示意苏秦继续说下去。苏秦接着说道:"据我分析,燕国之所以没有遭受兵祸,完全是由于赵国在南面作为屏障。"

燕文公想了想,觉得苏秦说得有道理,但不知苏秦葫芦里卖的什么药。

苏秦的情绪更高了,稍微停顿一下,又滔滔不绝地向燕文公分析说:

"现在诸侯之间是大凌小、强欺弱。特别是西边的秦国,倚仗强大的国力,妄想吞并诸侯、一统天下,所以燕国不可以高枕无忧。但是如果秦国要攻打燕国,就必须越过云中、九原,经过代郡、上国,跋涉几千里。即使得到了燕国的城池,也无法长期坚守下去,所以秦国目前还不会危害燕国,这是明摆的事实。但是如果赵国要攻打燕国,情况就不同了。号令一下,不到十天,赵国的数十万大军就能到达燕国的东垣。然后渡过滹沱河,再渡过易水,不到四五天,就能到达燕都之下。所以说,秦国如果攻打燕国,是战于千里之外;赵国如果攻打燕国,是战于百里之内。为什么?因为秦、燕之间有好几个国家作为缓冲,而赵国与燕国国土相连。如果只看到千里之外的威胁,而忽视百里之内的危机,那就大错特错了。"

听了苏秦的一番话,燕文公频频点头,问:"先生有什么高见,请讲下去。"

苏秦见时机已到,这才和盘托出自己的主张:"我为燕国大计着想,希望大王与赵国结成合纵联盟,互为一体;然后我再去联络其他各国,大家拧成一股绳,团结起来共同对付秦国,各国之间互不侵犯,这样燕国就可以高枕无忧了。"

　　燕文公听了以后很高兴,向苏秦说了自己的肺腑之言:"我的国家实在太小,西边有强大的秦国威胁,南边又与齐国、赵国接壤。不瞒先生,它们都是我的心病。今天有幸听到先生一席话,我这才有了主意。既然与赵国结成合纵联盟可以使燕国的安全得到保障,我完全同意先生的意见,举国相随!"

　　苏秦见燕文公被自己说动了,心中一阵欢喜。他立即趁热打铁,向燕文公建议:"大王要是愿意与赵国结盟,事情宜早不宜迟。我愿意代大王去面见赵王,说服他与大王结盟!"

　　燕文公当然求之不得。于是他送给苏秦车马、黄金、丝织品等,让其作为自己的特使去赵国谈判。

　　苏秦初战告捷后又继续他的外交活动。他带着随从,向赵国都城邯郸赶去。这次去赵国,与之前大不一样,苏秦不再是过去那个身背书箱、脚穿草鞋、一身臭汗的穷书生了。他现在作为燕王的特使和全权代表,穿着华丽的衣服,乘着精致的马车,一路上有人侍候。赵王早就得到燕王特使要来的消息,下令沿途官员不得怠慢。因此,苏秦很顺利地抵达赵都。苏秦在途中一直琢磨着如何游说赵王,让赵王接受自己的主张。这确实让苏秦费了一些脑筋。他详细分析了赵国的内政、军事、外交形势,得出结论:赵国是自己合纵构想的关键,这一步走得如何会影响全局。

　　赵肃侯在宫中接见苏秦,欢迎他说:"先生作为燕王的使者来到敝国,一定有什么高见,请不吝赐教!"

　　苏秦拱了拱手,略加谦虚,说:"赐教不敢。我周游列国,天下的卿相、人臣乃至布衣之士都仰慕大王的高义,早就想在大王面前尽忠效力、献计献策。可是……"

　　赵肃侯听了苏秦对自己的赞扬,正飘飘然。苏秦咂了咂嘴,继续说:"从前奉阳君把持国政,大王没有实权。奉阳君这个人仗着自己有点才学,嫉贤妒能,以致天下那些怀才抱器的游士都不敢来赵国为大王效力。"

说完,苏秦瞟了一眼赵肃侯,看他有什么反应。

赵肃侯心中早就对奉阳君专政擅权不满,苏秦的话正说到了他的心坎上。他对苏秦说:"现在奉阳君已经仙逝了,先生有什么话尽管说,寡人愿听。"

苏秦见这一招奏效了,接着又说:"正因为奉阳君已经仙逝,大王得以与贤士、民众亲近,我才敢来赵国献自己的绵薄之力。当务之急是要让人民安定闲适。"

赵肃侯点点头说:"感谢先生的一片苦心。可是怎样才能让人民安定闲适呢?"

"安民之本在于择交,与邻国搞好外交关系、减少战争。"苏秦为赵王分析说,"一个国家的外交路线恰当,人民就可以得到安宁;反之,人民就不会过上安定的日子。所以,重要的是选择什么样的盟友。当今天下,齐国和秦国都是强国,也是赵国的大患。若赵处于齐、秦之间,人民不得安宁;投靠秦国进攻齐国,人民还是不得安宁;投靠齐国进攻秦国,人民照样不得安宁。"

赵肃侯急切地说:"是啊,我也正为这事发愁,不知究竟该与谁结盟才好,先生有什么高见?"

苏秦不慌不忙地说:"我曾经听人说过,为君主出谋划策、挑拨国与国之间的外交关系,这是很危险的事。所以我常常担心祸从口出,会因此挑起事端。愿大王您千万不要说这样的话。"

赵肃侯反应还算灵敏,他喝令左右侍从回避,然后向苏秦这边挪了挪身子,凑近苏秦的耳朵说:"先生但说无妨,出于先生之口,入于寡人之耳。"

苏秦见赵王愿意听,就故作神秘的样子,说:"大王若真按照我说的做,我保证大王不费一刀一箭,燕国就会主动献上盛产毛毡、裘衣、狗、马的土地;齐国就会主动献上盛产鱼、盐的土地;楚国就会主动献上盛产橘柚的云梦之地;韩、魏等国也会献上土地给大王,将之作为封赐赵国王公贵族的领地。这样一来,大王的父兄贵戚都可以受封为诸侯。割地取利,这是春秋五霸不惜通过战争手段而孜孜以求的事;王公贵戚封侯晋爵,这是商汤、周武王不惜灭人之国都要争取的目标。现在大王不费吹灰之力就可以拥有二者,这就是我的最大心愿啊!"

赵肃侯被苏秦这张空头支票绕得云里雾里。他仿佛看到自己正坐在霸主的位置上接受各国使臣的朝贺,面前摆满了各国的特产和珍宝的样子。

苏秦见赵王已经上钩,便开始推销自己的合纵战略:

"赵国西边有如狼似虎的秦国,东边有强大的齐国。如何选择盟友,对赵国非常重要。大王如果与秦结盟,秦国势必有恃无恐地去侵犯楚国、韩国和魏国。魏国如果被削弱了,就会把河外割让出去;韩国如果被削弱了,就会把宜阳割让出去。这两个战略要地实际上是赵国的屏障。楚国如果被削弱了,赵国遇到危机就缺少外援。因此,从赵国的根本利益出发,韩、魏、楚三国都不能被削弱,否则对赵国没有什么好处。

"当今天下,秦国包藏祸心,妄想成为天下共主,合天下为一,因此时刻觊觎关东各国的领土。如果秦国攻下轵道,则南阳震动;如果秦国征服韩国、包抄周室,则赵国必然被削弱;如果秦国占领卫国、攻取淇水,则齐国必然向秦称臣。秦国想称霸关东,势必把兵锋对准赵国。如果秦兵渡过黄河、越过漳水,占据番吾,那么很快就会兵临邯郸城下与赵国军队决战。这就是我常为您寝食不安的原因啊!"

听了苏秦这一番话,赵肃侯额头冒出了冷汗。他一方面佩服苏秦对各国形势分析之透彻;另一方面也为赵国的前途担忧。这时苏秦又继续说下去:

"当今之时,关东各国就数赵国强大。赵国有纵横两千里的疆域,数十万带甲的士兵,战车千辆,战马万匹,粮食够十年之用。而且西有常山,南有黄河、漳水,东有清河,都是天然的要塞。北边的燕国只不过是一个弱国,对赵国构不成威胁。所以只有秦国是赵国的对手,但秦国为什么不敢兴兵伐赵呢? 就是怕韩、魏两国在背后偷袭。所以,韩、魏两国是赵国南面的屏障。但秦国如果兴兵进攻韩、魏,情况就不一样了。韩、魏两国一马平川,没有高山大河可以依凭,秦国可以慢慢蚕食,直到两国都城。韩、魏两国如果抵挡不住秦国的进攻,就会俯首称臣。要是韩、魏臣服于秦国,赵国就失去了这两国作为屏障,唇亡齿寒,祸患就要来了!"

说到这里,苏秦做出一副为赵王担心的样子。赵肃侯已经有些迫不及待了,忙问:"先生说得有理,该怎么办呢?"

苏秦却不着急,先说古道今,讲了一番大道理。他说:"我曾经听说,古代圣人尧帝拥有不到三百亩地盘,舜帝没有咫尺土地,他们后来却都成了天下之主。大禹连一个百人的村庄也没有,后来却在诸侯中称王。商汤、周武王的士兵不过三千人,战车不过三百辆,后来却做了天子。这都是因为谋略正确。所以说,聪明的国君要对敌国强弱、士兵多少、战斗力如何心中有数,不用等到两军在战场上厮杀,胜败存亡的结局早已洞若观火。这样的君主哪里会被众人之言所迷惑,弄得糊里糊涂,最后靠卜问鬼神来决定呢?"

赵肃侯点头称是:"先生说得有理,说得有理!"

这时,苏秦摊开一张地图,一边指给赵王看,一边继续说道:

"我曾经仔细研究过天下地图,对各国形势略知一二。赵、燕、韩、魏、齐、楚六国的疆域是秦国的五倍,我估计六国的兵力应该是秦国的十倍。如果六国联合起来攻打秦国,秦国必破;现在山东诸侯却迫于秦国的压力,千方百计巴结秦国,甚至俯首称臣,这真是本末倒置了!

"现在有一种趋势,一些诸侯目光短浅,为了与秦国搞好关系、求得短暂和平,竟相信'连横'主张。他们把珍贵的国土割让给秦国,然后沉醉于这种虚假的和平之中;修建高大的台榭,构筑华美的宫室,耳听靡靡之音,口尝美味佳肴;沉迷于酒色,醉生梦死,不担心覆亡;一旦等到秦人突然袭击、国破家亡,那就晚了。所以,那些主张'连横'的人利用秦国的威势来恐吓诸侯,劝他们割地求和,这是包藏祸心! 望大王仔细考虑我说的话吧!"

赵肃侯有些激动,涨红了脸说:"我决不会采纳那些主张'连横'的人的建议!"苏秦顺水推舟,继续慷慨陈词:

"我早就听说大王是一位贤明之君,今日一见,果然不差。正因为大王能够不受迷惑,不听谗言,也不允许结党谋私,我才能向大王敬献尊主、广地和强兵之策。大王不如与韩、魏、齐、楚、燕五国结成合纵联盟,共同应对秦国的威胁。大王可选择一个黄道吉日,安排各国将相在洹水附近举行会议,互相交换人质,杀白马、结盟誓。如果六国中任何一国受到秦国侵犯,其他五国应当尽全力支援。这样,赵国不仅可以获得他国的有力支援,免受秦国威胁;而且由于合纵联盟是大王您牵的头,大王实际上成了关东各国的霸主,这真是天大的好事啊! 要是大王您不嫌弃我才疏学浅,我愿意替大王去各国游说,向诸侯阐述大王的意见,说服他们加入合纵联盟!"

说完,苏秦做出一副为了赵王赴汤蹈火的样子。

赵肃侯是一位年富力强、希望有所作为的君主。他觉得苏秦对天下形势的分析合情合理,也符合赵国的利益;而且苏秦显然也有意让赵国成为合纵抗秦的领袖,这与赵肃侯谋求霸主地位的心理相符。加之赵国与秦国接壤,经常受到秦国骚扰,苏秦的合纵战略主张一国受到秦国攻击,其他各国应无条件地在军事上给予帮助,这正是赵国求之不得的大好事。所以赵肃侯当即表态说:"寡人年纪尚轻,执掌国政时间不长,以前很少听到有谁能为赵国的长远利益出谋划策。现在先生有意保卫天下、安定诸侯,寡人愿意举国相随!"

于是赵王发布命令,封苏秦为武安君,并把赵国的相印交给他,赏给他一百辆装饰华丽的车辆、两万两黄金、一百双白璧、上千匹锦绣，派他去各国游说，推行合纵抗秦战略。

苏秦得到赵王支持，满心欢喜地离开了邯郸，向赵国的近邻韩国赶去。

韩国是一个弱国，夹在几个大国之间，左右为难。当时韩国正苦于秦国的威势，君臣无计可施。如果去巴结秦国，就得割地事秦；且秦国的贪欲无止境，难以满足。最让韩国君臣无法接受的是，一旦割地事秦，韩国就丧失了与秦国对等的政治实体的尊严。但如果不去巴结秦国，秦军就经常找借口进行挑衅，蚕食韩国领土；其他诸侯从自身利益出发作壁上观，没有谁愿意在物质上、军事上或道义上支持韩国。面对严重的危机，韩国君臣希望能求得其他各国的支援。苏秦对韩国的处境了如指掌，他早就打定主意，决定利用自己优秀的口才游说韩国君臣，使韩国加入合纵盟约。

韩宣惠王在宫中隆重接见了苏秦。坐定之后，韩宣惠王问："听说先生受赵侯之托来到韩国，是要为韩国谋福利吗？"

苏秦向韩国君臣致意，然后很快就转入正题，说："是的，我正是为韩国的存亡而来。"

韩宣惠王惊问："此话怎讲？请先生明示。"

苏秦不正面回答，只连连摇头，叹息说："我真为大王和韩国可惜！"

韩宣惠王不知他的用意，说："先生莫非有什么良策？"

苏秦这才滔滔不绝地说："韩国疆土方圆千里，兵力达数十万。北边有巩城、洛水、成皋那样固若金汤的关隘，西边有宜阳、常阪那样险峻的要塞，东边有宛城、穰城、洧（wěi）水那样有利的地形，南边又有陉（xíng）山那样的天然屏障。天下的强弓劲弩产自韩国；韩国的将士武艺超群，百发百中；将士使用的刀剑也削铁如泥，锋利无比。以韩国将士那样的勇敢，身披坚甲、手持利剑、脚踏劲弩，以一当十不在话下。

令人遗憾的是,凭着韩国的强劲与大王你的贤明,却要低三下四看秦国的脸色行事。为秦王修建官室,作为他视察游玩的行宫;接受秦王赐给的服饰,春秋两季向秦国纳贡,臣服于秦国,使国家蒙辱。试问天下还有比这更丢人的事吗?"

听了苏秦的一番话,韩王脸上一阵红一阵白。他心想:韩国好歹也是当今七雄之一,虽说比不上那些大国,但也有一定的实力,凭什么向别国称臣纳贡?韩王心里很佩服苏秦对韩国情况的了解,也赞成苏秦所说的侍奉秦国会被天下人耻笑。可是,秦国毕竟是一个强邻,韩国远不是秦国的对手。要想既保持尊严,又不被秦国消灭,该怎么办呢?

苏秦早就看出韩王的心思,于是进一步给他分析了屈膝事秦的危害:"大王您仔细考虑考虑。如果韩国俯首于秦国,秦国必定会要求韩国将宜阳、成皋这两个战略要地割让给秦国。如果满足了秦国的要求,明年秦国又会要求割让更多的土地。大王答应了吧,没有土地可给;不答应吧,则前功尽弃,免不了与秦国反目成仇,秦军就会兵临城下。何况大王的土地有限,而秦国的贪欲无穷,以有限的国土去满足无穷的贪欲,这就是自找祸患,不经过战争就已经丢失了大片国土。俗话说得好:'宁为鸡口,无为牛后。'鸡嘴巴虽小,却是用来进食的;牛屁股虽大,但只能用来拉屎。大王如果向秦国称臣,又与'牛屁股'有什么两样?以大王的贤惠英明,手中又握有韩国数十万精锐将士,却蒙受'牛屁股'的污名,大王不感到羞耻,我还感到羞耻呢!"

韩王受苏秦这一激,早已坐不住了。没等苏秦把话说完,他猛地从座位上跳起来,一手紧按宝剑,一手在空中挥舞,大声说:"我宁可死,也决不屈服于秦国!先生不辞辛劳来到敝国,告诉我这些,我非常感谢!我愿意率领全国臣民,参加合纵联盟!"

于是韩宣惠王赏赐了苏秦,让他去联络其他各国。苏秦带着随从,又风尘仆仆地向魏国赶去。

　　不久前,魏国不仅是"三晋"中最强的国家,还是当时诸侯中的"超级大国"。但到魏惠王时代,魏国逐渐沦为二流国家。公元前342年,魏国派军进攻韩国,大军长驱直入,逼近韩国都城,韩王向齐国求救。齐威王派田忌、田婴为将,孙膑为军师援救韩国。魏惠王派庞涓、太子申为将,以十万大军应战,战于马陵。次年,魏军中孙膑计,全军覆灭,庞涓被杀,太子申被俘,魏国称霸诸侯的野心受挫。西边的秦国曾派兵攻占了西河地区,威胁到魏国都城安邑,魏惠王只好将都城迁到大梁(今河南开封),所以魏国也叫梁国,魏惠王也称梁惠王。

　　魏国一方面与韩、赵、齐等国有宿怨,历史上多次兵戈相向;另一方面,随着秦国日渐强大,魏、秦矛盾也日益突出,秦国把魏国作为向关东扩展的跳板,因此千方百计想让魏国臣服。这就促使魏国君臣不得不考虑魏国的前途和地位,对秦国的威胁做出反应。

　　苏秦来到魏国的时候,魏国已经不再有过去那种辉煌了。但魏王也还有些志气,并不甘心忍受屈辱。对于苏秦倡导的合纵构想,他早有耳闻。因此,当苏秦来到魏国,他马上就在宫中举行隆重的欢迎仪式,邀请苏秦商谈合纵抗秦计划。

　　苏秦对魏国的国力了如指掌,因此他先为魏王分析了魏国的实力,说:"大王的国家,南有鸿沟、陈、汝南、许、鄢、昆阳、邵陵、舞阳、新郪(qī),东有淮、颍、沂、黄、煮枣、海盐、无疏,西有长城作为屏障,北有河外、卷、衍、酸枣,疆土方圆千里,人口稠密,车马众多。据我的判断,大王的国力不下于楚国。但是,现在竟有人为大王出主意,叫大王去结交如狼似虎的秦国与诸侯为敌,以为这样魏国就平安无事了。那些利用秦国的威势要挟本国君主的人真是罪大恶极啊!大王试想,魏国作为天下的强国,大王又是这样贤明的君主,难道真的甘心屈服于秦国,做他的属国,为秦王在魏国修建行宫,接受秦国的冠带,每年春秋向秦国进贡吗?我真为大王感到耻辱!"

　　魏王听了苏秦的一席话,脸上火辣辣的。俯首事秦,自己真的愿意吗？不是！可是秦国实力确实比魏国强，西河失守对魏国来说是一个沉重的打击。国际关系中讲究的是实力，不低头又能怎么办？且韩、赵、齐诸国曾多次与魏国交手，打了不少仗，自己如果不向秦国屈服，万一秦国翻脸进攻魏国，他们会拔刀相助吗？他们说不定还会趁火打劫，到那时魏国不就危险了吗？唉，真是有苦难言啊！

　　见魏王犹豫不决的样子，苏秦继续开导说："虽然越王勾践被吴王夫差打得只剩三千名残兵，但他卧薪尝胆、励精图治，终于颠覆吴国、活捉夫差。周武王也只有三千名士兵、三百辆兵车，还是斩杀了暴君商纣王、灭了殷朝。这哪里是士卒众多的原因呢，是他们发愤图强的结果啊！我听说大王有精锐部队二十余万人、奴隶兵二十万人、突击队二十万人、杂役兵十万人、战车六百辆、骑兵五千人，这比起越王勾践、周武王要多得多，实力也不算弱了。大王却迫于群臣之说，想向秦国称臣。大王心中应该清楚，屈服于秦国就意味着割让土地，这是不用兵打仗就把国家削弱了。所以，那些主张向秦俯首称臣的臣子不是忠心为国；如果是忠臣的话，就不会让大王割让土地去巴结秦国，苟且图存而不顾长远利益。这些人损公谋私，借助秦国的威势来要挟大王，望大王三思！"

　　魏王仍拿不定主意，对苏秦说："我如果不割地事秦，请问先生有什么良策？"

　　于是苏秦引经据典，先讲了一番大道理，然后才说出自己的合纵战略。他说："《周书》上讲，'小茅草如果任其发展，长多了就不好办，细小时如果不及时拔掉，长大了就得用斧子砍'。也就是说，遇事应该果断，如果犹豫不决错过了时机，后来必有大患，那时就难以挽回了。大王如果真的肯听我的话，与赵、韩、燕、齐、楚结成合纵联盟，齐心协力共同对付秦国，就不会受到秦国的威胁了。我这次来魏国，就是奉了赵王的使命向大王陈说合纵的策略，希望各国摒弃前嫌参加盟约。请大王在这件事上表个态。"

听苏秦说得有理有据，魏王心中早已打消了割地事秦的念头。赵国过去与魏国有宿怨，如今赵王却主动派使臣来要求化干戈为玉帛，大家结成兄弟之国，表明人家挺照顾魏国的面子，现在还有什么话说呢？何况合纵抗秦对魏国也有好处，自己何乐而不为？于是当即表态说："寡人无能，以前从来没有人给我说过这样明白的道理。现在先生把赵王的意思告诉我，我愿意带领魏国的臣民加入合纵联盟！"

魏王吩咐下去："一定要好好款待苏秦等人，留他们多住些时日。"但苏秦说还要继续到别国去完成赵王的使命，魏王就赐了许多金玉丝帛给苏秦，送他们上路。

苏秦一行辞别魏王，日夜兼程向东行进，来到齐国都城临淄。齐国号称"东方强国"，国力与秦国不相上下，早就有称霸诸侯的野心。齐国地处今山东半岛北部，不与秦国接壤，因此秦国对齐国还不具备现实威胁，但齐国倒是觊觎韩、魏等国的土地。苏秦深入分析了齐国的形势，决定在游说中利用齐王的"大国心理"，说服齐国与关东诸侯结盟反秦。

齐王上了年纪之后，早年那种锐气大大减弱，想过几年安定日子。这时有人在他面前说，西边的秦国民富兵强锐不可当，劝他与秦国和好，至少对秦国向东扩张的行为睁一只眼闭一只眼，免得惹麻烦，他正犹豫不决。他听说苏秦已经说服燕、赵、韩、魏加入合纵抗秦联盟，现在奉赵王的使命来到临淄，正要求见。他想听听苏秦到底说些什么，于是很快安排苏秦与自己见面。

齐王在宫中设宴款待苏秦。席间，他问苏秦："听说先生游历了不少国家，如今奉了赵王的使命来到下国，请问先生有什么指教？"

苏秦先不着急谈自己的合纵战略，而是赞扬齐国的富强，说："齐国南有泰山，东有琅琊，西有清河，北有渤海，真是一个四面都有险阻的国家。而且齐国疆域广大，诸侯中少有匹敌。方圆两千里，军队数十万，积蓄的粮食堆积如山。士兵训练有素，作战勇敢，冲锋陷阵像离弦之箭；与敌人交战,迅猛如雷电,撤退时如风雨瞬息即逝。即使发生战事,敌人也从未能越过泰山、横跨清河、游渡渤海。国都临淄居民达七万户,据我的推测,即使按最低标准估计,每户也有三个青壮年男子,不必征调其他地方的部队,临淄一城也有二十一万名战士。临淄城不但人口繁庶,而且家境非常富裕。和平时期大家悠闲自在,往往吹竽鼓瑟、击筑弹琴、斗鸡走狗、赌博踢球。临淄的大街小巷,车水马龙,轴毂相连;人来人往,摩肩接踵;衣襟相连,如同帷帐;衣袖举起,就像幕幅;人的脸上如果同时流汗,就像降雨一样。这都是因为大王贤明仁爱,治国有方,齐国的强大真是天下无敌啊!"

听了苏秦的一番赞扬,齐王脸上露出得意之色。苏秦就是先要让齐王有一种自豪感、满足感,这样他的目的就达到了。然后他话题一转,说:"凭大王的贤明和齐国的强大,现在却要屈服于远在西边的秦国,我真为大王感到脸上无光啊!"

齐王正沉醉在苏秦的赞美声中,忽然听苏秦这么一说,刚才那种自豪感一下子全没了。他挤出一点儿尴尬的笑容,支支吾吾地说:"秦国实在太强,只有搞好关系……韩国和魏国不是也怕秦国吗? 孤掌难鸣啊!"

苏秦见齐王举棋不定,继续连珠炮似的向齐王展开心理战:"韩国和魏国之所以畏惧秦国,是因为与秦接壤,实力又不敌,时刻面临秦国的现实威胁。如果双方发生战争,不出十天,谁胜谁负、谁存谁亡立刻可以见分晓。如果韩国和魏国侥幸战胜了秦国,部队也已经折损了一半;如果战而不胜,随后就会亡国。所以韩国与魏国非常谨慎小心,不敢得罪秦国以免发生战争,甚至宁愿屈服于秦国的压力称臣纳贡,以求得暂时的和平。"

苏秦见齐王沉默不语,就接着说:"秦国要进攻齐国就大不一样了。秦国必须越过韩、魏两国,经过卫国阳晋这条要道,还要经过亢父这样的险关,沿途道路狭窄,车辆无法并驾,马匹不能并行,如果一百人守住关隘，一千人也无法通过。秦国如果要深入齐国，就不得不随时提防韩、魏之军切断后路。所以，秦国对齐国只能装腔作势进行恐吓，却不敢前进一步。秦国不能把齐国怎么样，这不是明摆着的事实吗？"

听了苏秦的话，齐王频频点头。苏秦觉得这时可以说点实际的了，于是提高嗓门，慷慨陈词："韩国和魏国论国力、军力都远不如齐，但韩王和魏王都不愿意做秦国的附庸国，已经明确表示加入合纵联盟，与赵国、燕国一起反抗秦国的威胁。我谨代表赵王邀请大王也参加合纵抗秦联盟，您不要听信那些主张侍奉秦国的臣僚们的胡说。这样可以避免形成向秦国卑躬屈膝的丑名，而获得强国的实惠。希望大王仔细考虑考虑。"

齐王心中盘算着：是啊，我齐国在诸侯中论地位、论实力，都算得上一流大国，本来就不该向秦国低三下四。现在关东诸侯都参加了合纵抗秦联盟，我要是不参加，不就成了孤家寡人了吗？他当即起身，向苏秦表示谢意，说："寡人不明事理、思虑不周，现在先生把赵王的意思告诉了我，使我茅塞顿开。我愿意带领齐国参加合纵联盟，与诸侯一道抗秦！"

苏秦成功地说服了齐王参加合纵联盟，并得到很多金玉财物。他辞别齐王，踏上此行的最后一站——楚国。

一路上，苏秦心潮澎湃，思绪万千。虽然从北到南，从东往西，纵横千里，旅途劳累，但他还是兴致勃勃，没有丝毫厌倦。自己多年寒窗苦读，想凭借自己的智慧去获取功名富贵，如今愿望快要实现了。特别是自己花费心血最多的合纵抗秦构想已经取得了丰硕的成果，关东六国已经有五国加入了这个计划，现在只剩下南方的楚国了。要是楚国之行顺利的话，就算大功告成了，自己也可以稍事休息，坐享荣华富贵。

从临淄到楚国都城郢都，路途非常艰辛。苏秦却顾不上休息，到达后立即求见楚威王。但是,楚国一些大臣设置障碍,不让谒者通报楚威王。苏秦在楚国焦急地等待了三个多月,才被引荐给楚威王。楚王听说苏秦肩负赵王的使命,已经遍游关东各国,今番到楚国来有要事相告,于是马上请他进宫。

苏秦早就对楚国的政治、经济、军事情况做过深入研究。当时楚国可以说是与秦国不相上下的头号强国,疆域辽阔;而且楚国拥有一支庞大的军队,连秦国也畏惧它三分。近年来秦国势力向东、向南扩张,引起了楚国的警惕。特别是秦国觊觎巴、蜀和汉中地区,侵犯了楚国的势力范围,楚国对此耿耿于怀。但楚国一些在朝中很有势力的人也受到了那些鼓吹"连横"的人的影响,他们主张与秦国保持和平,不惜割地贿赂秦国。苏秦要说服楚王参加合纵联盟,就必须使楚王丢掉对"连横"的幻想。他又施展自己的游说才能:

"我周游过不少国家,接触过不少有影响力的人,大家都一致认为楚国是天下的强国,大王是天下的贤君。的确,楚国西有黔中、巫郡,东有夏阳、海阳,南有洞庭、苍梧,北有汾陉、郇(xún)阳。疆域方圆五千里,有将士一百万人,战车一千辆,骑兵一万人,积贮的粮食可够十年之用,这些都是成就霸业的资本啊!凭楚国强大的国力和大王您的英明,天下还有谁能够相匹敌?楚国却屈服于秦国的压力讨好秦国,使诸侯寒心,谁还会把楚国当成天下霸主呢?"

听了苏秦的一番分析,楚威王低头不语。

苏秦继续说:"当今天下秦国最担心的是楚国。楚国强大了,秦国必然削弱;反之,楚国削弱了,秦国必然强大,楚国与秦国势不两立。所以为了大王和楚国的根本利益,最好的办法就是与关东其他诸侯一道结成合纵联盟,以孤立秦国。"

楚威王迟疑不决,一时难以下定决心,对苏秦说:"据我所知,秦国目前似乎并无兴兵伐楚之意。"

苏秦这时情绪有些激动。他站起身来,在大厅里走了几步,又滔滔不绝地对楚王说:"古人说得好,在国家未乱之前就应该励精图治,在事情发生之前就应该早做准备。如果等到大祸临头时才去担忧就来不及了,所以大王应该早做打算。大王如果不加入合纵联盟,将来秦国真的进攻楚国,兵分两路,一路直指武关,一路占领黔中,那时没有邻国的支援,楚军孤军奋战,楚国都城就危险了。"

听了苏秦的分析,楚威王觉得有道理,但他仍然不敢贸然答应加入合纵联盟,只是向苏秦问道:"其他诸侯是什么态度?"

苏秦想:楚国在诸侯中一直以霸主自居,瞧不起关东各国,我就来个顺水推舟,给楚王扣上一个霸主的帽子,只要他答应参加合纵联盟,其他的就好办了。于是苏秦抛出了诱饵:"大王如果真的听从我的计策,我保证让关东诸侯一年四季向大王进贡,执行大王的号令,把社稷宗庙托付给大王,精英士卒交给大王指挥。韩、魏、赵、齐、燕国能歌善舞的绝世佳人将充塞大王的后宫,赵国代郡的良好骆驼也将占满大王的马圈。所以,若与诸侯结成合纵联盟,则楚国为王;若与秦国连横,则秦国称帝。现在竟有人劝大王放弃霸王之大业,我实在不敢苟同。"

楚威王底气有些不足,喃喃地说:"楚国与秦国搞好关系,对楚国有利。"

苏秦礼貌地打断楚威王的话,说:"秦国贪狼暴戾如虎狼一般,早就怀有吞并天下的狼子野心,难道大王真的没有看出来吗?所以说秦国是全天下共同的敌人。那些主张连横的人想通过割让诸侯的土地来求得虚幻的和平,实际上就是资敌,必贻害无穷。作为大王的臣子,却不为大王谋利,反而要把大王的土地割让出去,来巴结如狼似虎的秦国,眼睁睁地看着秦国侵吞天下。他们这些人实际上是借助秦国的威势来要挟大王,天底下哪里还找得出比这更大逆不道、不忠不信的事!现在摆在大王面前的有两条路:一条路是合纵,楚国成为霸主;另一条路就是与秦国连横,楚国割地侍奉秦国,结局会众叛亲离。这两条路相差很远,后果完全不同,大王您愿意选择哪条路?"

楚威王没有回答。苏秦紧追不舍："我这次奉赵王之命来到贵国，向大王转达赵王的意思，希望能得到大王您的答复，现在就听大王的一句话！"

楚威王不得不向苏秦吐露了真情："寡人的国家西边与秦国接壤，时刻受到秦国的威胁，秦国早就有攻取巴、蜀，吞并汉中的野心。其实寡人也知道，秦国如虎似狼，不可亲近。但诸侯之中，韩国和魏国迫于秦国的压力，已不能与他们深谋，寡人担心楚国被他们出卖，最后反秦不成反而有亡国之忧。寡人估量过，凭楚国一国之力与秦国对抗，未必能取胜。寡人也曾经与群臣商议过这件事，但他们的意见都行不通。所以寡人卧不安席、食不甘味，终日心神不定，不知如何是好。今天先生不远千里，前来告诉我统一天下、安定诸侯、拯救国家的策略，使我豁然开朗，如见明灯。请先生转告赵王，寡人同意带领楚国参加合纵联盟！"

听了楚王的表态，苏秦长长地舒了一口气。自己千辛万苦，左右游说，总算没有白费精力，自己浇灌的合纵之树就要开花结果了。他立即向楚王告辞，楚王挽留说："先生的言谈有古代贤人之风，令寡人大开眼界，为何不在楚国多住些日子？"苏秦调侃说："楚国的粮食比玉石还珍贵，柴火比桂树还值钱，我哪儿住得起啊？加之通报信息的人如鬼神一样难伺候，大王您更如天帝一样难见，大王挽留我，是让我拿玉石当食物，用桂树当柴火，靠鬼神见天帝啊！"

楚王听后大笑，说："先生回客舍好生歇息，一切由寡人做东！"

过了一段时间，苏秦告别楚王，来到洹水之滨，召集六国特使相会，正式成立了合纵联盟，并讨论了有关合纵盟约的具体细节，明确了各国的权利和义务。六国一致同意联合起来对抗秦国的威胁，当秦国侵犯合纵联盟中的任何一国时，其他五国有派兵支援的义务。具体的实施方案是：

如果秦兵侵犯楚国，齐、魏两国各派精兵帮助楚军与秦作战；韩国军队从背后骚扰秦军,断其粮道;赵国军队渡过黄河、漳水,进攻秦国本土;燕国军队坚守常山以北,防备秦军偷袭赵国。

如果秦兵进犯韩、魏二国,楚国派精兵切断秦军退路,夺取补给线;齐国派精兵助战;赵国军队渡过黄河、漳水,进攻秦国本土,牵制敌人;燕国军队严守云中,防备秦军偷袭。

如果秦国进犯齐国,楚国派兵断其后路;韩国军队坚守成皋;魏国军队切断午道;赵国军队渡过黄河、漳水和博关,进攻秦国本土;燕国派精兵助战。

如果秦国进犯赵国,韩国军队驻扎宜阳;楚国军队驻扎在武关,伺机出击;魏国军队驻守河外,严阵以待;齐国军队渡过清河,与赵军并肩作战;燕国也派精兵助战。

如果秦国进犯燕国,赵国派兵防守常山;楚国军队驻扎在武关,伺机出击;齐国军队渡过渤海,与燕军并肩作战;韩、魏两国派兵助战。

如果哪国不执行盟约,就是与五国为敌,大家群起而攻之,共同兴兵讨伐。

会议重申,各国要团结一心,亲如兄弟,一国有难,大家支援,目的是要把秦国的势力遏制在函谷关以西。

这样,经过苏秦的游说,六国为了各自的利益走到了一起,成立了六国合纵抗秦统一战线。大家公推苏秦为纵约长,同时兼任六国宰相,佩戴六国相印。

一身兼任六国宰相,恐怕古往今来都没有先例。洹水之会以后,苏秦回赵国向赵肃侯复命,各国诸侯都赠给他许多金珠玉帛、车马奴仆,并派特使护送。一路上车骑相连、辎重如山,浩浩荡荡,气派非凡。途经洛阳,苏秦想起了久别的父母兄弟,还有那依阁望归的妻子,于是决定回去看一看。周显王听说苏秦来到洛阳,想当初自己不识才没有召见他,人家现在是诸国的红人,小小的东周算个什么?因此心中忐忑不安,慌忙派人修整道路,远远地恭候、慰劳。

家中早已知道苏秦富贵了，一家上上下下忙得不亦乐乎。父母拿出钱修整了房屋，嫂子已经做好了丰盛的饮食，妻子梳妆打扮、笑逐颜开，两个弟弟恭恭敬敬地前来迎接。苏秦到家时，兄弟妻嫂都俯伏在地，连头也不敢抬，低声下气地向苏秦请安。苏秦见此情景，笑着问他嫂子："你们为什么先前对我那样傲慢，理都不理我，现在却对我这般恭敬？"嫂子脸贴着地，像蛇一样爬到苏秦跟前，向他赔不是，说："因为先前你没有钱，又没有做官，现在你做了大官，有很多钱啊！"听了嫂子的回答，苏秦感慨不已："同样是一个人，富贵时，亲戚就敬畏他；贫贱时，亲戚就轻视他。亲戚尚且这样，何况其他人呢！人生在世，不追求功名利禄吗？要是我当初在洛阳城边安心耕种二顷田地，如今还能挂上六国相印吗？"于是他散发千金，赏给亲戚朋友。

当初苏秦到燕国时，向人借了一百钱作为盘缠，如今富贵了，他就还给那个人一百金。苏秦还通过各种方式报答了那些曾经对他有恩的人。有一个曾经跟随过苏秦的人没有得到苏秦的好处，就自己跑到苏秦面前去提醒他。苏秦对那人说："我并不是忘了你。当初你与我一起去燕国，那时我处境非常困难，对你抱有很大的希望，你却再三要离我而去，让我失望，所以我故意把你放在后面。"最后，那个人也得到了赏赐。

苏秦在洛阳停留了一段时间后，回到赵国，向赵肃侯汇报了情况。赵肃侯再次封他为武安君。苏秦把六国合纵盟约的文书派人送到秦国，秦国朝野震恐，再也不敢肆无忌惮地向关东扩张。此后十五年间，秦国基本上没有派兵出函谷关一步，合纵联盟起到了一定的威慑作用。

不过，六国联盟本身的基础并不牢固。大家为了一个共同的目标——应对秦国的威胁，才走到了一起。首先，各国面临秦国的威胁大小是不一样的，有些国家显得迫切一些，有些国家就不是很迫切，这就使盟约中规定的权利和义务难以得到真正的贯彻执行。其次，六国之间的实力并不均等,其中有大国、有小国,有强国、有弱国,难免有大欺小、强凌弱的现象发生。有些国家怀着一种侥幸心态,认为被秦国侵占的土地可以通过从邻国掠夺的方式来进行补偿,因此,并不吝惜割让土地给秦国。加之诸侯之间一直有些宿怨,历史上曾多次大动干戈,要使他们真正地亲如兄弟、团结一心,那只是幻想。大家各自为利而来,也容易因利而去。秦国正是看到诸侯之间的矛盾,采取分化瓦解、各个击破的战略,或唉之以蝇头小利,或实行威胁恐吓,或进行挑拨离间。

由于赵国是纵约发起国,因此秦国恨之入骨,就想教训教训赵国。秦惠文王派犀首去齐国、魏国,挑拨齐国与赵国之间的关系,答应魏国归还以前夺走的土地,还说服齐、魏与秦一起进攻赵国,合纵联盟遭到了破坏。

本来赵王受苏秦的影响,首先发起合纵运动,如今却受到两个纵约国的进攻,他认为这全怪苏秦当初许下那么多承诺而没有兑现,自己受了欺骗。苏秦非常害怕,就向赵王说,齐、魏两国违背盟约应该受到惩罚,大王如果让我出使燕国,我一定说服燕王派兵与大王一道去教训齐国、魏国。赵王想:别无他法,杀了苏秦也没有用,不如让他去燕国试一试。此时诸侯之间为了各自的利益大动干戈,合纵联盟逐渐土崩瓦解。

三、张仪的连横主义

六国合纵在秦国朝野上下引起了不小震动。

苏秦撮合赵、燕、齐、韩、魏、楚六国在洹水之滨召开了合纵抗秦大会,签订了盟约,然后派人把盟约文书送到秦王手中,秦惠文王大吃一惊。苏秦这个人对他来说并不陌生。当初苏秦只身一人来到秦国,劝他实施连横战略,逐步吞并诸侯、统一天下,他以条件不成熟谢绝了。想不到过去的几年,他竟跑到关东各国去游说,挑拨各国与秦国的关系。秦惠文王这才感到苏秦是一个人才，后悔当初没把苏秦留在秦国，或者把他杀掉。

秦惠文王正在唉声叹气，一位大臣上前奏道："大王不必烦恼，苏秦能够把六国撮合在一起，我们就可以把它们分开。近日魏国人张仪来到了咸阳，此人满腹韬略，饱读诗书，才学不在苏秦之下。"秦惠文王一听大喜，忙叫人把张仪带进宫中，以上宾之礼相见。

秦惠文王主动问张仪："先生不辞辛劳来到敝国，听说有治国安邦之策要教寡人，望先生不吝赐教！"

张仪见秦王这样客气，心想：从前只听说秦国非常尊重人才，自己还不太相信，今日亲身体验，果然不错。于是向秦王拜了一拜，说道："常言道：'弗知而言为不智，知而不言为不忠。'作为臣子，对君王不忠就该死，说话不真实也该死。尽管如此，我还是想把我的所见所闻全部说出来，请大王明辨是非。"

秦惠文王说："先生但说无妨，寡人将洗耳恭听。"

张仪说："大王一定知道如今燕、赵、韩、魏、齐、楚六国在苏秦的煽动下，结成所谓的合纵联盟，联合起来与秦国为敌吧？"

秦惠文王面带忧色，说："对呀，我正在为此事发愁，思前想后也拿不出一个万全之策与六国抗衡。"

张仪却轻松地说："大王未免多虑了。刚才有人在外边说六国结盟如何可怕，我还在暗笑。依我看，六国合纵根本不足为虑。"

听了张仪的话，秦惠文王心中直犯嘀咕：六国结盟对秦国极为不利，怎么能说不足为虑？莫非此人大言不惭？

张仪见秦惠文王满脸狐疑的样子，就说："大王知道吗？世上有三种自取灭亡的情况，那就是以乱攻治者亡，以邪攻正者亡，以逆攻顺者亡。关东各国不顾国库匮乏、粮仓空虚，而竭尽全国军民之力养兵，与秦国为敌。但由于对待士卒赏罚不够分明，答应了赏奖而不兑现，宣布了处罚又不执行，以致百姓离心、士卒失望，临阵退缩，难以为战。

这不是正犯了'三亡'之大忌吗?"

秦惠文王点了点头,心中暗暗得意:的确,论起赏罚分明,关东诸侯谁也没有我秦国认真,从这点来说,不知要比他们强多少倍。因此,尽管秦国军队数量不多,但将士都勇于立功受奖,战斗力之强是其他各国无法比拟的。

张仪似乎看透了秦王的心思,接着对秦国大加赞扬,说:"大王的秦国是另一种气象。由于号令严明、赏罚公正,故有功无功的人都愿意为国家拼死作战。由于不说空话、取信于民,秦国人离开父母的怀抱,即使从来没有经历过战争,但只要一听到作战命令,都能勇往直前,奋不顾身,杀敌立功。所以能以一当十,以十当百,以百当千,以千当万。如果有一万名勇士,取天下就绰绰有余了。"

秦惠文王正听得津津有味,张仪把话题一转,继续说道:"秦国方圆数千里,将士数百万,号令赏罚、地形利害都是其他诸侯望尘莫及的。以秦国的实力,按理说应当战无不胜、攻无不克,征服数千里的土地不在话下。现在的情况却是士卒疲惫,百姓困乏,蓄积空空,田野荒芜,粮食短缺,周围诸侯不臣服,秦国的霸业不成功,大王你以为原因何在呢?"

秦惠文王一直陶醉在秦国富庶强大之梦中,听张仪说出了秦国这么多的不是,额头上冒出了冷汗。他忙问:"请先生明示,是什么原因?"

张仪顿了顿,说:"没有别的原因,只怪大王信任的那些谋臣不为大王尽忠竭力。"

秦惠文王觉得很诧异,问张仪:"此话怎讲?"

张仪就慢慢给秦惠文王分析:

"就拿东方的齐国来说吧,有宽广的疆土,强大的兵力,险固的要塞。曾经南破楚、中破宋、北破燕,驱使韩、魏之君如奴仆,连秦国也不敢与之争锋。可就是这个不可一世的齐国,一战失利就迅速衰落了,可见用兵作战可以决定万乘大国的生死存亡啊！

"常言道,斩草除根,除恶务尽。齐国正是没有做到这一点,所以一落千丈。近年来秦国对外用兵,也不知不觉地在蹈齐国的覆辙。当年秦军大破楚国,攻占了郢都,夺得了洞庭、五渚、江南等地,楚王仓皇东逃。秦国本来可以趁此良机,一举灭楚,使诸侯臣服。谋事之臣却停止追击领兵撤离,与楚人讲和,使楚人得以收复失地;聚集逃散的百姓卷土重来,联合其他诸侯与秦国作对,使秦国丧失了一次成就霸业的机会。最近关东六国联合出兵攻打秦国,大王用计击退他们,一直追击到大梁城下。如果把大梁城围上几十天,就可以攻占;攻下大梁城,魏国就会投降;魏国投降了,赵国和楚国之间的联盟也就完结了。如此,则赵国处境危险,楚国孤立无援,东边的齐、燕与中部的三晋就会西向称臣。谋事之臣却引军撤退,与魏国讲和,使魏国得以重整旗鼓,秦国再次痛失成就霸业的良机。像这类事在秦国还有很多,我仅举两例就可见一斑。

"正因为秦国的谋事之臣处事不得当,在战略战术上屡屡失误,关东诸侯才敢轻视秦国,听信苏秦的合纵之谋与大王为敌。大王不可掉以轻心啊！"

张仪的辩才加上他对天下形势的细致分析、对列国利弊的深入洞察,特别是对秦国内政外交的尖锐批评,折服了秦惠文王。他越听越起劲,眼珠都不转一下。

"不过,"张仪不失时机地给秦惠文王灌迷魂汤,"凭大王您的聪慧贤明,秦国的强大兵力,号令之严明、赏罚之公正,以及秦国优越的地理位置、丰富的物产资源,天下诸侯难与匹敌。秦国兼并六国、统一天下只是时间问题。"

秦惠文王听了此言,非常开心,但随即又忧心忡忡地说:"可是,如今六国合纵与秦国为敌,关系非同一般。纵约不破,寡人可不敢奢望兼并天下、成就霸业啊！"

张仪起身向秦惠文王拜了一拜,说:

"我到秦国来拜见大王,就是要向大王献计如何拆散纵约、统一天下。我为大王分析过现阶段的敌我形势,要成就霸王之业应该分几步走。目前首要的任务是利用一些诸侯的自私心理和各国之间的宿怨,分化瓦解、挑起矛盾,让他们互不信任,甚至互相攻击。只要秦国能够拉拢两三个诸侯,纵约就不攻自破了。

"然后秦国对六国采取各个击破、由近及远的战略,先消灭与秦国毗邻的赵国的有生力量——韩国。为了实现这个目标,应该暂时与距离秦国较远的齐国、燕国保持友好关系,暂时不要动魏国、楚国,只要他们表示臣服就行了。这样,团结多数对付少数,集中力量逐步消灭,在不远的将来大王一定能够成就霸王之业,使四邻的诸侯拜倒在您的脚下。秦国在西、诸侯在东,我把这个政策称为连横(衡)战略。如果大王采纳了我的意见不能实现上述目标,就请大王把我杀掉示众,来惩戒那些为君王出谋划策而不忠的人!"

连横战略对秦惠文王来说并不陌生,曾经有不少人在他面前鼓吹过,苏秦就是其中之一。但是,没有谁说得像张仪这样周密、具体。特别是张仪提出的分化瓦解、由近及远、各个击破的战略构想,颇有新意,而且切实可行,深受秦惠文王赞赏。秦惠文王立即下令赏赐张仪大量钱财、珠玉以及车马随从,任命他为客卿,让他去推行连横战略。

张仪的连横战略,对秦国的政治、军事、外交产生了深远影响。从秦惠文王开始,直到秦王嬴政统一天下,基本上执行了由张仪倡导的连横政策。后来范雎推行的"远交近攻"策略,实际上也是连横战略的延续和深化。从此以后,秦国以此为武器,对关东各国展开了强大的外交和军事攻势,取得了一个又一个胜利,六国的合纵联盟土崩瓦解。

当时秦国地处西部,离秦国最近的是三晋(赵、魏、韩),其次是楚国,最远的是东边的燕、齐二国。六国虽然结成了反秦联盟,孤立秦国,但它们之间也有利害冲突,并非铁板一块。它们结成合纵联盟的目的是为了消除秦国的威胁，获得安全保障。这是合纵联盟的基础，同时也是合纵联盟的致命弱点。如果秦国与六国分别媾和，许诺给予安全保障，那些目光短浅、狭隘自私的诸侯就会一个接一个地违背盟约，俯首事秦。张仪主张团结多数对付少数，由近而远各个击破。因此，对较远的燕、齐两国采取友好政策，将它们从纵约中分化出去。对较近的赵、韩、魏则采取又拉又打，稳住两国、对付一国的策略，迫使它们俯首称臣，逐步吞并。至于南方的楚国，地广兵多，是一个不可忽视的对手，秦国目前尚无力将其吞并，就实施蚕食政策，逐步消耗其国力。

　　张仪选中了一个实施连横战略的突破口，那就是三晋中的魏国。魏国处于战国七雄的中心位置，东有齐，南有楚，西有秦，北有赵，可谓四战之地。它曾经是头等强国，由于内政外交等多方面的因素，到战国中后期已经沦为二流国家，土地面积日渐缩小，国力日渐损耗。当初苏秦到魏国游说魏王，许诺如果魏国参加纵约，它不仅可以免受齐、楚、赵等国的威胁，还可以从这些国家获得支援，抵抗秦国的侵略。魏王正是出于对魏国安全的考虑，才勉强加入了纵约。但是，他心中仍然不踏实，秦国曾经侵占魏国的西河之地，使魏国元气大伤。魏王对此仍心有余悸，如果秦国再侵略魏国，其他诸侯真的会出兵支援吗？

　　秦惠文王十年（前 328 年），张仪建议派公子华与自己一起领兵伐魏，围攻蒲阳。面对秦国的精兵强将，魏军毫无还手之力，魏王眼巴巴地等着纵约各国的援兵赶来，但始终未见他国援军。经过三个月的对峙，城中粮草耗尽，孤立无援，守城将士只好开门投降。

　　军事上得手以后，张仪就展开外交攻势。他劝说秦惠文王趁机与魏国言和，并归还蒲阳，魏王见土地失而复得，一定会对秦国感激涕零、亲近秦国。这样，就可以在纵约诸侯中打开一个缺口。张仪还保证，虽然秦国放弃了蒲阳，但魏王将会主动献上不亚于蒲阳的土地。秦惠文王听张仪说得有理，就同意了张仪的意见，派张仪和自己的儿子公子繇一起去魏国开展外交活动,以归还蒲阳作为诱饵四处游说。

魏国君臣听说秦国要主动归还魏国失地,喜出望外。强大的秦国以战胜国的身份屈尊求和,更令魏国君臣受宠若惊。他们把张仪等人当成和平使者,待以上宾,优礼有加。张仪等人没有提任何条件,就与魏国签订了和平协议。协议规定,秦国除归还蒲阳外,还派公子繇常住魏国,实际上是作为人质,以取信于魏国。

国与国之间的交往都是互惠的,没有单方面的权利与义务。一个国家再好也不会主动把好处无条件地送给对方,除非另有他图。魏国君臣全都沉浸在收复失地的喜悦之中,没有一个人去细想秦国此次行为背后隐藏了什么目的。

张仪估计魏国已经信任秦国、放松了戒心,就以私人身份去见魏王,说:"恭喜大王既收复了失地,又结交了秦国,魏国从此可以高枕无忧了!"

魏王掩饰不住内心的喜悦,说:"这都是托秦王和先生的福啊!"

这时张仪假意为魏国着想,装出一副推心置腹的样子对魏王说:"大王,为了魏国的长远利益,我还有一个想法。当今天下没有哪国的实力可以与秦国相比,谁与秦国作对谁就会大祸临头。这次秦王主动归还魏国失地与大王友好,说明秦王很重视发展与魏国的关系,并不贪图魏国的土地和人民。秦王对待魏国如此宽厚,大王如果没有一点表示,我担心世人会说大王不是知恩图报的人。"

魏王正在兴头上,对这次秦、魏媾和非常满意。他心想:以往秦国进攻魏国,都是以魏国失地上贡告终。这一次秦国不仅主动求和,而且归还了失地、送来了人质,表明秦国是有诚意的。魏国既挽回了损失又保全了面子,作为一个泱泱大国,可不能让天下人觉得自己小气。魏王这时已经顾不上权衡利弊得失,当即许诺把上郡、少梁的土地献给秦国,为秦王祝寿。

张仪在这次外交活动中巧妙地利用了魏王爱面子的心态,不仅让秦国获得了两个重要的战略要地,而且拉拢了魏国,将六国纵约之网打开了一个缺口。魏国虽然拿回了蒲阳,但丢失了上郡与少梁;而且蒲阳城位于秦国的枪口之下,秦国什么时候想要都能得到。

连横战略旗开得胜,秦惠文王非常欣赏张仪的才干,便任命他为相国。秦惠文王下令将少梁改名为夏阳,加以重建,将其作为秦国向东扩张的重要军事基地。并在上郡修筑要塞,作为进可以攻、退可以守的战略据点。

张仪虽然没有迫使魏国臣服秦国,但经他搅和,纵约诸国已经互不信任,对秦国的威胁也大大减轻了。

过了几年,张仪看到时机已到,可以进行下一步计划了,就向秦惠文王建议:免去自己的相国职务,派自己到魏国活动,发挥自己的外交特长,伺机取得魏国的相位,左右魏国的内外政策,说服魏王臣服秦国;然后让其他诸侯也效法,以完成秦国的霸王大业。

虽然魏王希望与秦国保持和平,但并不愿意做秦国的附庸、听秦王的号令。所以张仪来到魏国以后,魏王热情款待他,将他奉若上宾。但当张仪向魏王提出发展更加密切的关系时,魏王断然拒绝,张仪的外交活动没有取得预期的结果。张仪见和平方式无法使魏国听命,就秘密派人报告秦王,建议采取军事行动对魏王施加压力。

秦王听说魏王居然敢对秦国说"不"字,大发雷霆,立即派遣军队迅速攻下魏国的曲沃城与平周城,并暗中派人给张仪送来了大量的活动经费,让他不惜一切代价劝降魏国。但是,时间一天一天过去了,魏王始终不答应归顺秦国。张仪又羞又愧,不好意思回国向秦王复命,只好留在魏国寻找机会。

后来,老魏王去世,新魏王继位。张仪不失时机地劝说新王臣服秦国,但新王与他的父亲一样,不甘心做秦国的附庸。于是张仪又暗中向秦王建议,趁魏国新君即位给魏国一个下马威。秦惠文王派兵对魏国发动强大攻势,连败魏军。恰在这时,曾经与魏国结盟的齐国又在魏国背后捅了一刀。趁秦、魏交战之机,齐国进攻魏国的东部边境,败魏军于观津。魏王向韩王求援,韩王派申差率军与秦军交战,结果被打得大败。其他诸侯非常震惊,再也没有哪国敢出兵援救。在东西两面受敌的情况下,魏国终于有些支持不住了。这时,张仪便乘机去劝说魏王脱离纵约、归顺秦国。

张仪做出一副忧心忡忡的样子,对魏王说:"大王,现在魏国面临这么大的危机,我真担心啊!"

魏王满面愁容,也不说话,坐在那里唉声叹气。张仪见魏王正焦头烂额,又上前一步,凑近他的耳朵说:"大王,我曾经劝您不要与秦国为敌,您却听信其他大臣的话,硬要与其他诸侯搞在一起。现在魏国有难,其他诸侯的援兵又在哪里?"

听了张仪的话,魏王就来气:"哼,当初我父亲听了苏秦的话,说魏国受到秦国的进攻,其他诸侯会拔刀相助。如今除了韩国,其他诸侯没派一兵一卒前来助战,东边的齐国还趁火打劫!"说完,魏王咬牙切齿地说:"我一定要找苏秦评理!"

张仪说:"那又何必。常言道,量力而行,量体裁衣。事到如今,大王也该总结一下经验教训了。凭魏国的实力真的能够斗得过秦国吗?"

魏王沉默不语。张仪继续说:"魏国土地方圆不到千里,军队不过三十万人,四周都是平原,无险可守,道路四通八达,没有名山大川可以依凭,四周诸侯虎视眈眈、不怀好意。南边有楚,西边有韩,北边有赵,东边有齐,魏国真是一个四战之国,危机四伏啊!如果与南边的楚国结盟而不与齐国友好,齐国就会进攻东部边境;如果与东边的齐国结盟而不与赵国友好,赵国就会进攻北部边境;如果与韩国不和,西部边境就受到威胁;与楚国不亲,南部边境就受到威胁。如果出现了这种情况,就是人们所说的四分五裂的道路啊!大王要应付四面八方的敌人,恐怕会力不从心吧?"

听了张仪的分析，魏王有点心虚了。但他定了定神，说："我国与齐、楚、韩、赵签订过合纵盟约，这些国家都是我国的朋友，不会对我国产生威胁。"

张仪冷笑一声，说："看样子大王还对那个名存实亡的纵约抱有幻想。苏秦打着合纵抗秦的旗号，许诺各国只要参加纵约，就可以安定社稷、增强君威，还可以强兵、显名。诸侯还煞有介事地在洹水之滨会面，杀白马、饮血酒，对天发誓，结为兄弟，以为这样就可以平安无事、高枕无忧了。其实，诸侯之间本来就矛盾重重，各自心怀鬼胎，遇到利害攸关时怎么会不翻脸呢？苏秦这个人反复无常、奸诈狡猾，他说的话往往不可信凭，纵约难以成功是很显然的。"

魏王对张仪说的话有些同感，问："既然纵约不可靠，先生认为什么才可靠？"

张仪看看魏王的脸色，知道他已被自己说动，就劝魏王臣服秦国，以换取安全保障。他先大肆渲染秦国如何强大，然后威胁说："为了大王的江山社稷，大王不如立即与秦国讲和、归顺秦国。否则，秦王一旦真的发怒，派兵攻占魏国的北方领土，切断魏国和赵国之间的联系，纵约国之间的南北通道被堵塞，这时即使有诸侯愿意救援也无路可进，魏国想平安无事也不可能了。然后秦国再要挟韩国一起进攻魏国，韩国迫于秦国的压力不敢不从，到那时魏国就只能坐以待毙了。"

张仪说："这正是我为大王担心的事啊！"

张仪的威胁果然起了作用，魏王额头上直冒冷汗。张仪不失时机地抛出诱饵："我反复为大王考虑过，要想真正长治久安，就应该与秦国结盟、归顺秦国，借助强大的秦国来保证宗庙的香火不断绝。有了秦国做后盾，无论是韩国还是楚国，都不敢动魏国一根毫毛，大王就可以坐享太平了。"

接着，张仪又向魏国介绍与秦国联手攻楚的方案，引诱魏王上钩："当今诸侯之中，秦国最想遏制的是南方的楚国，而最有可能制约楚国的其实就是魏国。楚国虽然有富强的名声,但实际上内部非常空虚。楚国的士兵人数虽多,但战斗力不强。如果魏国出动精兵讨伐楚国,肯定会稳操胜券。进攻楚国既可以增加魏国的土地,又可以得到秦国的欢心,可谓是一箭双雕的大好事,大王为什么不这样做呢?"

张仪说到这里,瞟了一眼魏王,暗带威胁说:"大王要是不听我的话,只怕秦兵会长驱东进攻打魏国,到那时再想与秦国和好为时晚矣。"

魏王一时还拿不定主意,到底是投秦好还是合纵好。如果俯首归顺秦国,就是与众诸侯为敌,诸侯们会放过魏国吗?而参加纵约,就会开罪于秦,秦国又会拿魏国出气。他左想右想,觉得为难。

张仪似乎看出了魏王的心思,就进一步劝说道:"大王应该仔细权衡利害关系,千万不要被合纵的主张迷惑,那些宣扬合纵的人大都夸夸其谈、轻言寡信。他们嘴上说要为君主谋福利,心里想的是如何骗取钱财、猎取富贵。他们挖空心思说合纵的好处,以此来讨君主的欢心。君主被他们的花言巧语迷惑,看不到合纵的巨大危害,还以为他们真心为国。大王啊!常言说得好,积羽沉舟,群轻折轴;众口铄金,积毁销骨。坏事虽小,任其发展就会酿成大祸;巧言令色,可以混淆视听,使人无所适从。大王仔细考虑考虑吧。现在秦国大军压境,我请求大王让我离开魏国,躲开战火以保全贱躯!"

经张仪这么一说,魏王也就顾不上那么多了。他起身向张仪拱了拱手,说:"寡人昏庸愚蠢、不明事理,受人迷惑,造成以前的决策失误。先生深受秦王信任,麻烦您替寡人走一趟,去告诉秦王,寡人愿意与秦国永结万世之好。"

于是在张仪的撮合之下,魏国同意臣服于秦国,做秦国的附庸国,接受秦国的礼服,祭祀秦王的祖先,并为秦王修筑华丽的行宫。为了表示忠心,魏国还把河外的土地献给了秦王。

经过几年艰苦的努力,张仪终于劝降了魏国。后来他又去韩国活动,韩国听说魏国已经退出了纵约,也如法仿效,做了秦国的附庸,割地效忠。

其实,纵约如果真的得到贯彻执行,受益最大的就是魏、韩两国。因为两国实力较弱,又与秦国相距最近,受到的威胁比其他诸侯严重得多。六国结盟实际上为魏、韩二国张开了一层保护网,可是这层保护网被张仪割破了。

韩、魏二国既是纵约的中心,又是连横的关键,这是由两国所处的地理位置决定的。由于两国西有秦国的武力威胁,四周又有强邻的虎视,所以很难选择一个周全的外交政策:既不敢轻易反对秦国,又不敢与齐、楚、赵等国伤了和气。正因为如此,苏秦和张仪都重视魏、韩这两个棋子。

苏秦推行合纵外交,是从距离秦国较远的燕、赵、齐开始的。因为这几个国家受到秦国现实威胁的可能性要小一些,故说服它们反秦,暂时不会受到秦国的报复。魏、韩两国的情况就不一样了,它们时刻都面临着来自秦国的威胁,不会轻易与秦国为敌。所以苏秦把两国放在后面游说,有了齐、赵等国做后盾,韩、魏两国的胆子才会壮一些。

正是看准了魏、韩两国的弱点,张仪才把它们作为实施连横战略的突破口。他巧妙利用了韩、魏二国的惧秦心理,采用威胁与利诱相结合的手段,迫使它们臣服于秦国。张仪连横与苏秦合纵不同,他是从距离秦国最近的国家开始,然后是楚国、齐国、赵国和燕国。因为魏、韩二国对纵约的依赖性比其他诸侯国更强,所以说服了它们,然后再去游说其他诸侯国就不费吹灰之力了。

四、范雎的远交近攻

秦昭王三十五年(前272年),又一个魏国人——范雎与秦国结下了不解之缘。

此时,秦国已经攻克了楚国的鄢(yān)和郢,楚怀王死在秦国。

秦国还打败了东方大国齐国,秦王一度称帝,后来因有名无实又自动放弃帝号。秦国还连续侵扰三晋,攻城略地,势力不断扩张。关东诸侯面对秦国的威胁,时而联合抗秦、时而互相攻击,总的来说是一盘散沙,再也无法拧成一股绳。为了求生存,各国纷纷割地贿秦,卖友求荣。秦国就像猛虎进了羊群,诸侯成了盘中之餐。形势朝着越来越有利于秦国的方向发展,秦国统一天下只是时间问题,如果战略方针得当,这一天就会提前到来。

秦国有四大贵族,分别是宣太后的两个弟弟穰侯魏冉、华阳君和昭王的同母弟泾阳君公子芾、高陵君公子悝。这四个人再加上宣太后,控制了秦国的政治、军事、外交大权,四家的势力甚至比王室还大。他们专横跋扈、假公济私,成为秦国政治生活中尾大不掉的赘疣。秦昭王名为秦国的国君,实际上大权旁落,重大决策都要受到这些人的操纵。

王稽冒着风险带范雎抵达咸阳以后,就去面见秦昭王,汇报了这次出使的情况,然后说:"小人这次出使魏国,给大王带回一件礼物。"

秦昭王问:"你带回了什么?"

王稽叩了叩头,说:"魏国有位张禄(即范雎,后同)先生,真是天下少有的人才。他对小人说,秦国非常危险,要是大王能够重用他,他有办法让秦国转危为安。他还说,他的计策只能亲口对大王说,无法写在纸上,因此,我把他带回来了。"

秦昭王因受魏冉的影响,对来自东方的辩士并不怎么看重。而且现在秦国富庶强大,连败诸侯,正如日出东方,朝气蓬勃,危险从何而来?他对王稽说:"这是说客们的老调。他们总是夸夸其谈、耸人听闻,想要官做。"

王稽还想争辩,秦昭王已经不耐烦了,把手一挥,说:"好了,人既然来了,我们还得以礼相待,暂且找个客舍把他安顿下来,按下等宾客的标准供给衣食吧!"说完就起身离开了。

范雎本以为秦昭王会立即接见自己，没想到受到如此冷遇。他只好在客舍里住了下来，等待机会。他一边留心观察秦国朝野的动静，一边磨炼学问、增长才智。

转眼间，一年过去了，范雎的思想更加成熟，远交近攻的战略构想也已成形。但是，他就像那个怀抱荆山之玉的楚人卞和一样，没有得到当权者的赏识。于是，他不想这样再等下去。

一天，范雎正在大街上散步，听到人们议论纷纷，说穰侯正在调集军队，要去攻打齐国的纲城和寿城。范雎拉住一位老大爷，问他："齐国离秦国这么远，中间还隔着韩国和魏国，为什么要去进攻纲城和寿城？"老大爷看他是一个外国人，就咬着耳朵对他说："你还不知道吗？陶邑是相国的封地，纲、寿离陶邑很近，打下纲、寿，不就扩大了相国的封邑吗？"范雎这才明白，魏冉为了自己的私利不惜劳师远征。这样下去，秦国怎么能并吞六合、统一天下？

回到客舍，范雎心情久久不能平静。魏冉在位一天，就没有自己的出头之日。因此，要想在秦国建功立业、实现自己的远大抱负，就得设法说服秦昭王扳倒魏冉等四大贵族。可是怎样才能接近秦昭王呢？投匦（guǐ）上书！范雎忽然有了一个主意。他立即拿起笔，给秦昭王写了一封信。信中说：

"臣闻贤明的君主执政，奖赏有功的人，赐予有才能的人官位。出力大的人俸禄多，功劳高的人爵位尊，能够统治群众的人就当大官。所以没有能力的人不能随便任职，真正有能力的人也不能被埋没。如果大王认为我的话正确，那么照此实行就会有利于治国；如果认为我的话难以施行，那么把我一直留在秦国也没有什么益处。

"俗话说，昏庸的国君奖赏他所喜爱的人，而惩罚他所憎恶的人；英明的国君却不这样，一定要奖赏有功的人，一定要惩罚有罪的人。我张禄又没有吃豹子胆，怎么敢拿自己的性命开玩笑，拿模棱两可的治国之策来冒犯大王的威严呢？既然大王把我看成一个摇唇鼓舌的江湖骗子,轻慢于我,为何不追究保荐我的人的责任,看看他到底有没有欺骗大王?如果他荐人不当,就应该治他的罪,这才是秦王的处事方式。

"周的砥厄、宋的结绿、梁的悬黎、楚的和璞,号称天下四宝,即便普通工匠不认识它们,它们仍然是天下有名的宝贝。如此说来,那些为君王所看不起的人,也许可以为国家做出重大贡献。我听人说过,善于为家族谋私利的人,取之于国库;善于为国家谋福利的人,取之于诸侯。天下有了英明的国君,诸侯就不可能专享厚利。优秀的医生可以知道病人的死生,圣明的国君可以预见事情的成败。认为有利就该实行,认为有害就该舍弃,认为有疑问就该尝试一下,探明究竟。即使尧、舜、禹、汤活到现在,这些道理也是不能改变的。

"话讲得深了,我又不敢写在报告里;话讲得浅了,又没有多大意思。是因为我愚蠢无能,所说的话不能打动大王的心,还是因为推荐我的人地位低下、人微言轻呢?如果这两者都不是,那么我希望大王能抽出一点游览观光后的空闲时间,听我当面陈述。如果我的话有半句不实,任凭大王处置!"

秦昭王看到"张禄"这个名字,一时想不起来是谁。有人提醒说,就是去年王稽出使魏国时带回来的那个游士,如今住在客舍,享受下等宾客的待遇,秦昭王这才有了点印象。这封信立意高妙、说理深刻,显示出写信人有很高的才华,令秦昭王大受触动。且字里行间透露出一种无奈与失意,令他顿生怜才之意;何况信中还说有很多实质性的问题想与他谈,又令他产生了强烈的好奇心。秦昭王不想被别人说他冷落关东游士,他想在诸侯中树立一个求贤若渴的形象。因此,秦昭王立即召见王稽,向他道歉,请他用专车去接张禄,约定在咸阳郊外的离宫相见。

范雎到了离宫,没等通报就往深宫里闯,恰在这时,秦昭王也从里面出来了。左右侍卫见范雎不懂规矩,一边把他往外赶,一边高声斥责道："大王驾到,还不赶快闪开!"

范雎故意装糊涂说："什么? 秦国还有大王吗?"

正在这时秦昭王到了跟前,范雎嘴里还在嚷嚷:"秦国只有太后和穰侯,没听说过什么大王!"

这句话说到了秦昭王的痛处。他问左右的侍从,知道这人就是张禄,便恭恭敬敬地把他迎进宫中。

范雎这一行为是在拿性命做赌注。他言行稍有不慎就有可能招来杀身之祸,轻则有"目无尊长,信口妄言"的罪名,重则有"讥讪君上,大逆不道"的罪名。但范雎押这一宝,是经过深思熟虑的。他对秦昭王的个性,以及秦昭王与宣太后、穰侯之间的矛盾了如指掌。秦昭王早就想摆脱宣太后和穰侯的控制,独立执掌朝政。但他身边都是穰侯的亲信,如果驱逐了穰侯,由谁来辅佐他? 因此,秦昭王一直在物色合适的人选。范雎正是看准了这一点,才使用这一招来激秦昭王下定决心。而且秦昭王没在朝廷中接见他,而是把他叫到国都之外,目的就是想摆脱宣太后和穰侯的耳目,所以范雎有恃无恐。

果然,秦昭王不但不生气,反而对他更加尊重了。秦昭王安排范雎在贵宾席上就座,然后非常客气地对他说:"寡人早就应该向先生请教,但最近因为处理义渠君的事脱不了身,寡人又要早晚向太后请示,直到现在才把事情办完,所以来迟了一步,敬请先生谅解。寡人知道先生是天下少有的奇才,不敢以君王自居,咱们就按宾主的礼节相见吧!"范雎哪里敢当,慌忙起身辞让。秦昭王的左右侍从、群臣见秦昭王对范雎如此恭敬,都肃然起敬,对他另眼相看。

秦昭王屏退左右侍从,屋里只剩下他们两人。秦昭王欠身,客气地问:"先生有什么要向寡人赐教?"范雎并不答话,口中只是连说:"好,好。"秦昭王以为他没有听清楚,又欠身问道:"先生有什么要向寡人赐教?"可是范雎口中仍然只是说"好,好",然后表情木然,坐在那里动也不动。秦昭王问了三次,范雎三次都是如此。

秦昭王急了，说："难道先生真的不想对寡人说些什么？"范雎这才开口说："小臣并不是不想对大王说点什么，只是不敢说。小臣听说姜太公吕尚遇到周文王时，不过是个在渭水之滨钓鱼的渔翁，他们的交情不可能太深。但后来吕尚被封为太师，常出入文王家中，他们之间交谈的内容就深了。所以文王从吕尚那里获得了夺取天下的计策，灭了商朝。假如文王疏远吕尚而不和他深谈，周朝就不能坐拥天下，文王、武王也不能与吕尚一道成就王业了。现在我是一个客居异乡的小臣，和大王您交情很浅，但是我想跟大王谈的都是些纠正大王过失、处理母子兄弟亲戚关系的大事。我想为大王贡献愚忠，却不知大王内心到底在想什么。所以尽管大王再三问我，我也不敢回答。"

听了范雎的陈述，秦昭王笑了笑，安慰他说："先生但说无妨，寡人不会怪罪你的。"

范雎回答说："小臣并不是怕死才不敢开口。要是今天我能在大王面前把话说完，即使明天就遭杀身之祸，我也死而无怨。大王相信小臣的话，按照小臣说的去做，即使身死，我也不会以此为祸患；即使流亡，我也不会以此为忧虑；即使不得已'漆身而为厉，被发而为狂'，我也不会以此为耻辱。即便像五帝那样圣明、三王那样仁爱、五霸那样贤能，终究也难逃一死。死亡是人的归宿，是生命的必然结果。如果对秦国的发展有所裨益，让我献出生命，我也心甘情愿。"

说到这里，范雎停顿了一下，他的这番关于死亡的陈词打动了秦昭王。秦昭王感到这个张禄果然是一心为秦国，把生死置之度外，作为一个外人是很难得的。因此，秦昭王对范雎更加信任了。

"不过，"范雎继续说道，"小臣的生死倒不足惜。我担心小臣死后，天下贤士见我尽忠遭祸，从此以后杜口裹足，不肯再到秦国来效劳了。"然后他做出一副为秦昭王担心的样子，接着说："大王上受太后制约，下被奸臣迷惑，'居深宫之中，不离保傅之手'。如果不明察秋毫、分清忠奸，这样下去，重则丢掉祖宗的基业，轻则使自己陷入孤立无助的危险境地。这是小臣最为大王感到不安的啊！至于穷困、屈辱、死亡，我并没有放在心上。如果我的死能够换来秦国的大治，这比我活着要好得多。"

其实，范雎的这一大串豪言壮语很难说是出于真心，他不过是想通过这种方式让秦昭王对自己绝对信任。果然，秦昭王对范雎所说的话非常感兴趣，非常愿意与他深谈。秦昭王宽宏大量地对范雎说："先生言重了。秦国地处偏僻，远离中原。寡人愚昧无能，先生能到这里来，真是上天把寡人交给先生，以保全先王的宗庙啊！寡人能够从先生那里接受教诲，这是上天对我的恩赐，先生怎么讲出那样的话？从今以后，事无大小，上至太后、下至大臣，先生都无须回避，有什么说什么，把你所知道的事全部告诉我，不要对寡人有所隐瞒。"

听了秦昭王的这一番话，范雎心中的一块石头落了地。他向秦昭王深深地叩了个头，感谢秦昭王的知遇之恩。秦昭王连忙起身回礼。范雎动情地说："大王既然这样看得起小臣，小臣敢不肝脑涂地以报大王吗？"

范雎早就有一个战略构想，那就是远交近攻。他觉得现在是向秦昭王推销它的时候了。就在这一天，范雎与秦昭王进行了长时间的交谈，内容涉及秦国的内政、外交、军事等许多方面，秦昭王越听越有味，范雎越讲越有劲。范雎对秦国政治的敏锐观察，对列国形势的深入洞察，对统一天下的独特见解，以及他那举世无双的口才，使秦昭王对他钦佩不已。

范雎说："秦国四面都是天险，固若金汤，北部有甘泉、谷口，南部有泾水、渭水，右面有陇山、蜀山，左面有函谷关、崤山。大王又拥有精兵百万，战车千辆。形势有利就主动出击，形势不利就收兵固守，秦国真是兴王之地啊！民众对于私斗很胆怯，为国家作战却非常勇敢，这真是成就王业的民众啊！大王凭借勇敢的士兵、众多的车马，想要征服诸侯，就像放猎犬去抓兔子一样容易，霸王大业指日可待。可是，秦国群臣中却无人有能力辅佐大王完成统一大业。他们尸位素餐,这些年来不敢派兵出函谷关,这是穰侯替秦国出谋划策没有尽忠,大王的战略方针有失误的地方啊!"

秦昭王正听得入神,忙问:"请先生不吝赐教,寡人什么地方做得不对?"

范雎向四周张望了一下,发觉有人在窃听。他担心刺激太后对自己不利,就没有涉及内政方面的事,而先向秦昭王说了秦国对外政策方面的失误,以此试探秦昭王的态度。他说:"就拿最近的例子来说吧。穰侯调兵越过韩、魏去进攻齐国的纲、寿,这就犯了一个战略上的错误。如果出兵太少,不足以战胜齐国;出兵多了,劳师远征,补给困难,代价太大。我猜想大王的计划是想少出兵,而让韩、魏两国全力以赴,这样做不合适。更何况这些所谓的盟国表面上亲善秦国,实际上与秦国并不是一条心,大王的军队要经过这些国家,会危机四伏,所以这不是一个万全之策。从前齐湣王向南进攻楚国,破军杀将、辟地千里,到后来却一寸土地也没有得到。难道齐国不想要土地吗?不,是它无法拥有,因为楚国离得太远。不仅如此,齐国国力在远征之中被消耗,百姓疲惫、将士劳顿、君臣不和。周围诸侯乘虚而入,出兵伐齐,齐国大败。这都是越过别人的国家远征导致的恶果啊!今日秦国的形势,与当初的齐国有什么不同?"

秦昭王见范雎分析得很有道理,连连点头,问:"依先生之意,寡人该怎么办呢?"

范雎回答说:"远交近攻!从近邻之国开始,这样大王攻占一寸土地就拥有一寸,攻占一尺土地就拥有一尺。如果劳师远征,得而复失,不是大错特错了吗?"

范雎见秦昭王似懂非懂的样子,又补充说:"从前,中山国土地方圆五百里,被赵国独吞。为什么呢?因为赵国与中山疆土相连。赵国既功成名就,又增强了国力、获得了实惠,天下诸侯谁也不能加害于它。韩、魏两国地处中原,是天下的中枢,又与秦国山水相连。大王如果想称霸天下、并吞六国,就应该拥有这些地方。因此,秦国应该从兼并韩、魏两国开始。"

秦昭王问:"如何才能消灭韩、魏呢?"

范雎献计说:"应该先与韩、魏两国亲近,让它们死心塌地为秦国效力。这样就可以威慑楚国和赵国,楚国、赵国归附秦国,齐国就会恐惧不安,一定会带着厚礼来讨好大王。只要齐国不与大王作对,大王就可以放心大胆地兼并韩国和魏国了。然后由近及远各个击破,如此一来,秦国称霸天下的日子就不远了。"

秦昭王听了范雎这个"远交近攻"的战略方针,非常激动,这可是闻所未闻的新战略啊! 他对范雎说:"我早就想亲近魏国,但魏国变化无常,有时卑躬屈膝,有时又狂妄自大,我不知如何是好。"

范雎笑了笑说:"这就要看大王如何应变。大王可以多说好话、多给金银去拉拢魏国,如果这样达不到目的,也可以适当割点土地给它。要是这些手段都不起作用,就出兵教训它,直到它服服帖帖。"

听了范雎的建议,秦昭王拍手称快,说:"好! 就按照先生的办法去做! 我相信,秦国想要统一天下、成就霸业,全在于远交近攻策略了!"

于是,秦昭王拜范雎为客卿,让他负责秦国的外交和军事事务,推行"远交近攻"的战略,先拿韩、魏两国开刀。

"远交近攻"战略思路是范雎智慧的结晶。它比张仪的"连横"政策前进一大步,是新的历史条件下秦国的外交和军事总路线,也是秦国为实现天下统一所奉行的基本国策。在"远交近攻"战略方针的指导下,秦国真正开始了兼并六国的历史进程。

范雎获得了秦昭王的信任,穰侯魏冉看在眼里恨在心里,但拿他没办法。范雎趁机在朝中扩展势力,拉拢同党,分化穰侯的力量。秦昭王自从得了范雎以后,便渐渐疏远了穰侯,不再像过去那样对他言听计从。范雎早就把这些变化看在眼里。就这样过了几年，范雎的"远交近攻"战略获得了初步成效，秦昭王非常高兴。范雎觉得扳倒四大贵族的时机成熟了，就对秦昭王说："大王这样信任我，我就是赴汤蹈火也心甘情愿。以前我只对大王谈了秦国外交方面的失误，其实，秦国内政方面的失误造成的危害要大很多，可是小臣不敢开口啊！"

秦昭王惊问："寡人把国家都托付给先生了，先生还有什么忌讳的呢？"

范雎一本正经地说："小臣在关东的时候就听说齐国有孟尝君田文，可没听说过有齐王，秦国有太后、穰侯、华阳君、高陵君、泾阳君，可没听说过有大王。能在国内独断专行、不受牵制，才算是王；能决定、安排国家的利害得失，才算是王；能掌握全国的生杀予夺大权，才算是王。现在太后独断专行，不顾一切；穰侯派遣使臣，不请示；泾阳君、华阳君拿主意、做决断，肆无忌惮；高阳君提升、罢免官员，自作主张。四大贵族横行，国家不遭受危害，是从来没有过的事。大臣们眼中只有四大贵族没有大王，秦国的大权怎么会不旁落呢？"

秦昭王对四大贵族早就有一肚子怨气，可是碍于太后的情面一直没有处理这个问题，秦国也没有哪个大臣敢说四大贵族的不是。范雎作为一个他国人，敢于直言不讳，这确实使秦昭王吃了一惊。秦昭王赞赏他的忠诚，宽容地听他继续说下去。

"小臣听说过，善于治理国家的人，在内应该巩固自己的威严，在外应该加重自己的权势。当初齐国的崔杼把持大权，把齐庄公杀了；赵国的李兑把持大权，把赵主父饿死了。如今穰侯倚仗着太后的势力、借着大王的名义，每打一次仗，诸侯没有不怕他的；每逢讲和，诸侯没有不感激他的。国内国外他都有联络，朝中大臣都成了他的心腹，大王成了孤立无援的傀儡。我真为大王捏把汗，担心万世之后坐在秦国王位上的已不是大王的子孙了！"

经范雎这么一说，秦昭王才感到事情的严重性，倒吸了一口凉气。

秦昭王立即下令把穰侯的相印收回来,叫他到陶邑去住。不久,秦昭王又打发华阳君、高陵君、泾阳君去关外住,迫使太后退出政坛,不许她插手国家大事。

秦昭王对范雎的一片忠心非常感激。他把相印交给范雎,说:"先生为寡人国事殚精竭虑,此印非先生莫属!"就这样,范雎做了秦国宰相。秦昭王还把应城封赐给他,所以秦国人称范雎为应侯。这一年,是秦昭王四十一年(前 266 年),离范雎最初到达秦国已经整整六年了。

范雎的名字慢慢地被人遗忘了,但是,一个更加响亮的名字——张禄,不仅在秦国家喻户晓,而且各国诸侯都怕他。人们不知道张禄的来历,只听说他是魏国人,但魏国人同样感到茫然,从来没有听说过有一个叫张禄的辩士。

秦昭王非常欣赏范雎的"远交近攻"战略,立即着手进攻韩国和魏国。魏安釐王得到这个消息,立刻召集大臣们商议对策。大臣们认为现在秦强魏弱,魏国不是秦国的对手,不如进行外交周旋以消除危机。有人还献计:"听说秦国新提升的国相张禄是魏国人,他对父母之邦总该有点情分吧?不如派人去向他求情。"魏王一听大喜,就派须贾去秦国求和。

须贾马不停蹄地赶到秦都咸阳,住在客舍里。范雎听说须贾到了咸阳,心情非常复杂,六七年前的往事又浮现在眼前。他咬牙切齿地说:"我报仇的时候到了!"他换上一身破旧的衣服去拜见须贾。须贾见到范雎吓了一大跳,以为是自己眼花看错了。须贾定了定神,强作镇静地说:"范叔,你还好吗?"范雎说:"是的,我福大命大阎王不收。"须贾脸上露出一丝让人捉摸不透的笑意,说:"我还以为你被魏齐打死了,你怎么会跑到这里来?游说过秦王没有?"

范雎不动声色地说:"当初我得罪了魏相国,被他打得昏死过去,被人扔在城外。后来苏醒过来,遇上一个好心人把我救起带到秦国。

以前我因为多嘴才遭了难，现在逃到秦国，哪里还敢摇唇鼓舌去见秦王呢？"

须贾心中一块石头落了地，问："那么，范叔在这里靠什么为生呢？"范雎轻描淡写地说："给人家当差，凑合着过呗。"

须贾原来很看重范雎的才干，后来因为嫉妒心重，向魏齐告密，差点害死范雎。如今他看到范雎沦落到这个地步，顿生怜悯之意，加之范雎现在秦国，说不定哪天时来运转，冤家宜解不宜结，还是与人为善为好。于是他非常同情地说："想不到范叔沦落到这个地步，我真替你难过！"于是须贾便请范雎一起吃饭喝酒，挺殷勤地招待范雎。那天正值隆冬，范雎穿的是破旧衣服，很单薄，冻得直打哆嗦。须贾拿出一件丝绸袍子递给范雎，让他穿上。范雎推辞不受，须贾坚持要他收下。范雎见须贾挺真诚的样子，也就接过来穿在身上了。

临别，范雎随便问了一句："大人这次到秦国来，有什么公事吗？"须贾叹了口气，说："如今秦国大军压境，魏王派我来秦国求和。对了，当今秦国国相张禄，范叔知不知道？听说他现在很得秦王信任，秦国的内政外交都是他说了算，魏国的存亡全在张君的一句话。范叔在秦国这么多年，朋友之中有没有认识张相国的？"范雎假装想了想，说："我的主人正好与张相国很熟，我也曾随他一起去拜见过相国几次，让我替你引荐吧！"

须贾将信将疑，说："你能陪我一起去见相国再好不过了。可是不巧我的车马出了毛病，马累坏了，车轴也折断了。不乘漂亮的车马可不像话。"范雎给他出主意说："这样吧，我去试试看能不能把我家主人的车马借给大人一用。"须贾说："那就拜托你了。"

不久，范雎果然赶着一套非常华丽的车马来了。他请须贾上车，亲自为须贾赶车，来到相国府前。范雎叫须贾在车上等着，自己先进去向张相国通报。须贾看见范雎大摇大摆地走进相府，不仅没有人阻拦，还对他毕恭毕敬、行礼问安。须贾感到大惑不解，心中忐忑不安。

过了很久，还不见范雎出来。须贾等得焦躁不安，他跳下车，小心翼翼地问守门的卫士："范叔怎么还不出来呀！"卫士感到莫名其妙："哪个范叔？"须贾也很奇怪，说："就是刚才与我一起乘车来的那人呀！"卫士扑哧一笑，说："先生怎么大白天乱认人，那是我们的张相国啊！"

须贾一听，这才知道范雎就是张禄，自己被蒙在鼓里。他脑袋嗡的一声，眼前发黑，心想自己这回落在范雎手里，恐怕老命也保不住了。也不知道在相府门前呆立了多久，他扯下官服，袒露上身跪在门前，对门卫说："烦你通报相国一声，罪人须贾在外面等候相国发落！"

不一会儿，门卫传出话叫他进去。须贾头也不敢抬，用膝盖跪着爬到范雎面前，把头磕得鲜血直流，嘴里战战兢兢地说："小人罪该万死！小人实在想不到先生能够凭自己的才智平步青云。小人不敢再读天下之书，不敢再过问天下之事。小人千刀万剐也难以向先生谢罪，请先生处置吧！"

范雎冷笑一声，说："须贾，你知道你有几条罪状吗？"

须贾诚惶诚恐地说："小人的罪状比小人的头发还多，无法计数！"

范雎说："还是让我来说吧！你有三条罪状。从前申包胥为楚国打退吴国军队，楚昭王把荆地五千户人家分封给他，他却不要。你知道这是为什么吗？"

须贾茫然，不懂范雎的用意。范雎替他回答说："因为申包胥的祖坟在荆地！"范雎黯然神伤，眼睛有些湿润，继续说："我是魏国人，祖坟都在魏国，才不愿意到齐国去做官。可你硬说我范雎私通齐国，在魏齐面前诬告我。这是你的第一条大罪。魏齐发怒，打断了我的两根肋骨、打掉了我的门牙，还把我扔到厕所里肆意侮辱，你却拦都不拦。这是你的第二条大罪。后来你喝醉了，还在我身上撒尿。这是你的第三条大罪。今天你落在我的手里，真是苍天有眼，你还有什么话说？"

须贾哭丧着脸，接连磕了几个响头，说："小人罪该万死，请大人治罪吧！"

范雎说："我完全可以把你杀掉；即使不杀掉，至少也打断你几根肋骨、打落你几颗门牙，用破席把你裹起来扔到厕所里，让人在你身上撒尿。可是，我不会那样做，看在你赠给我这件丝绸袍子的分上，我觉得你良心未泯，还有点朋友的情谊。我就免你一死吧！"

须贾没想到范雎这么宽宏大量，一个劲儿地磕头，泪流满面。范雎叫他先回客舍等候消息，须贾千恩万谢，回到客舍。他天天惶惶不安，连门也不敢出，生怕范雎改变主意要他的命。

范雎进宫去面见秦昭王，把他在魏国的恩恩怨怨一五一十地对秦昭王说了，最后说："我不叫张禄，我是魏国的范雎。我欺骗了大王，请大王治罪吧！"

秦昭王听了范雎的传奇经历，非常感动地说："想不到先生经历了那么多的坎坷，承受了那么大的痛苦。现在仇人送上门来，先生何不把他杀了？"范雎回答说："小臣仔细考虑过了，虽然须贾出卖过我，但这人毕竟曾经对我有恩，而且他的本质也不是很坏，我不想杀他。"秦昭王赞扬范雎真是个仁人君子，说："好吧，我尊重你的意愿。不过，寡人一定要让魏齐的人头落地，为先生报仇！"

过了几天，须贾来向范雎辞行。范雎对他说："我要给你饯行。"于是召集各国使节，欢坐堂上，菜肴极为丰盛；却在大堂下面放了些草料、豆类等马食，让两个犯人把须贾夹在中间，让他模仿老马进食。范雎与客人们一边饮酒食肉，一边观看取乐。须贾这时只好任人摆布、取笑，眼泪像断了线的珠子一样不断往下流。他这时才真正感受到被人侮辱是什么滋味。范雎还告诉须贾："你回去替我告诉魏王，叫他马上把魏齐的人头送来。不然，我要让大梁城血流成河！"

须贾捡回一条命，回到魏国，惊魂未定。他把范雎打算复仇的事告诉了魏齐，魏齐非常害怕，连忙丢掉相印逃到了赵国，躲在平原君赵胜家里。

秦昭王发誓要为范雎报仇。秦昭王查明魏齐在平原君那里,就写信给平原君,假意邀请他访问秦国,以便要挟他交人。平原君接到信后不想去赴会,但又怕秦国对赵国动武,无奈之下只能去会见秦昭王,见机行事。

平原君到达咸阳以后,秦昭王殷勤招待他,五日一大宴三日一小宴,只字不提其他事情。有一天,秦昭王又召他痛饮,酒过三巡,秦昭王对他说:"从前周文王把吕尚称为太公,齐桓公把管仲称为仲父,敝国丞相范君就是寡人的叔父,范君的仇人就是寡人的仇人。我得到确切消息,说魏齐藏在先生家中,希望先生派人回去把他的人头取来。不然的话,我不会放先生回去的。"

谁知平原君不吃这一套,他不卑不亢地对秦昭王说:"朋友之所以可贵,是因为患难之时能够拔刀相助。魏齐是我的老朋友,就算真的在我那里,我也不会把他交给大王;何况他并没有在我家里,大王叫我怎么办呢?"

秦昭王见平原君打定主意不交人,就派人给赵王送了一封信说:"大王的兄弟被扣留在秦国,是因为秦相范君的仇人魏齐藏在平原君家里,请大王赶快派人把魏齐的人头送来。不然,非但平原君回不了赵国,寡人还要亲自带大军来取魏齐的人头!"

这一招果然奏效,赵王害怕了,急忙派兵围住平原君的家,要把魏齐抓起来交给秦昭王。魏齐连夜逃了出去,找到赵相虞卿。虞卿估计已经无法劝赵王回心转意,就丢下相印带魏齐逃出邯郸。可是,接下来要到哪儿去呢?估计周围诸侯没有谁敢接纳他们,也许南方的楚国能够相助。于是他们又回到大梁,找信陵君设法安排他们去楚国。

信陵君在战国四公子中以行侠仗义著称。但是,当他知道秦昭王想要魏齐的人头时,有些犹豫了。他担心秦国不会放过自己和魏国,迟迟不与虞卿、魏齐二人相见。二人见信陵君徒有虚名,就赌气走了。

虞卿和魏齐走后,信陵君心中有些不安。他问手下的门客:"虞卿到底是一个什么样的人?"这时侯嬴正好在旁边,回答说:"人不容易被别人了解,而要了解一个人则更困难。虞卿曾经脚穿草鞋,肩挑行李来求见赵王。赵王第一次见他,就赐给他白璧一双,黄金百镒;第二次见他,就拜他为上卿;第三次见他,就任命他为相国,封万户侯。可见,虞卿绝非等闲之辈。魏齐穷途末路时去找虞卿,虞卿不贪恋富贵,解下相印,抛弃万户侯,与魏齐一道逃亡,前来投奔公子。公子却问他是一个什么样的人! 可见人不易知,而知人更难!"

听了侯嬴的一席话,信陵君脸上红一阵儿白一阵儿,非常羞愧。他立即驾车去追赶虞卿和魏齐,向他们道歉,并表示愿意提供帮助。

可是此时已经晚了。魏齐见信陵君都不愿意收留他,心想天下恐怕没有自己安身之地了,绝望之下拔剑自刎而死。

赵王听说魏齐已死,就派人取其人头送到了秦国,以此换回了平原君。

范雎报了大仇,对秦昭王非常感激。但是还有一件事一直埋在他心里:自己能够有今天,全靠郑安平和王稽两人。现在自己位至卿相,享尽荣华富贵,可他们的恩情自己还没有报啊! 于是,他禀告秦昭王:"大王给我高官厚禄,又为我铲除仇人,大王的恩情我今生今世也报不完。我还有一事相求,望大王恩准!"

秦昭王说:"先生所求之事,寡人哪有不同意的?"范雎对秦昭王深深地一拜,说:"小臣要是没有郑安平,就活不到今天;要是没有王稽,就进不了函谷关,也就无法为大王效劳了。我现在官至相国、爵在列侯,王稽还只是一个小小的谒者,郑安平也没有得到官职,我的心很不安啊!"

秦昭王道:"这种小事先生为何不早说呢!"于是立即拜王稽为河东太守、郑安平为将军。

第五章　纵横家的舌辩智慧

——嘘枯吹生

韬略与口才，是战国纵横家借以显身扬名的两大法宝。

一个成功的纵横家，不仅能够依靠自己的满腹韬略，或救人之国，或倾人之城，或避祸远害，或保全自身；而且能够依靠自己那如簧之巧舌，或煽风点火、挑拨离间，或化干戈为玉帛、变仇敌为朋友，或智取卿相、巧获信任，或力破谗言、逃避暗箭……

三寸之舌，有时胜过千军万马。

一、一言十城

合纵盟约签订不久，六国之间就开始内讧。

苏秦看到当初费尽口舌、苦心经营起来的合纵联盟遭到破坏，非常伤心。自己好不容易把六国撮合在一起，如今不仅没有联合起来进攻秦国，反而内部先打起仗来。苏秦暗自下定决心，一定要教训教训违背盟约的国家，否则他会被世人看作国际骗子。

燕国曾经是第一个支持他周游列国的国家，苏秦对它怀有特别的感激之情。他希望燕国能出兵帮助赵国，共同抗击齐、魏、秦三国的进攻。但是，就在他到燕国之前不久，秦国也对燕国进行了拉拢。秦惠文王将自己的女儿嫁给燕国太子为妻，秦王和燕王成了儿女亲家。燕国自然不可能再参加反秦联盟了。

就在这一年(前333年)，燕文公去世，太子即位，称易王。燕国忙于治丧，边境稍有松懈，齐国军队趁机对燕国展开突然袭击，几天之内就占领了十座城池。

苏秦来到燕国时,刚巧碰上了这些事。燕易王正在为丢城折兵而一筹莫展,听说苏秦来了,对群臣说:"来得正好,我正想找他呢!"于是亲自到城郊去迎接他,待以上宾之礼。苏秦已经知道了齐国侵燕之事,知道此时不能向燕国提出什么要求,也不再谈合纵之事,否则就是自己打自己的耳光。他在客舍中住了几天,不敢去见燕易王,现在走也不是留也不是。

有一天,燕易王派人来找他,说有要事相商。苏秦来到宫中,自然不敢提替赵王借兵之事,心中忐忑不安。燕易王倒没有过分为难他,只是说:"先生从前来到燕国,是先父资助你去赵国游说,这才促成了六国合纵联盟。现在齐国违背盟约进攻赵国,又来侵犯我燕国,我们听了先生的话却遭受这样的耻辱,被天下人笑话。先生还有能耐去齐国为燕讨还失地吗?"

听了燕易王的活,苏秦脸红到了耳根,真想找个地缝钻进去。但他很快就恢复了镇静,立即拍着胸脯说:"对于先王的知遇之恩,我苏秦赴汤蹈火也要报答,我这就去齐国为大王讨回失去的土地!"

话虽如此,可毕竟是十座城池啊!苏秦虽然对自己的舌辩才能颇为自信,但如何才能从齐王手中要回这些城池,还是要费些脑筋。到了齐国都城临淄,苏秦立即求见齐王。

齐王已不是第一次见苏秦了。他领教过苏秦的辩才,所以对苏秦倒还客气,叫人把苏秦引到宫中,问:"先生来到敝国,有何见教?"

苏秦向齐王拜了两拜,说:"听说大王最近福星高照,获得了燕国十座城池,我来给大王道贺,愿大王福如东海、寿比南山,国富兵强、战无不胜!"

虽然齐王觉得苏秦的祝贺来得有些唐突,不知道他到底在打什么主意,但还是起身向苏秦还了礼,显得非常开心。

还没等齐王坐下,苏秦突然仰头长叹,抹了几把眼泪,对齐王说:

"大王啊,齐国就要大祸临头了,我今天顺便也向大王吊丧!"于是按照吊丧的礼节向齐王慰问。

齐王被苏秦的表演弄得丈二和尚摸不着头脑。他觉得苏秦一会儿笑、一会儿哭,倒挺有趣,就问:"先生刚才还向我祝贺,怎么突然又吊起丧来了?"

苏秦干嚷了几声,对齐王说:"大王啊,我曾经听人说过,一个人肚子再饿也不会去吃乌喙(即乌头)这样有毒的东西。因为乌喙虽然可以暂时填饱肚子,但毒性发作之后人还是会死,与饿死没有什么区别。现在燕国虽然弱小,不是齐国的对手;但燕国是秦国的女婿,大王夺了燕国的十座城池,就是与强大的秦国过不去。如果燕国军队在前面摆下阵势,后面却隐藏着秦国的精兵,与齐军对垒,齐国不就危险了吗?我认为大王攻占燕国的十座城池,与吞食乌喙正相似,所以提前来向大王吊丧!"

齐王听苏秦如此说,脸色大变,忙向苏秦行了个礼,说:"先生说得有理,寡人当初可没有想到这一点,请问先生我该如何是好?"

苏秦见自己的表演果然奏效,于是劝齐王说:"我听说,古代那些善于处事的圣君贤臣都善于变祸为福、转败为胜。大王要是真的能够听我的劝告,应该立即将那十座城池归还燕国。燕国不费一兵一卒就拿回了十座城池,必然大喜过望;秦王听说是因为看在秦国的份上,齐国才归还燕的失地,也必定高兴。这是化敌为友的大好事啊!燕国、秦国都与齐国亲善,大王要号令天下,谁还敢不听!所以,大王表面上敷衍了秦国,又用区区十座城换取了天下的人心,这是成就霸王的大业啊!"

齐王听苏秦说得有理,心想:反正城池又不是齐国的,我就做个顺水人情吧!于是下令齐国军队从那十座城池中撤出,将其交还给燕国。

苏秦靠自己的表演天赋和卓越的游说才能,使燕国得到了在战场上得不到的东西。这类事例在战国时期还有很多。一张巧嘴可以胜过千军万马，古今中外许多国际争端都是在谈判桌上解决的。尤其是在今天这样一个波诡云谲的国际环境下，像苏秦那样的舌辩大师更显得弥足珍贵。

二、忠妾与淫妇

苏秦靠自己的外交才能和三寸之舌，不仅为燕国讨回了失地，而且博得了齐王的好感。他立即动身返回燕国，满心欢喜地向燕易王复命。

燕易王非常高兴，召集群臣商议准备给苏秦什么奖赏。这时有人对燕易王说："苏秦是一个不忠不信、反复无常、卖国求荣的小人，他朝三暮四、品质恶劣、没有节操。大王放下一国之君的架子对他谦敬，给他高官厚禄，这恐怕对燕国不利，日子久了他定会作乱。再说我们燕国历来重用正人君子，如果把苏秦留在燕国，恐怕天下人会耻笑我们与小人为伍。"燕易王听了这话，就打消了重赏苏秦的念头。

苏秦回到燕国后，左等右等，迟迟不见燕易王的封赏，也没有得到燕易王的召见。他从旁人的议论中知道有人在燕易王面前中伤自己，燕易王打算不再重用自己。于是苏秦来到宫中求见燕易王，他对燕易王说："臣原本是东周洛阳的一个乡巴佬，当初来到燕国并没有一点功劳，却受到先王的隆重礼遇，得到丰厚的赏赐。现在我为大王出使齐国，不费一兵一卒就为大王讨回了十座城池，按道理说大王应该更加信任我才对。但如今大王疏远我，不再相信我说的话，一定是有人在大王面前说，苏秦这个人不值得信赖，因为他不忠不信，对吧？"

燕易王没有回应他。苏秦继续说："实际上，我不仅不忠、不信，还不孝、不廉！不过，正因为我的不忠、不信、不孝、不廉，才是大王您的福分呢！"他见燕易王不明白的样子，就欲擒故纵，说："假如我苏秦像尾生那样忠诚守信，像伯夷那样廉洁正直，像曾参那样孝亲侍母，大王您说，我还可不可以做大王的臣子，为大王效劳？"

燕易王不知苏秦葫芦里卖的什么药，就懵里懵懂地随口应道："我的朝廷中有这样德高行端的臣子，当然求之不得呀！"

苏秦看了燕易王一眼，笑一笑，说："我要是有这样高的德行，恐怕就不能在这里为大王效劳了。"燕易王不解地问："那又为什么？"苏秦答道："像曾参那样的大孝子，连离开亲人在外住一晚上都不愿意，又怎么会为了燕国的利益，步行千里、背井离乡，去出使齐国呢？又比如像伯夷那样清廉如水的义士，效忠先朝、不食周粟，不愿意做周武王的臣子，也不愿意做孤竹君的继承人，最后宁愿饿死在首阳山上。这样的人又怎么肯离开自己的祖国，不远千里来到并不强大的燕国为大王效劳呢？还有那个守信如山的尾生，与女子相约在桥梁下相见，可那女子失约不来，他就在那里傻等，大水来了也不肯离去，最后抱着桥柱被水淹死。像他这样死脑筋的人，不知随机应变，又怎么能千里迢迢，去齐国宣示燕、秦的威风，退齐国的强兵为燕国立大功呢？这样忠信的行为，实际上只是为自己博取美名，并不为他人着想，是无所作为的表现，并不是建功立业的进取之道。"

说到建功立业，苏秦更是口若悬河："从历史上看，夏、商、周三朝相继勃兴，齐桓公、晋文公等五位霸主彪炳史册，都是不图虚名、积极进取的结果。要是无所作为、不求进取真的可取，齐国、楚国就不会向外扩张了。就拿我苏秦来说吧，我把年迈的老母留在东周，却来到千里之外的燕国为大王效劳，因此背上不孝的污名。其实我根本就没打算为自己捞取美名，我只是想建功立业、为别人多做些事，自己的名声又算什么？大王的志趣却与我不同，因为大王更注重虚名。而我对建功立业更感兴趣，现在大王对我有成见，这都是忠信的罪过啊！"

燕易王对这段话的前半部分似懂非懂，这最后一句却让他大感不解："忠信是人人赞美的高尚德行，又有什么罪过？"

苏秦见燕易王确实还没有明白过来，就说："我给大王打个比方吧。有一个人留下妻妾独自去远方做小官，妻子却在家里与别人私通。丈夫就要回来了，奸夫很担心，可这个人的妻子说，你不用担心，我已经准备好了毒酒等他。过了两天，丈夫回到家中，妻子就叫侍妾端上毒酒给他喝。侍妾知道那是毒酒，拿给男主人喝吧，就害了男主人；告诉男主人那是毒酒吧，女主人就会被逐出家门。于是她假装摔了一跤，把毒酒洒在了地上，男主人大怒，就打了侍妾一顿。侍妾摔了一跤把酒洒在地上，既救了男主人，又保全了女主人，这样忠诚却免不了挨鞭子，这就是因为忠信而获罪啊！我被人诽谤，被大王疏远，不是与侍妾洒酒很相似吗？我忠心耿耿为大王效劳，为大王显扬高义的美名于天下，为燕国的利益赴汤蹈火，却招来是非，我担心今后那些来为大王效劳的人不敢有自己的主见。我这次替大王去齐国游说，就是用了欺骗手段才要回来十座城池。如果不这样的话，即使有尧、舜那样的智慧，也休想讨回一寸土地！"

听了苏秦的解释，燕易王打消了对他的偏见，立即宣布恢复苏秦的原职，赏给他很多财物，对他更加信任了。

三、媒婆撮合术

苏秦有两个弟弟：一个叫苏代，一个叫苏厉。

当初苏秦在家苦读时，兄弟俩也受到一些熏陶。兄弟俩时常拉着哥哥苏秦，请他讲一些游说、干禄的本事。后来苏秦周游列国取得富贵，衣锦还乡，好不威风！特别是那满车的金玉珠宝光彩夺目，兄弟俩从来没有见过，看得他们眼花缭乱。

兄弟俩原来很听父母的话。父母曾经教他们不要学哥哥游手好闲、不求长进，要好好守着家中的几顷田地，方可年年丰衣足食。现在看到哥哥取得如此荣耀，兄弟俩再也不信父母的唠叨了。他们丢掉手中的锄头，开始四处求师学艺，发誓要像哥哥那样靠三寸之舌猎取荣华富贵。

兄弟俩也比较聪明,没过多久就大有长进。哥哥留在家中的书籍成了他们的知识来源。他们把《太公阴符经》背得滚瓜烂熟,特别是哥哥写的《揣》《摩》这两篇总结游说技巧、研究听众心理的著作,使兄弟俩受益匪浅。

又过了一段时间,兄弟俩觉得自己的火候已到,开始走出家门,寻找游说对象和升官发财的机会。他们在家乡洛阳一带渐渐小有名气。周王遇到棘手的外交问题,往往会向他们请教。他们给周王出一些点子,也会奏效,偶尔能发些小财。

东周毕竟太小,难以有什么大的作为。兄弟俩逐渐觉得东周不是自己的用武之地。他们便背起行囊走向一个更加广阔的世界,去碰运气。

终于,兄弟俩在诸侯中找到了自己的位置,实现了自己的愿望。他们与哥哥苏秦一样,成为战国时期著名的游说之士,受到诸侯的尊崇,名垂青史。

周王室本来建都于丰镐(今陕西西安西南),后来发生犬戎之乱,周平王被迫东迁雒邑。这样,周朝历史被分为两截,定都丰镐时期称西周,定都雒邑时期称东周。

自周平王东迁以后,周王室已极度衰微,再也没有统领诸侯的能力。诸侯对周王室也不再像从前那么尊重,甚至公然对周王室动武。周王室的号令已经不被当成一回事,诸侯之间互相攻伐,出现了"礼崩乐坏"的混乱景象。

后来,周王室又再度分裂。公元前440年,周考王把王城(今河南洛阳偏西)封给自己的弟弟姬揭,称为西周桓公。桓公的孙子惠公又把巩(今河南巩义西南)封给自己的小儿子姬班。由于巩在王城的东面,因此称为东周(战国时期的一个小国);西周惠公本来在王城,称为西周(战国时期的一个小国)。

当时还有一个所谓天下共主,称周天王,他仍然住在成周(今河南洛阳东北)。到周显王二年(前367年),赵国与韩国将周分为两部分,即王城之西周与巩之东周。西周与东周常常为了一点鸡毛蒜皮的小事闹矛盾。

有一年,正是种水稻的季节,偏偏遇上天旱不下雨,只能从河中引水灌溉。而水渠必须流经西周地界,但西周君下令不准东周从西周的地界引水过去。眼看季节将过,东周君急得像热锅上的蚂蚁,不知如何才好。这时有人建议他去找苏代想想办法。

东周君给苏代讲了讲事情的原委,请他出个主意。苏代轻描淡写地说:"我去西周走一趟,大王您准备种水稻吧!"

苏代来到西周,对西周君说:"听说大王不让东周从大王的地界引水,是不是?"

西周君点了点头。苏代说:"如果这样的话,大王就失算了!"

西周君感到很诧异:"我不让东周引水,他们就种不成稻米,没有收成,到时候闹饥荒就会低三下四来求我。我提什么条件他们都会接受,我怎么会失算?"

苏代见西周君一脸的迷惑,就向他讲了其中的道理:

"大王要是不给东周放水,实际上是便宜了东周人。他们没有水,必然在地里全部种上麦。大王要想把他们整穷,不如干脆给他们放水,去破坏他们种好的庄稼。东周人见有了水,又会改种水稻,等他们种好了水稻,大王再断了他们的水,向他们提条件。这样就可以使东周的百姓完全依赖西周,听命于大王了。"

西周君听了苏代的话,大喜过望,忙下令赶快放水,并赏给苏代很多金钱,感谢他为西周出了一个好主意。

回到东周,东周君夸奖苏代果然会办事,替东周解了燃眉之急,于是也给了他很多赏赐。

从这件小事可以看出,苏代工于心计、善于游说,其外交才能丝毫不亚于他的哥哥苏秦。

战国时期像苏氏兄弟这样的游说之士还有很多,他们以"干禄"为目的,往往两边说好话。其中当然掺杂了大量水分,欺骗的成分很大。有些君主对游说之士这种两边讨好的行为非常不满;但游说之士对这个问题有自己的看法,后来苏代与燕王的一席对话代表了各自的观点。

有一次,燕王与苏代闲谈,话题扯到了游士身上,燕王一副不屑的样子,说:"我最讨厌那些卖弄唇舌、几方讨好的人。"

而苏代自己就是这样的人,他就为燕王讲了一个媒人撮合的比喻,为自己这一类人做辩解:"我家乡那一带很看不起媒婆,因为她们常常两边说好话。到了男方家里就说,那姑娘长得漂亮,简直是绝代佳人;到了女方家里又说,男子家财万贯,富比王侯。媒婆虽然讨厌,但我们家乡一带的婚嫁风俗是,必须经过媒婆撮合才可娶妻嫁女。游说之士巧舌如簧、多方讨好,就像媒婆撮合婚姻一样令人生厌。但如今天下大乱,列国纷争,如果没有游说之士在诸侯之间周旋、联合盟友、化解矛盾,能行吗? 正是他们适当运用欺骗手段,才使人坐享其成啊!"

燕王听苏代说得有理,再也不敢轻视游说之士了。

这些游说之士在列国纷争的战国时期的确扮演了重要角色。他们在外交舞台上纵横捭阖,东联西合,化解纷争、消除危机;他们利用自己的聪明智慧和游说才能,往往折冲于樽俎之上,使剑拔弩张的国家争端消弭在轻松幽默的气氛中。

有一次,赵国借故进攻燕国。正当大军压境之时,燕王派苏代去赵国进行外交斡旋。赵王知道苏代是来做说客的,根本不想听他说什么,对苏代说:"先生的来意我明白,请先生立即回去吧!"

苏代笑了笑说:"我今天不谈国事。在来贵国的途中我看见一只蚌和一只鹬打架,非常有趣,大王愿意听吗?"赵王一听有这等事,掩饰不住好奇心,催苏代快讲。苏代就给赵王讲了这样一个故事:"当我经过易水时，看见一只蚌张开双壳晒太阳，这时飞过来一只大鹬鸟，它扑上去用利嘴啄食蚌肉。蚌立即合上双壳，将鹬鸟的嘴夹住了。鹬鸟说：'今天不下雨，明天不下雨，你很快就会被活活渴死！'蚌则反唇相讥：'今天出不去，明天出不去，你很快就会被活活饿死！'双方相持不下，都不肯放开对方。这时一个打鱼的老翁走过去，把它们都抓住了。"

赵王被逗得眼泪都笑出来了。这时苏代叹息说："唉，现在有人正在步蚌、鹬的后尘啊！"

赵王一听苏代话中有话，忙止住笑，问："先生这话是什么意思？"

苏代这才说到正题："听说赵国正准备进攻燕国。如果双方长期僵持，劳师动众，最后会两败俱伤，秦国不就成了打鱼的老翁吗？望大王深思。"

赵王沉默了一阵，对苏代说："请先生回去告诉燕王，我不会让秦国人坐收渔人之利的。"于是下令撤军。

这类一言解纠纷的事例在春秋战国时期还有很多。游说之士只有非常注意自己的游说技巧、把握游说对象的心态，才能一方面保护自己；另一方面让对方乐意听，接受自己的主张，达到游说的目的。善于化解矛盾，是战国纵横家的基本技能。苏氏兄弟能够从一介平民跻身卿相、名震诸侯，靠的就是这种高超的撮合艺术。

四、巧言善劝

苏代在齐国时，一度投在孟尝君门下。

当时孟尝君门客如云，手下人才济济，名震诸侯。因此，齐国的国际地位大大提高，这一切引起了西边秦国的不安。秦昭王明白：齐国也有称霸天下、与秦国抗衡的野心，孟尝君网罗人才、扩大影响，天下怀才抱能之士必定会云集齐国，这对秦国大为不利。因此，必须设法除掉孟尝君，使他的门客群龙无首，作鸟兽散！

秦昭王心生一计。他派自己的弟弟泾阳君去齐国，对齐王说，秦昭王非常仰慕孟尝君的才德，想亲自见识一下孟尝君的风采。但秦昭王不便到齐国来，只好委屈孟尝君到秦国走一趟。最后，泾阳君说："为了让孟尝君解除后顾之忧，我愿意留在齐国做人质，直到孟尝君从秦国回来！"

齐王征求孟尝君的意见，孟尝君满口答应："既然秦王这样看得起我，又有诚意，我有什么理由拒绝呢？"于是准备启程。

许多门客都看出这是秦王的调虎离山之计，想骗孟尝君去秦国，到了秦国以后他再想脱身就难了。他们苦苦劝谏孟尝君千万别上当，但孟尝君考虑到齐、秦关系，要是不去万一秦国借机寻衅怎么办？何况秦昭王派他弟弟来做人质，他如果害我就不怕他弟弟丢了性命？所以孟尝君还是决定去秦国。

门客劝阻无效，只能干着急。这时，苏代正好从外面回来，知道这个情况以后就去见孟尝君。孟尝君说："我的主意已定，你不用再劝我了！"

苏代灵机一动，说："我不是来劝大人的。我是想给您说一件这次出去的见闻，不知大人愿意听吗？"

"请讲。"孟尝君不知苏代葫芦里卖的什么药。

苏代神秘地说："我今天从外面回来，见到鬼了！"

"唔？"孟尝君觉得这事挺新奇。苏代见他有了兴趣，就说："我今天经过一座破庙，听到泥塑的神像（土埂）和木刻的神像（木偶）居然开口说话了！我站在外面仔细听，木刻的神像对泥塑的神像说：'天要下雨，你就难保了！'泥塑的神像回答：'我本来就是泥土做的，毁坏了也只不过又变成泥土，对我来说有什么害处呢？可你就不同了，要是下起雨来，大河涨水，你就只能随波逐流、漂泊天涯了！'大人，你说这事奇怪不奇怪？"

孟尝君似乎悟出了点什么。苏代接着说："当今秦国强大，像虎狼一样凶恶。大人去了秦国如果真的回不来，岂不被泥塑神像耻笑？"

听了苏代的话，孟尝君终于打消了去秦国的念头。

五、智破谗言

当初张仪受苏秦的激将，负气入秦。在苏秦的暗中张罗下，获得了秦王的赏识，做了秦国的客卿。正巧这时陈轸也从楚国来到秦国，游说秦王。

陈轸有着与张仪不相上下的辩才，令秦惠文王对他刮目相看；而且他对天下形势的深入分析、对秦并天下的战略构想，也引起了秦惠文王的极大兴趣。秦惠文王大喜，立即任命陈轸为客卿。秦惠文王把张仪、陈轸二人召集到跟前，对他们二人说："寡人得到二卿辅佐，必能成就霸业。希望二卿精诚团结、齐心协力，不负寡人之望！"

刚开始，张仪、陈轸两人相安无事。可是，一山难容二虎。过了不久，两人就互相倾轧，在秦惠文王面前争宠。他们都在寻找机会，打击对手。

有一次，秦惠文王派陈轸带上重礼出使楚国。由于陈轸能言善辩、机智灵活，很讨楚王君臣喜欢，顺利地完成了使命。张仪便趁机从中找了陈轸的把柄，并立即进宫面见秦惠文王，说："陈轸奔走于楚、秦之间，这次他肩负大王的使命去楚国，本来应该增进两国之间的关系。可是楚国对秦国的敌视态度没有变，却对陈轸表现出极大的热情，大王您就不觉得奇怪吗？"

秦惠文王并不糊涂，他略加思索，随即一笑，说："这并没什么奇怪的呀！陈轸是寡人的使节，楚人尊重他就是尊重寡人，这也是对秦国友好的表现啊！"

张仪见秦惠文王对陈轸并没有丝毫怀疑的意思，心头急了，凑近秦惠文王，面带神秘地说："大王难道不知道吗？陈轸在楚国四处炫耀才学，出尽了风头，却很少宣传大王的恩德、展示秦国的威风。这明明是突出自己却不把大王放在眼里啊！"

经张仪这么一说，秦惠文王心里也开始犯嘀咕：是啊！不把君王放在眼里的人算得上忠臣吗？陈轸这个人平时伶牙俐齿，谁知道他心里打的什么主意？莫非……秦惠文王不敢再想下去，故意漫不经心地对张仪说："难得张卿一片忠心。你还听到过什么风声？但说无妨。"

张仪见秦惠文王对陈轸起了疑心，不禁暗喜：陈轸啊，可怜你聪明一世，这下子该失宠了吧！

张仪向四周张望了一下，悄声对秦惠文王说："据可靠消息，陈轸不满意大王赏给他的禄位，准备离开秦国去做楚国的令尹。这次出使楚国，还出卖了许多国家机密呢！"

秦惠文王最恨的就是这种吃里爬外、里通外国的人。听了张仪的话，他心中的一股怒火直往上冲，不过，他并没有表现出来，他要在大臣面前表现出君王的风度。但这没有逃过张仪的眼睛，精于揣摩术的他非常清楚，接下来陈轸要倒霉了。

张仪进宫面见秦王，诋毁陈轸的消息，很快就传到陈轸耳中。所以当秦惠文王派人来通知陈轸立即进宫时，他并不感到吃惊。陈轸明白，对于这类事情千万不能惊慌失措，在君主面前越是忐忑不安，君主就越认为你心中有鬼，到那时就大祸临头了。

陈轸不慌不忙、步履从容地走进宫中，向秦惠文王参拜问安。秦惠文王没有立即追问陈轸，而是故作镇静，赞赏陈轸楚国之行圆满完成任务。随后，秦惠文王眼中闪出一丝不易觉察的杀气，问道："听说陈卿要离开秦国，去楚国做令尹，有这事吧？"说完逼视着陈轸。

陈轸先是一惊，很快就恢复了平静。他向秦惠文王拜了一拜，镇定地回答："是的。"

秦惠文王原以为陈轸会矢口抵赖，没想到他会爽快地承认，一下子反倒没有了主意。秦惠文王瘫软在御座上，没有了刚才的那股杀气，有气无力地自言自语："这么说，张仪的话果然不假啊！"

见秦惠文王如此模样,陈轸心中暗喜。自己出其不意的回答使早有准备的秦惠文王不知所措,现在该是自己施展才华与他斗智的时候了。想到这里,陈轸站起身来向秦惠文王鞠了一躬,从容不迫地说:"不但张仪知道我要去楚国,天下行道之士都知道我要去楚国,大王知道为什么吗?"

秦惠文王茫然道:"莫非你不满意在秦国的禄位?"陈轸笑了笑说:"不是。我周游列国,屡陷困厄,是大王您看得起小臣的薄才,任小臣为客卿,禄位不可谓不高。如果大王以为小臣还不满足,未免视小臣为那种贪得无厌、恬不知耻的势利小人了。"

秦惠文王更加糊涂了:"既然你不为名、不为利,那又为什么呢?"

陈轸脸上升起一股激愤之气,提高了语调,说:"伍子胥忠于自己的国君,天下的国君都想有伍子胥那样的臣子;曾参对自己的亲人极尽孝道,天下的父母都希望有曾参那样的儿子。所以,主人出售的奴仆,如果不出闾巷就被人买走了,那一定是个好的奴仆;一个被男人休掉的妇人,如果本乡还有人愿以之为妻,那一定是个好的妻子,这些都是很浅显的道理。大王以为如何?"

秦惠文王似懂非懂,脸色也比刚才好看了。陈轸继续说道:"这次我出使楚国,听说了这样一个故事,大王愿意听吗?"秦惠文王示意陈轸继续讲。

"楚国有一个人,娶了两个妻子,一个年龄稍大,一个年龄稍小。两个妻子都有沉鱼落雁之容、闭月羞花之貌,引来一些轻薄无行之徒整天在她们后面转悠。一个胆大的青年去挑逗年龄较大的那个,挨了一顿臭骂。他还不死心,又去挑逗年龄较小的那个。原来稍小的那个水性杨花,居然与青年山盟海誓、干起偷鸡摸狗的勾当。没过多久,那个楚国人命归黄泉,留下一大一小两个寡妇。有人问那个青年人,愿意娶哪个为妻,那青年回答:'我会娶年龄大的为妻。'问者吃惊:'那个年龄大的曾经把你骂得狗血淋头,而小的那个与你山盟海誓,你为何还要娶大的？'那青年回答：'当时她是人家的老婆，我当然想要她同意我；如果她做了我的妻子，我希望她对我忠贞不二，去臭骂那些勾引她的人。'后来他果然娶大的为妻。"

陈轸说完，秦惠文王大笑，连称"稀奇，稀奇"。陈轸见秦惠文王情绪好转，才把话说到点子上："当今的楚王是一个聪明人，而楚相昭阳也是一个有才干的人。陈轸作为大王的臣子，如果真的向楚王出卖机密，楚王肯定不愿意留我在楚国做官，昭阳也不会与我共事。大王您想一想，小臣会去楚国吗？

"如果小臣是那种朝三暮四、卖主求荣的人，楚王怎么会认为我是忠臣，而轻易地把令尹之职委任于我呢？如果小臣真的忠于大王却被无端猜忌，天下自有容纳忠臣的地方，我不去楚国又能去哪里？"

听了陈轸的一席话，秦惠文王觉得有道理，之前对陈轸的怀疑顿时消了许多。

六、坐山观虎斗

"朝秦暮楚"这个典故与陈轸有很大关系。

陈轸原来是秦国的大臣，因为受到排挤和猜忌，不得不跑到楚国；后来他又代表楚王出使秦国，成了楚王的特使。故地重游，陈轸的心里很不是滋味。

陈轸到达咸阳时，韩国、魏国爆发了战争。由于双方实力相当，打了很久，谁也没有占到便宜，战场上出现了僵持局面。

韩、魏之战在秦国朝野也引起了震动。韩国是秦国的与国，对秦国比较恭顺。秦惠文王想派兵干涉，但一时拿不定主意。他召集群臣，请大家发表意见。有人主张应该派兵援助韩国，给魏国一点颜色瞧瞧，让诸侯们明白，只有归顺秦国，才能得到秦国的保护。但又有人主张隔岸观火，让诸侯互相残杀消耗力量，以便坐收渔人之利。两种观点相持不下，秦惠文王也犹豫不决。

正巧陈轸来到咸阳。秦惠文王非常了解陈轸的才能，于是派人把陈轸请到宫中，要与陈轸叙叙旧。

陈轸进宫见到了秦惠文王。宫中的景物依旧，秦惠文王还是老样子，只是头上添了几根白发，额上多了几道皱纹。陈轸拜见了秦惠文王，向他请安。

秦惠文王宽宏大量地说："爱卿请起。咱们又不陌生，烦琐的礼节就免了吧！"陈轸谢恩。

秦惠文王见陈轸身上隐隐约约透露出一些不得志的信息，不由得生出一丝怜才之意。他问陈轸："爱卿离开寡人去楚国做官，难道就一点儿也不思念寡人吗？"

对于这个问题，陈轸没有正面回答。他反问秦惠文王："大王听说过一个名叫庄舄(què)的越国人吗？"

秦惠文王不懂陈轸的意思，摇摇头，老老实实地说："没有听说过。"陈轸说："大王深居宫中，自然不知道庄舄这个小人物。庄舄是一个越国人，却在楚国做官。后来生病了，楚王问左右侍从，'庄舄在越国只是一介平民，没有人注意他。到楚国以后，寡人赏识他的才能，给他官做，让他享尽了荣华富贵，不知他现在还思念越国吗？'左右侍从回答说不知道。不过有人献计说，'一个人是不是思念故乡，在病中可以看出来。如果庄舄思念故土，他肯定会发出越国的乡音；如果庄舄不思念故土，他会用楚国的语音说话。'楚王一听有道理，就派一个人去探视，果然庄舄说话带有越国的乡音。小臣虽然是一个被抛弃的臣子，又怎么忘得了秦国的语音呢！"

听了陈轸的话，秦惠文王非常高兴，心想陈轸果然没有忘记寡人和秦国啊！于是他向陈轸请教："今有一事搅得寡人不得安宁，寡人想听听陈卿的意见。"陈轸问："大王有什么需要小臣分忧的，敬请明示。"秦惠文王向陈轸说出了自己的苦衷："近来韩国与魏国交战，打了一年多还没有停火的迹象。秦国内部有人主张武力干预，有人主张置身事外，寡人一时也拿不定主意。爱卿如今是楚王的臣子，寡人不便要求你全为秦国考虑，就请先生将你的锦囊妙计留一半给楚王，剩下一半给寡人吧！"

陈轸听秦惠文王这么一说，也有些动情了。心想，既然秦王还没有忘记故人，我就为他献上一计吧，也算是对秦王诚意的回报。于是陈轸略加思索，对秦惠文王说：

"不知大王有没有听过卞庄子刺虎的故事？卞庄子是一位勇敢的猎手，有一天，他看见一大一小两只老虎正在吃一头牛，就立即操刀准备与虎相斗。有人阻止他说，'现在两只老虎正吃得津津有味，你突然上前破坏了它们的食欲，它们必定对你不利。你何不站在一边等它们慢慢享用美餐，吃到最后一块肉时它们肯定会争夺斗殴。两虎相斗，小者必死、大者必伤，到那时你再操刀上前，轻而易举地就可以把受伤的老虎杀了。这样，你不费什么力气就会获得杀死两只老虎的美名。'听了那人的话，卞庄子觉得有道理，就站在远处等待。不一会儿，两虎果然相斗，大者伤小者死，卞庄子就这样一举获得了两只老虎。

"现在韩、魏交战，打了一年多还不停火，实力强的将会元气大伤，实力弱的可能亡国。到那时，大王趁机出兵，一举而灭两国，不正是与卞庄子刺虎相类吗？"

听了陈轸的话，秦惠文王大喜，连称"妙计"。但他很快收敛了笑容，逼视着陈轸，问："你这只是给寡人的一半计谋，那留给楚王的一半计谋又是什么？"

陈轸不慌不忙地说："一举擒二虎的好事谁人不想？小臣留给楚王的那一半计谋与献给大王的计谋相同。现在楚王翘首以盼，等待着韩、魏两败俱伤，随时准备去抢死老虎呢！"

"哼哼，嘿嘿！"秦惠文王脸上肌肉抽动了一下，发出一串不太自然的笑声。

七、先见之明

楚国下蔡人甘茂也是战国时期著名的纵横家。与当时的许多游士一样,他青年时期就拜师学艺,跟随下蔡著名权谋大师史举学习诸子百家之说、游说干君之术。学成之后,他只身闯天涯,周游列国,见过不少世面,增长了见识。渐渐地,甘茂有了名气。他游说过许多诸侯,可是都没有捞到一官半职。后来,甘茂来到当时游士心中的圣地秦国,拜见张仪和樗里子,凭自己那如簧的巧舌说服他们在秦惠文王面前引荐自己。

秦惠文王本来就喜欢关东游士,加上张仪等人的推荐,心想此人的才能一定不差。一番交谈之后,秦惠文王非常满意,便让他留在秦国。正巧大将魏章领兵征讨汉中,秦惠文王就任命甘茂为副将,让他一同前往。在汉中,甘茂显示了自己的军事才能。

秦惠文王死后,武王立。张仪、魏章害怕被杀,离开了秦国。秦国出现了权力真空,这给甘茂带来了良机。他趁机接近秦武王,受到秦武王的信任。这时,蜀侯辉、蜀相壮反叛秦国。秦武王大怒,立即派甘茂领兵征讨,甘茂很快就平定了叛乱,因此名声大震。

有了定蜀的资本,秦武王对甘茂更是刮目相看。他非常欣赏甘茂的文韬武略,就任命甘茂为左丞相,樗里子为右丞相。

秦武王想干出一番事业,青史留名。有一天,他把甘茂招来,对甘茂说:"寡人想打通三川(伊水、洛水与黄河交汇处),使秦国的战车可以直达周室,趁机把周室兼并了,这样寡人死后也可以永垂不朽了。不过,寡人不知如何着手,想听听爱卿的意见。"

甘茂略加思索,对秦武王说:"要打通三川,必须先征服韩国、夺取宜阳。听说魏国与韩国之间矛盾重重,大王可以派人去魏国,与魏王约定共同伐韩。"

"谁能担此重任?"秦武王问。

"大王如果不弃,小臣愿到魏国走一趟。"甘茂主动请缨。

秦武王就派向寿与甘茂一道出使魏国。

甘茂到了魏国,成天在客舍里睡大觉,也不去拜见魏王。眼看时间一天一天过去了,联魏之事尚无着落。向寿心中着急,催促甘茂尽快将使命办妥,以便向秦武王复命。甘茂却说:"你要是着急就先回咸阳,顺便带话给大王,就说魏王已经答应我了,但希望大王不要攻打韩国。事成之后功劳全部归你。"

向寿无奈,只好先回咸阳,将甘茂在魏国的情况及他的话一五一十地对秦武王说了。秦武王大为恼火,立即派人召回甘茂,二人在息壤相见。

秦武王见了甘茂之后,怒气冲冲地责问他为什么出尔反尔、如同儿戏。甘茂向秦武王行礼,从容地说:"大王息怒。小臣这样做自有苦衷。宜阳是一个大县,上党、南阳积贮了大量的物资,虽然只是一个县,实际上与一个郡不相上下;而且地势险要,关隘众多,易守难攻。如果大王令我跨越千里劳师远征,战线就很长,部队的给养也成问题,其间的困难可想而知。如果战斗稍有失利,大王也许会动摇信心。如果再有人在大王面前说三道四,恐怕小臣的性命也难保了。"

听甘茂这么一说,秦武王怒气消了一大半。他安慰甘茂说:"寡人心中明白,爱卿对寡人忠心耿耿,寡人断不会起疑心的。"

甘茂摇摇头,说:"小臣非常感激大王的知遇之恩,虽肝脑涂地也无以为报。不过,俗话说,远水救不了近火。大王听说过大孝子曾参的事吗? 曾参与母亲居住在鲁国的费城,有一个与曾参同姓名的人杀了人。有人告诉曾参的母亲说,'曾参杀了人。'曾母一点也不相信,平静地说,'我的儿子肯定不会杀人。'说完继续织她的布。不一会儿,又有人来告诉曾参的母亲说,'你的儿子杀了人。'曾母还是不信,继续织她的布。后来,第三个人来告诉她,'你的儿子杀了人。'曾母大为恐惧,扔掉梭子越墙而逃。像曾参这样的大贤,应该说他的母亲对他是坚信不疑了,可是当有三个人在她面前说曾参杀了人时,她也不得不信了。"

秦武王会意地笑了:"爱卿放心,寡人不会做曾参母亲那样的人。"

甘茂说:"小臣并不是对大王不放心,不过,小臣的贤德远不如曾参,大王对我的信任恐怕也不及曾母对曾参的信任吧? 况且,诽谤我的人又何止三人呢? 我担心众口铄金,积毁销骨,大王总有一天会扔掉梭子的。"

秦武王讪讪地说:"爱卿未免过虑了。"

甘茂表情严肃,一本正经地说:"大王啊,这种事情难道古今还少吗? 当年张仪西取巴蜀,北并西河,南取上庸,可是天下没有哪个人说张仪的好话,反而制造流言蜚语诋毁他,使他不得不亡命他国。魏文侯派乐羊带兵攻打中山国,苦战三年才打下来。乐羊班师回朝,向魏文侯汇报战况,魏文侯叫人抬来一只沉甸甸的大箱子,打开给乐羊看。原来箱子里装的全是诽谤乐羊的文字。乐羊见后泪流满面,感动不已,'要不是大王对小臣深信不疑,小臣不仅打不下中山,而且老命也难保了。主上英明啊!'我只是一个漂泊的臣子,是一个异国人,总有人会无端怀疑我的忠诚。况且樗里子、公孙衍这两位老臣对联魏攻韩持不同意见;如果我稍遇挫折,他们一定会在大王面前非议我。大王对他们更为信任,恐怕会照他们说的去做。这样的话,联魏攻韩的计划就会落空,我不但失信于魏国,而且成了韩国的仇人,在秦国也没有立足之地,到那时就该遭殃了!"

秦武王觉得甘茂的一席话句句在理。为了打消甘茂的顾虑,他对天发誓一定不信谗言,并写成文字,一式两份,以使甘茂放心。

于是秦武王把兵权交给甘茂,让他攻打宜阳。秦兵奋力进攻,韩军拼命抵抗,战斗异常惨烈。五个月过去了,秦兵伤亡严重,宜阳仍然在韩国人手中。这时,甘茂预料的事果然发生了。秦国内部谣言四起,矛头直指甘茂。有人说把军权交给一个异国人将对秦国不利;有人说甘茂故意拖延时间，就是想整垮秦国，居心叵测；还有人说甘茂名义上是攻打韩国，暗中却与韩国眉来眼去，想投靠韩国……这些谣言像一阵阵冷风，不时吹进秦武王的耳中。起初秦武王并不在意，不予理睬。可是时间一久，他也有些动摇了：自己把兵权交给甘茂，是不是一个错误？万一……他不敢往下想。

正在这个节骨眼上，樗里子、公孙衍两位老臣联袂上书，弹劾甘茂劳师远征耗费国库、贻误战机。秦武王这时把当初自己对甘茂发的誓言忘得一干二净，他立即派人去前线召回甘茂，要求他撤回军队。

甘茂没有回来，他让来人带了一封信给秦武王，信中装的是秦武王在息壤签的誓约。秦武王一见，心中一惊：差点误了大事！秦武王不仅没有召回甘茂、撤回军队，反而派更多的军队去宜阳前线，协助甘茂作战。不久，甘茂攻下了宜阳，斩敌六万，韩王不得不派使节入秦，表示愿意归顺秦国。

打下宜阳，使秦国获得了通往关东各国的门户。

秦武王用人不疑，为秦国的发展带来了好处；甘茂有先见之明，使自己得以免除灾祸。相比之下，燕将乐毅与赵将廉颇就没有甘茂这样好的运气。

乐毅是战国时燕国著名的军事家。他为了感谢燕昭王的知遇之恩，来到燕国。当时燕国经历了子之之乱，经过齐国军队的蹂躏，残破不堪。燕昭王招贤纳士，励精图治，时刻不忘报仇雪恨。齐湣王狂妄自大，骄奢淫逸，引起国内动荡。在乐毅的建议下，燕国联合赵、楚、魏、韩四国，组成联军讨伐齐国，在济西大败齐军。后来四国撤军，乐毅率领燕军孤军奋战，占领齐都临淄。经过五年征战，攻下齐国七十余座城池，只剩下莒城和即墨二城久攻不下，灭掉齐国指日可待。就在这时，燕昭王去世，儿子惠王即位。燕惠王在当太子时就对乐毅没有好感。齐将田单听到这个消息，立即使用反间计，派人四处造谣说："乐毅很快攻下齐国七十余座城池，而莒城和即墨久攻不下，大家知道原因吗？原来乐毅与燕国新君有矛盾，故意拖延时间，拥兵自重，想在齐国南面称孤！他现在最担心的是新君临阵换将。"谣言传进燕王宫中，昏庸的燕惠王信以为真，立即派庸将骑劫去夺乐毅的兵权。乐毅害怕被杀，只好逃到赵国去了。后来田单用计打败骑劫，收复了齐国的所有失地，乐毅为燕国所建的事业功亏一篑。

疑人不用，用人不疑，很多君主都明白这个道理。可是，真正能做到的并不多。如果说燕惠王的猜忌只是使燕国到嘴的肥肉得而复失的话，那么，赵孝成王的多疑则造成四十余万精锐将士失去性命。

公元前 260 年，秦军与赵军在长平对峙。由于秦强赵弱，经验丰富的老将——赵军统帅廉颇紧闭寨门，任凭秦军挑衅也不予理睬，想以此与秦军打持久战，拖垮秦军。急功近利的赵孝成王多次派人催促廉颇与秦决战，都被廉颇拒绝了。这时，朝中有人进谗言，说廉颇果然老了不中用了，胆怯得连寨门都不敢开，怎么还能指望他保国退敌！赵孝成王越想越觉得有道理。正巧秦相范雎派出间谍，以重金收买赵国大臣，行反间计说："秦国根本不把赵国的将军们放在眼里，只害怕马服君赵奢的儿子赵括一人；至于廉颇，太容易对付了，他坚持不了多久就会乖乖投降。"这话传到赵孝成王的耳中，更加深了他对廉颇的怀疑。于是他下决心改任年轻气盛、饱读兵书而又夸夸其谈的赵括为赵军统帅，代替廉颇。结果秦将白起采用引蛇出洞的战术，切断了赵军后路，赵括被射死在阵上，四十万大军粮草不济，杀人充饥，全部投降。白起担心这么多人再生变故，就将他们全部活埋了。

放心使用人才与对人才的猜疑、打击，造成的后果如此不同，值得我们深思。甘茂在险象丛生的环境中能够明哲保身、避祸远害，除了秦武王具有明辨是非的能力外，甘茂过人的预见能力也使他得以防患于未然。

八、十二岁的上卿

司马迁《史记》有明确记载，一个年仅十二岁的孩子做了朝中最高的官——上卿！这发生在战国时期的秦国,前丞相甘茂的孙子甘罗身上。他聪明过人,能言善辩,深受秦国丞相——文信侯吕不韦的喜爱。当时他只有十二岁,吕不韦破例收他做了门客。

吕不韦为了扩大自己的封地河间,想进攻赵国夺取土地。于是派纲成君蔡泽去燕国从事外交活动,以加强秦、燕之间的友谊。燕王见秦国作为一个强国主动派重臣来燕国,非常高兴,表示愿意建立友好关系,就派太子丹去秦国,作为信使常住咸阳,保证不与秦国为敌。吕不韦见时机成熟,就建议派秦国大臣张唐去燕国做宰相,协助燕国和秦国进攻赵国,东西夹击。

可是,吕不韦的建议遭到了张唐的拒绝。他推辞说:"张某曾经为秦昭王带兵讨伐赵国,与赵国结下了仇怨,赵王恨不得将我千刀万剐,曾下令说,'谁抓住了张唐,赏一百里土地。'而要去燕国,就必须经过赵国。如果被赵国人抓去领赏,不仅我的性命难保,恐怕还会误了大人的大事!"

吕不韦听了张唐的话,心中不高兴,可是又不好强求,回到家里,一个人坐在那里生闷气。这时,甘罗上前见过吕不韦,问:"大人闷闷不乐,是不是有什么心事?"吕不韦见是甘罗,心想一个小孩子懂得什么!就敷衍说:"没有什么事,就是有事你也帮不上忙。"

甘罗却来了兴趣,想知道究竟是什么事,就缠着吕不韦,要他说出来。吕不韦拗不过一个天真无邪的孩子,就把事情的原委跟他说了一遍:"我派纲成君蔡泽去燕国活动三年,燕王已答应不与秦国为敌,并把太子丹派到咸阳做信使。现在我亲自请张唐到燕国做宰相,他却推托不去,真是气死我了!"

甘罗听完吕不韦的话,说:"原来是这种小事,大人用不着生这么大的气。大人何不让我去张唐那里走一趟呢?"

吕不韦以惊异的目光打量着甘罗,呵斥说:"去去去! 你一个乳臭未干的小孩子说什么大话! 我以丞相身份亲自登门请他,张唐还不肯去,难道他还会听一个小孩子的不成!"

甘罗却一点儿也不惊慌,说:"项橐不过七岁就做了孔子的老师;我今年十二岁了,比起项橐不算小吧?大人还没让我去试一试呢,怎么就呵斥起我来了?"吕不韦语塞。真是初生牛犊不怕虎!好吧,就让他去走一趟,经受挫折,见见世面。当然,吕不韦根本没抱什么希望。

甘罗来到张唐府前求见。张唐早就听说甘罗是一个神童,但是没有亲眼见识,今天他主动找上门来,正好认识一下,看外边的传闻是真是假。张唐把甘罗迎进府中,笑着问:"小鬼,今天光临寒舍,有何贵干?"甘罗却表情严肃,一本正经地向张唐行了见面礼,不慌不忙地说:"我奉文信侯之命,来请先生动身去燕国。""啊?"张唐一点也不在意,心中嘀咕:吕不韦呀吕不韦,难道你真的手下无人,派这个乳臭未干的小孩子来做什么?

张唐摇摇头,脸上仍然带笑,问:"小鬼,那你说说我凭什么要去燕国?"甘罗没有回答,他反问道:"先生为秦国立下的战功,比起武安君白起如何?"

张唐想:这孩子也真是,不是明知故问吗?不过他还是耐心地回答:"武安君南挫强楚,北败燕、赵,不知打了多少胜仗,攻占了多少城邑,我哪里比得上武安君呢?"

他刚回答完,甘罗又接着问了第二个问题:"应侯范雎在秦国掌权,与文信侯相比,谁的权力更大?"

也许这孩子真的不知道?好吧,我就耐心地教教他。张唐心想。他和气地说:"文信侯与当今大王情同父子,应侯哪有文信侯的权力大!"

甘罗紧接着张唐的话说:"这么说,先生是明知自己的功劳比不上武安君?"

"是的。"

"先生也明知应侯的权力不如文信侯大?"

"是的。"

甘罗眼里闪动着狡黠:"先生一定知道,应侯曾经想进攻赵国,武安君却不肯带兵前去,应侯一怒之下,劝秦昭王削去武安君的官爵,将其贬为士伍,最后赐死于杜邮。现在文信侯的权力比应侯还大,文信侯请先生出任燕国宰相,先生却借故推托,我担心武安君的下场会落在先生身上!"

张唐听了甘罗的话,额上直冒冷汗。是啊! 自己怎么没想到这一点呢? 要是真的惹恼了文信侯,可不是闹着玩的! 他不由得佩服甘罗:这小子果然有两下子,名不虚传! 张唐立即答应:"你回去对文信侯讲,张唐这就准备车马、礼品,过几天就动身去燕国。"

甘罗回去向吕不韦复命,吕不韦大喜。甘罗从容地说:"大人不要高兴得太早。赵王痛恨张唐,这是一个公开的秘密。万一张唐被赵王扣留,不就前功尽弃了吗?"

吕不韦一惊,是啊! 万一张唐被扣,自己的努力不就白费了? 他急忙问甘罗:"该怎么办?"

甘罗胸有成竹地说:"大人何不借五辆车给我,让我去见赵王?"

吕不韦这次对甘罗很放心,立即满足了甘罗的要求。吕不韦进宫去见秦王,说:"甘茂有一个孙子甘罗,聪明无比,又有一副好口才,如今在我门下。虽然年幼,只有十二岁,但早已声名远扬,诸侯都知道他。张唐本来不肯去燕国为相,经甘罗劝说,就立即答应前往。现在甘罗愿意去赵国游说,请大王派他以正式使节的身份前去。"

秦王非常信任吕不韦,就同意了。

听说秦王派神童甘罗作特使,赵国君臣都想一睹其风采。他们早早地等候在邯郸郊外,夹道相迎。邯郸城更是万人空巷,人们将道路围得水泄不通。

甘罗问赵王:"大王有没有听说燕王派太子丹入质秦国这件事?"赵王回答说:"听说了。"甘罗又问:"大王是否听说张唐将出任燕国宰相?"

赵王忧心忡忡地点了点头。"燕国太子入秦，表明燕国不与秦国为敌；张唐相燕，表明秦国将与燕国交好。如果燕国与秦国联手进攻赵国，恐怕赵国就危险了。"甘罗说。赵王听了，叹了口气说："这我知道。唉，不知赵国与秦国有什么仇，遭此劫难！"甘罗假装为赵国的命运担忧，说："其实，秦王的意思并不是非要与燕国结盟，与赵国过不去。"赵王眼睛一亮，问："此话怎讲？"甘罗接着说："秦国与燕国联合，主要是文信侯的主意。他想进攻赵国夺取土地，以增加自己的封邑。大王不如做个顺水人情，割五座城池给秦国，作为献给文信侯的礼物。文信侯得到了土地就会遣返燕国太子，取消派张唐去燕国的计划，反过来与强大的赵国联合攻打弱小的燕国。这样，大王既与文信侯和好，又可以从燕国那里得到补偿。利弊得失，请大王权衡一下吧！"

赵王大喜，立即割让五座城池，增加文信侯吕不韦在河间的封邑。吕不韦得到土地后，就遣返了燕国太子，取消了张唐之行。

赵国免除了秦国的威胁，向东扩张，攻占燕国，夺取了三十一个县。为了讨好秦国，又把其中的十一个县献了出来。

由于甘罗的智慧，吕不韦不费吹灰之力就扩大了自己的封邑，秦国也不费一兵一卒增加了十一个县。

甘罗完成了使命，回到咸阳向秦昭王和吕不韦汇报。秦昭王为了奖赏他的功绩，封他为上卿，并把从前甘茂的田宅赐给了他。

甘罗十二岁拜上卿，这不是神话，而是活生生的历史事实。只有在不拘一格用人的战国时期才有这样的稀奇事发生。

第六章　外交大战
——纵横捭阖

　　战国纵横家不仅是一群优秀的演说家、谋略家,而且是一群天才的外交家。当然,在没有国际公法的时代,外交作为国内政治、军事的延续,具有很大的实用性。阴谋、欺诈、谎言、背信弃义、出尔反尔,在战国外交舞台上屡见不鲜。

　　所有这一切,构成了一组震撼人心的交响曲。

一、外交厚黑学

　　张仪的外交才能,在战国纵横家中是首屈一指的。

　　他在说服秦王推行连横主义、成功制服魏国和韩国之后,又对其他各国展开了新的外交攻势。他要通过自己的外交活动,在诸侯之间挑起矛盾、制造麻烦,使它们在无休止的内讧之中削弱实力,让秦国伺机向外扩张、蚕食土地。

　　这次,他把目光瞄准了齐国和楚国。

　　齐国和楚国是当时堪与秦国鼎足而三的大国。由于两国有些资本和实力,因而成为张仪推行连横战略的最大障碍。秦惠文王对他们恨之入骨,想方设法予以打击。但齐、楚两国关系密切,面对秦国的威胁,往往携起手来互相支援,秦国占不到什么便宜。

　　有一天,秦惠文王把张仪招来,对张仪说:"齐国和楚国自不量力,与我秦国做对。现在我想教训教训齐国,又担心楚国与齐国联手对抗我们,先生认为该如何是好?"

张仪想了想,说:"要对付齐国和楚国,最好的办法是设法使两国反目成仇,秦国坐收渔人之利。"

秦惠文王觉得这个主意不错,既可以不费一兵一卒削弱两个大国,又可以制造矛盾、浑水摸鱼,于是对张仪说:"看来先生已经有了周全的计划,这个任务非先生莫属!"

见秦惠文王如此信任自己,张仪就再次辞去相国之位,向秦王要了些精美的礼物、钱财及车马随从,离开秦国来到楚国都城。

想当初张仪到楚国游说,希望能混个一官半职,但楚怀王见他衣衫褴褛、一身寒酸,根本没有把他放在眼里,不等他把话说完就把他赶出了官门。后来他走投无路,只好屈身依附在楚相昭阳的门下,做了一名下等门客;但昭阳只把他当成一个混饭吃的游士看待。每当想起在楚国的经历,张仪就仿佛做了一场噩梦,耳边响起竹鞭的"啪啪"声和昭阳的辱骂声。当时张仪发誓要报此仇,他到秦国做了相国以后,派人给昭阳送了一封信,信中说:"当初我陪你饮酒作乐,你自己丢了宝玉却诬陷于我,我永远也忘不了你用竹鞭抽打我的情景。现在我明白地告诉你,我并没有偷你的宝玉,我要偷你的城池和土地,你就等着瞧吧!"昭阳见信后大惊失色,没敢把信的内容示人。

这次张仪来楚国时,昭阳已死。但他认为整个楚国都曾对自己不公,他要让楚人尝尝自己的厉害。

楚怀王是一位愚蠢的昏君。他听说秦王得到了一位旷世之才,名叫张仪,心中非常忌妒。楚怀王哀叹人才怎么都往秦国跑,却不来找自己。当然,他早已把张仪曾经到过楚国,游说过自己的事给忘了。

当张仪来到楚国时,楚怀王十分高兴,下令给张仪安排最好的客舍,提供最好的服务,亲自过问张仪的生活起居,做出一副思贤若渴的样子。他在宫中隆重接待张仪,问道:"我国地处偏僻,信息不灵,先生不辞辛劳远道而来,请问有什么见教?"

张仪看见楚怀王的这副德行就感到恶心,但他克制住自己,恭恭敬敬地对楚怀王行了札,说:"恭喜大王,我是来给大王送土地的。"

楚怀王一听有土地,先是一愣,接着喜出望外,说:"先生何必献上如此重礼……请问土地在哪里?"

张仪早已把楚怀王贪婪的样子瞧在眼里,暗自思忖,此行已有十之八九的把握完成任务。他故意吊楚怀王的胃口,说:"当今天下,就数秦、楚、齐三国最强大。要是秦国与齐国交好,齐国就会比楚国强;要是秦国与楚国交好,楚国就会比齐国强。我们秦王非常钦佩大王您的英明贤惠,痛恨齐国的假仁假义,因此希望与楚国交好。可是现在楚国与齐国交好,秦王只好与大王保持距离。要是大王能听我的话,下定决心与齐国绝交,秦国不仅情愿与贵国永远交好,而且愿意把商于一带六百里的土地送给大王,这是多么划算的事呀!大王既增加了大片土地,又削弱了齐国的势力,少了一个强有力的竞争对手。不仅如此,秦、楚世代和平共处,这是万世之利啊!大王您考虑考虑吧!"

楚怀王听张仪这么一说,就见利忘义了,说:"既然如此,我何必跟齐国搅在一起呢!"

张仪又凑近楚怀王的耳朵,悄声说道:"秦王还答应,如果楚国与齐国断绝关系,秦国的美女任凭大王挑选!"

楚怀王听了以后,高兴得合不拢嘴,立即同意了张仪的建议。他召集群臣,宣布与齐国断绝来往,并得意扬扬地对群臣说:"寡人不费一兵一卒,就使楚国土地扩大了六百里!"

有其君必有其臣,这帮庸才也没有什么主见,纷纷向楚怀王道贺,称赞楚怀王英明果断、见识过人,必能称霸天下、成就王业。忽然有个人站出来,说:"要是这样,你们这些人哭都来不及,还道什么贺!"楚怀王一看是陈轸,大怒说:"寡人没有兴师动众就获得了六百里土地,大家都来道喜,你怎么说出这种晦气话?"

陈轸回答:"大王啊,依我看,楚国不仅得不到商于那六百里土地,还会失去一个重要盟友。大王要是与齐国断绝关系,齐必然会去联合秦国。齐国与秦国联手对付楚国,祸患就会接踵而至。所以大王还是应该小心为好。"

楚怀王不仅愚蠢到家,而且刚愎自用,平时听惯了大臣们的阿谀奉承,哪里听得进不同意见? 他认为自己决定的事都是正确的,不容置疑的。听了陈轸的话,他气势汹汹地问道:"你这话是什么意思?"

陈轸说:"秦国早就对楚国不安好心,现在之所以看重楚国,是因为楚国与齐国结为盟友,才不敢对楚国动手。如果大王与齐国断绝关系,秦国真的会把商于那六百里土地割让给大王吗? 只怕那时秦国再也不会重视一个孤立无援的楚国了。张仪这个人言而寡信,回秦国后,肯定会出尔反尔失信于大王。到那时,大王既与北边齐国反目成仇,又受到西边秦国的威胁。要是秦国转而与齐国联合起来,共同对付楚国,到那时恐怕后悔也来不及了。大王不要贸然行事,应该制定一个万全之策,不如表面上与齐国断绝关系,暗中仍然保持友好,派人随张仪到秦国接收那六百里土地。如果秦国真的给了土地,说明张仪没有欺骗大王,秦国对楚国有诚意,到时再与齐国绝交也不晚,否则的话,就另作计议吧!"

这时,三闾大夫屈原也站出来,劝楚怀王还是小心为妙。楚怀王早已不高兴了,训斥陈轸等人说:"闭上你们的嘴! 人家哪有这么傻,不等咱们与齐国绝交就白白送出六百里土地! 我主意已定,你们就等着看寡人从秦国那里拿到六百里土地吧!"

楚怀王自以为做了一个英明的决策。他把楚国的相印交给张仪,还赠给张仪许多财物,想以此拉拢张仪,让张仪为楚国出力。楚怀王一边派人去齐国,通知与齐国断绝外交关系;一边派一名将军为特使,随张仪去秦国接收商于六百里土地。

到了秦国都城咸阳,张仪假装没有抓稳车绳,突然从车上摔了下来。从此他就称病不出,长达三个月的时间都没有上朝。楚怀王的特使多次去找张仪要土地,张仪手下的人都拒绝通报,只说:"张仪伤得厉害,谢绝打扰,你就耐心等着吧!"楚怀王的特使无奈,只得回国如实向楚怀王做了汇报。

此时的楚怀王还执迷不悟,说:"难道张仪认为寡人还没有完全与齐国绝交吗?"他立即派了一个不怕死的人去见齐王,对齐王破口大骂,极其无礼。

这一次真的把齐王惹恼了。齐王对楚怀王恨得咬牙切齿,发誓要治治他,就派使者去秦国,约秦惠文王与齐国联合起来教训楚国,得到的好处齐国情愿不要。秦惠文王当然求之不得,就答应了。

秦国与齐国缔结了盟约,张仪这才上朝。楚王的特使早就在外面等着张仪,见到他后,就急忙问道:"大人,土地的事……"张仪假装糊涂,把脑袋一拍,说:"瞧,我把这事给忘了。我有秦王赐给的六里土地,就作为献给楚王的礼物吧!"

楚王的特使一听这话,急出一身冷汗,说:"楚王亲口告诉我,让我接受商于六百里的土地,大人怎么说只有六里呢?"

张仪摇摇头,故作吃惊地说:"那一定是你们楚王弄错了,谁愿意把六百里土地白白送人? 我又没有发疯,能说出这种话吗?"

楚怀王的特使目瞪口呆,这才知道张仪是个骗子。他急忙回去报告楚怀王,楚怀王气得哇哇大叫:"张仪匹夫,我一定要抓住你,把你千刀万剐,以解心头之恨!"

在历史上,游说之士为达到某种目的,往往不惜采用欺骗手段引诱对方上钩。而像张仪这样敢于撒弥天大谎,脸不红、心不跳,事后又矢口否认的,恐怕难以找出第二人了。其实,张仪采用的手段并不高明,只要稍加分析就能轻易识破。但偏偏楚怀王愚昧不堪,听不进去忠言,硬要往人家设好的圈套里钻,留下了千古笑柄。

二、巧打美人牌

楚怀王气得丧失了理智。他既没有得到土地,又丢了面子,还在诸侯中多树了一个敌人。他恨透了秦国,更恨透了张仪,发誓要进行报复。于是楚怀王下令调集十万大军,由屈匄(gài)统帅,向秦国进攻。

这时,陈轸又站了出来,说:"大王啊,能让我开口说话了吗?现在发兵攻打秦国,秦国一定早有准备。事到如今,不如将计就计,割让一点土地给秦国,屈尊讨好,与秦国一起攻打齐国。这样,可以把割让给秦国的土地再从齐国那里补偿回来,楚国还可以生存下去。"

可是楚怀王早已把国家存亡抛在了脑后,一心只想复仇,哪里听得进陈轸的规劝?何况陈轸曾经对张仪失信早有预料,他不仅不采纳,反而更加恼羞成怒,把陈轸臭骂了一顿,他不接受臣下比自己聪明这个事实。

果然,秦国军队早已做好准备,楚军连吃败仗。东边齐国又与秦国相呼应,派兵进攻楚国。在东西两面夹攻下,楚军节节败退,损失了八万人马,连统帅屈匄也阵亡了。楚国不仅没有实现复仇的目标,反而丢失了丹阳、汉中大片土地。

楚怀王此时已经输红了眼,他下令全国总动员,征调壮丁,要与秦国拼个你死我活。这次秦国改变了战术,不再拒敌于国门之外,而是采用诱敌深入的战术,楚军一直攻到距咸阳不远的蓝田。秦军实行分割包围,歼灭了楚军的有生力量。

楚怀王损兵折将,就像泄了气的皮球,软了下来。他派人去秦国求和,表示愿意割让两座城作为礼物送给秦国。经过楚怀王的这一折腾,楚国元气大伤,从此一蹶不振。

可是,秦王对那两座城并不感兴趣。他对楚国的特使说:"我不要那两座城。我想用商于那六百里土地来换楚国的黔中地区。要是楚王愿意,我就退兵。"

楚怀王此时却不在乎土地了,又一次做出愚蠢的决定:"用不着调换,只要秦王把张仪交给我处置,黔中地区我愿意双手奉上!"

听了楚怀王的建议，秦王有些动心：黔中之地富庶肥沃，秦国如果得到它国力将会大增；而且不费一兵一卒，只用一个张仪就可以换来。但张仪是一个人才，为秦国立下过汗马功劳。到底换不换呢？秦王又想：俗话讲，飞鸟尽，良弓藏，狡兔死，走狗烹。牺牲一个张仪算得了什么？他倾向于把张仪交给楚怀王，嘴上却不能说。

张仪早就看出秦王的心思，他想：与其让别人摆布，不如我自己掌握主动权。于是张仪去面见秦王，说："把我交给楚王来换取黔中地区，算是报答大王对我的知遇之恩，大王就让我去吧！"秦王假惺惺地说："这哪儿成呢？楚怀王因为你骗了他，正要找你算账呢！"张仪说："大王放心，说不定我还死不了呢！"

张仪大摇大摆地来到楚国，楚怀王立即下令把他拘禁起来，严加看管，打算挑个好日子把他杀掉，祭祀祖宗。

楚怀王有个宠臣名叫靳尚，他早与张仪有来往。上次张仪到楚国游说，还多亏了他在楚怀王面前撮合，他自然也得到了张仪大量钱财。张仪被拘禁后，立即叫手下人带着财宝去找靳尚，请他设法营救。

靳尚受了张仪的好处，不敢怠慢，他马上去找楚怀王的宠妃郑袖夫人想办法。

郑袖是个嫉妒心特别强，又工于心计的女人。她非常善于耍手腕击败对手，所以能够在美女如云的楚怀王后宫中独霸寝席，得到长期的宠爱。一次，魏王给楚怀王送来了一个绝色佳人，好色成性的楚怀王一见，十分喜爱。从此，天天与这位美人做伴，对郑袖看都不看一眼。郑袖见楚怀王如此喜欢魏国美人，恨得咬牙切齿，发誓要除掉这位美人，但表面上一点儿也不表露出来。她假装非常喜欢这位美人，对她嘘寒问暖，把自己的衣服、首饰拿出来任美人挑选，把最好的宫室卧具让给美人，两人看上去亲如姐妹。她还经常在楚怀王面前说这位美人长得如何漂亮，劝楚怀王一定要好好待她。郑袖的所作所为令楚怀王感动不已，他经常在大臣面前夸奖郑袖真是一个通情达理的好女人："女人就是靠自己的姿色博得男人的欢心,而嫉妒是女人之常情。郑袖知道寡人喜欢新美人,却一点儿也不嫉妒,甚至比寡人还喜欢她。这正是贤妻侍奉丈夫、孝子侍奉父母、忠臣侍奉国君之道啊!"郑袖估计楚怀王相信自己不嫉妒美人了,于是对这位新美人说:"我们大王非常喜欢你的美貌,不过,似乎对你的鼻子不太满意。你见到大王时,最好把鼻子捂住,这样大王会更喜欢你。"新美人听了郑袖的话,信以为真,见到楚怀王时就捂鼻子。楚怀王开始还不太在意,日子久了觉得奇怪,就问郑袖:"新美人见到我就捂鼻子,寡人百思不得其解,这是为什么呢?"郑袖扑哧一笑,不动声色地说:"这个呀,我可知道,就是不好说出来。"楚怀王急了,催郑袖无论好坏都说出来听听。郑袖装作迫不得已的样子,说:"她好像是嫌大王身上有臭气。"楚怀王一听,暴跳如雷:"真是胆大包天!原来是嫌弃寡人!"于是下令割去美人的鼻子,把她赶出宫门,郑袖又得宠如故。

靳尚平时与郑袖狼狈为奸,干了许多坏事。他找到郑袖,说:"夫人知道吗?你就要失宠于大王了。"郑袖正得楚怀王欢心,听了此言,惊问:"为什么呢?"靳尚说:"秦王非常喜欢张仪,准备把上庸地区的六个县送给楚国,还要把他那位美如天仙的爱女送给大王,以宫中能歌善舞的美女陪嫁,带上大量金玉宝器。大王见如此厚重的礼物,肯定会欣然接受。秦女入宫后,依仗秦国的强大和金宝、土地,就会凌驾于你之上。大王迷恋秦女,就会把你给忘了。"

郑袖听得直冒冷汗:"你快给我出个主意,该怎么办才好呢?"靳尚说:"夫人不如抢在秦王之前采取行动,说服大王放了张仪。这样,秦王就用不着把自己的爱女送过来了。而且张仪被释放以后,会对夫人感激不尽,秦王也一定会看重你。这样,夫人可以内专大王之宠,外结秦国之交。今后有用得着张仪的地方,他也不敢不卖力。有了这些资本,大王身边就再也没有谁敢与你争宠,你的子孙一定会成为楚国的太子,这可不是平常百姓的小利啊!"

郑袖听了靳尚的话，就日夜在楚怀王面前吹枕边风，说人臣各为其主，现在楚国黔中的土地还没有交给秦国秦王就把张仪派来，表明人家还是尊重大王的。张仪是秦王身边的红人，大王如果失礼杀了张仪，秦王能放过大王吗？如果秦王发怒进攻楚国，她们母子就死无葬身之地了。她天天缠着楚怀王，使出百般柔情蜜意，央求楚怀王放过张仪，以免招祸。她还嘤嘤哭泣说："大王要是不放过张仪，就请大王把贱妾母子送到江南去吧，免得成为秦王的刀下鬼！"

楚怀王是个糊涂虫，他听不进大臣的忠言，却对自己女人的话言听计从。他禁不住美人的眼泪和千般柔情，对张仪的气已消了一大半。这时靳尚也趁机对楚怀王说："大王要是杀了张仪，秦王一定会大怒。天下诸侯见楚、秦失欢，就会瞧不起楚国。大王何必为了一个张仪而招惹众怒呢？"楚怀王在靳尚与郑袖花言巧语的影响下，就赦免了张仪。

张仪利用内线的影响，免了性命之虞。但是，他带来的金玉珠宝却因上下打点而消耗殆尽，眼看吃饭都成问题，日子渐渐难过。他带来的随从们开始抱怨起来，嚷着要离开，说："当初我们投奔大人，以为大人会让我们过上好日子。现在我们衣服破旧却没钱添置，留在大人身边会给大人丢脸，大人还是让我们走吧！"张仪觉得对不起他们，就挽留说："你们跟着我受累，我很过意不去。你们先别离开，我一定设法弄到钱财以解燃眉之急！"

张仪去求见楚怀王。楚怀王虽然免了张仪的死罪，但仍对张仪耿耿于怀，不想搭理他，对他非常冷淡。张仪说："大王如果不想用我，我就只好到北边的韩、魏去了。"楚怀王表情漠然地说："那很好呀！"张仪假意关切地问："不知大王对韩、魏有什么要求，需要我替大王转达吗？"楚怀王一脸得意之色，说："黄金、珠玉、宝石、犀牛、大象这些珍贵的东西都产于楚国，楚国什么都有，寡人无求于韩、魏。"张仪狡黠地看了楚怀王一眼，漫不经心地说："我到过许多国家，见过不少君主，只有

大王你不好女色。"楚怀王听到女色二字,浑身就来劲了,忙问张仪:
"你这话是什么意思?"张仪见楚怀王满脸馋相,就逗他说:"韩、魏一
带的女人,脸蛋像粉一样白,头发像墨一样黑,身材修长,体态婀娜,站
在街头,不认识她们的人以为是天仙下凡呢。"

经张仪这么一描述,楚怀王早已通体发酥,垂涎欲滴。他立即放
下骄傲的架子,笑容可掬地对张仪说:"张先生啊,楚国是一个偏僻的
化外之地,从来没有见过中原的绝色女子,怎么能说唯独寡人不好色
呢?"张仪不失时机地说:"那我就给大王弄几个回来吧。"楚怀王大
喜,觉得张仪真是善解人意,于是给了他许多珠宝,让他去韩、魏两国
挑选美女。然后张仪故意大张旗鼓地到处宣扬这件事,楚怀王的王后
南后和夫人郑袖听到后,十分恐慌,担心张仪给楚怀王弄来绝色美女
后,她们会失宠。南后派人找到张仪,对他说:"贱妾听说张先生要到
韩、魏去,我这里有千斤黄金送给你做盘缠,希望先生不要做对不起我
的事。"同时郑袖也送给他五百斤黄金。

张仪得到南后、郑袖二人送来的钱财,解了燃眉之急,他的随从们
一个个笑逐颜开,不再提离去的事了。

过了几天,张仪向楚怀王告辞,假装依依惜别的样子,说:"当今天
下以邻为壑,往来不便,今日一别不知什么时候才能再见大王,我恳求
大王赐些告别酒给小臣喝。"楚怀王就命令手下人摆酒招待张仪。张
仪喝得半醉时,起身向楚怀王拜了几拜,恳求说:"这里没有其他人,大
王何不把你最宠幸的人招来一起喝?"楚怀王大方地同意了,立即把南
后和郑袖叫出来陪酒。

张仪见到南后和郑袖,故意装出大吃一惊的样子,立即跪下向楚
怀王磕头请罪,说:"张仪该死,求大王宽恕!"楚怀王感到莫名其妙,怎
么也想不出张仪错在哪儿了,问道:"张先生这话是什么意思?"张仪又
向楚怀王磕头,说:"张仪周游列国,见过不少世面,从来也没有见过像
二位夫人这样的绝代佳人呀!张仪所说的韩、魏女子,比起二位夫人

来,相差太远了。我不知如何向大王交代,这可是欺君之罪呀!"

楚怀王听了张仪的话,非常高兴,说:"你起来吧,不要把这事放在心上,我一直就认为二位夫人是天下最美的女人,这样看来果真不差。"于是取消了张仪去韩、魏选美的计划。

张仪继续留在楚国推行连横战略。他与南后、郑袖及靳尚往来密切,通过他们,张仪重新获得了楚怀王的信任。楚怀王也早已将六百里土地的事忘到九霄云外了。

不久,苏秦在齐国被人刺死,张仪便趁机劝说楚怀王与秦国连横。他说:

"当今天下,秦国土地占天下之半,有勇士百万,战车千乘,骑兵万人,粮食累积如山。秦王严厉而英明,统兵之将足智多谋、英勇善战,所向披靡、战无不胜,谁不归顺谁就先亡。那些主张合纵的人,无异于驱群羊而攻猛虎。大王为什么不与猛虎亲善,反而与群羊站在一边呢?

"天下强国,秦、楚为首。如果两国交兵,秦攻楚之西,韩、魏攻楚之北,谁胜谁负谁存谁亡,大王心里应该明白。楚国曾经与秦国交战,死伤惨重,丢了汉中;后来与秦国战于蓝田,又大败而回。这就是两虎相斗,必有一伤。楚国国力消耗在与秦国的争斗中,韩、魏两国趁火打劫,大王您不认为犯了战略上的错误吗?

"秦王大仁大义,非常敬佩大王您的才德,希望与楚国发展睦邻友好关系。秦、楚山水相连,何必干戈相向呢?大王若真的能够听从小臣的话,与秦国交换人质,结为亲密的兄弟之国,永不反目成仇,秦王将把自己的爱女送给大王,侍奉在大王左右,并以万户陪嫁。这可是对楚国大有益处的事啊!何况现在苏秦已死,合纵联盟已经土崩瓦解,根本成不了气候,大王何必以鸡蛋碰石头呢!"

经张仪一阵花言巧语和威胁利诱,楚怀王同意与秦国连横。他派出一个庞大的外交使团,分乘一百辆车,带着骇鸡犀、夜光璧等珍贵的礼品去见秦王,与秦国签订了连横协议。

楚怀王以为与秦连横,就可以高枕无忧了。实际上秦国一刻也没有忘记楚国这块肥肉,只不过是想暂时稳住楚国,腾出手来对付其他诸侯。秦昭王即位后大举伐楚,一举攻下了八座城池。然后写了封信给楚怀王,说秦、楚之间产生了一些误会,发生了不愉快的事情,希望与怀王在武关举行首脑会晤,以消除隔阂、重修旧好。楚怀王接到信后,拿不定主意:去吧,担心受骗;不去吧,又害怕秦王发怒。最后,楚怀王不听屈原等人的劝阻,听信了子兰等人的话,去会见秦昭王。秦昭王其实根本没有去武关,而是让一位将军假扮自己;并在武关埋伏下重兵,楚怀王一到立刻闭关,将他绑架到咸阳。楚怀王就这样做了秦国的阶下囚。秦昭王强迫楚怀王以藩臣之礼朝见自己,楚怀王不从,秦昭王就把他扣押在秦国,要挟楚国割让巫郡、黔中一带的土地给秦国,并向秦王称臣。

楚国的大臣见势不妙,立即从齐国召回太子,将其立为新君。然后派人去告诉秦王:"楚国已经有国君了。"秦昭王见没有人来赎楚怀王,预期的目的没有达到,就派大军从武关出发进攻楚国,又夺得十六座城。

楚怀王虽被扣留在秦国,但失去了价值,看守便慢慢松懈起来。有一天,楚怀王居然逃出了咸阳。他本打算逃往楚国边境,但秦王发现他逃脱以后,立即下令封锁秦、楚边境,严加盘查。楚怀王只得向北跑,到了赵国边境,但赵王怕得罪秦王,不敢让他入境。楚怀王又饥又渴,衣衫褴褛,已经快没有力气了。他又挣扎着向魏国边境跑去,此时秦兵赶了上来,把他抓了回去。

经过这一番折腾,楚怀王已经劳苦不堪,骨瘦如柴,不久就死在秦国。一代昏君就这样做了他乡之鬼。

三、大棒与胡萝卜

张仪说服了魏国、楚国与秦国连横,消除了秦的隐忧以后,又马不停蹄地周旋于韩、齐、赵、燕诸国之间,进行"穿梭外交",劝诸国放弃孤立秦国的政策,脱离纵约,与秦国友好,实行连横。

他首先来到韩国,对韩王说:

"韩国地势险恶,到处都是崇山峻岭,生产的粮食只有豆类,连小麦都无法种植。老百姓吃的大抵都是豆饭、豆叶粥,遇上灾荒连糟糠都吃不上。韩国疆域不满九百里,储备的粮食不够两年食用。估计大王的军队总数不会超过三十万人,除去养马、煮饭及防守徼、亭、障、塞的人,剩下真正有战斗力的不会超过二十万人。

"那些主张合纵的人花言巧语,自我吹嘘,说什么听了他们的计策就可以称霸天下,这是极其不负责任的。大王试想,这样的实力,能够抵挡秦王的百万雄师吗? 当今天下,秦国是唯一的超级大国,哪个国家先归顺,哪个国家就平安无事;否则,就离危亡不远了。

"秦国最感兴趣的是削弱楚国,而韩国是遏制楚国的一支重要力量。当然,并不是说韩国的实力比楚国强,而是从战略位置上看,韩国占据了有利条件。大王归顺秦国,进攻楚国,秦国一定非常高兴。这样韩国既可以从楚国攻占土地,又可以讨得秦国欢心,这是转祸为福的大好事啊!"

韩王本来就对是否坚持合纵抗秦的政策摇摆不定。听了张仪的话,想想韩国是个弱国,与谁对抗都要吃亏,不如依附秦国这个强大的靠山来求生存,就答应成为秦国的附庸。张仪非常顺利地把韩国从纵约中拉了过来。

张仪回到咸阳,秦惠文王赐给他五座城邑,封其为武信君,以奖励他为秦国做出的巨大贡献。但此时还有齐、赵、燕三国没有放弃与秦为敌的政策。因此,张仪在秦国短暂休养后,又来到齐国都城临淄。

齐国是真正有实力与秦国抗衡的少数国家之一。齐王一直有野心称霸天下,想让诸侯称臣。面对秦国的扩张,齐国不愿坐视不理,常常与其他邻国结为盟友,与秦国做对。而秦国与齐国相距甚远,想通过军事威胁的办法迫使齐国就范,就显得鞭长莫及了。因此,事情的成败就全凭张仪一张利嘴了。

张仪对齐国的情况有清醒的认识。所以在推行连横战略的过程中,并不先去齐国游说,而是先将魏国、楚国和韩国拉拢过来,使它们成为秦国的附庸,至少不与秦国为敌。这样,齐国赖以与秦国抗衡的外部力量不复存在,就显得孤立无援了。而且魏、韩等国成为秦国的附庸,相当于秦国的边境扩张到与齐国相邻的地区,秦国直接对齐国进行军事攻击的可能性就形成了。有了这些国家形势的变化,力量的天平渐渐向秦国这边倾斜,游说齐国放弃反秦政策也就容易多了。

尽管齐宣王知道张仪是秦国的说客,但他还是礼貌地接见了张仪,骄傲地对张仪说:"齐国西有强大的赵国与秦国相抗衡,南有韩国、魏国作屏障,背靠大海,地广人多,兵强马壮,即使有一百个秦国,又能把我怎么样?"

张仪见齐宣王有恃无恐的样子,就故意奉承他说:"是的,当今天下,齐国强大,无国堪比。朝廷大臣、宗室亲贵富有,没有战争威胁,安享太平。齐国真是一个王道乐土啊!"

齐宣王听得乐呵呵的,非常得意。张仪接着说道:"不过,为大王出谋划策的人只图一时平安,而不顾万世之利,齐国的太平是不会长久的。"

齐宣王惊问:"此话怎讲?"

张仪说:"大王听信那些主张合纵的人的言论与秦为敌,却没有考察他们究竟可靠不可靠。他们暗中勾结、结党营私,到处宣传合纵政策的优越性,蛊惑人心。实际上,纵约已经分崩离析,大王难道不知道吗?过去齐国与鲁国交战三次,鲁国三次都是赢家,鲁国的处境却日益危险,终于有亡国之祸。为什么打了胜仗却要亡国呢?就因为齐国强大鲁国弱小,两国国力相差悬殊。当今赵国与秦国,就跟齐国与鲁国一样,秦国曾与赵国在黄河、漳水之间交战,赵国两战全胜;又在番吾城下交战，赵国又两战全胜。经过这四次战争，赵国损失了数十万将士，虽然有胜秦之名，但国家还是残破了。为什么呢？因为秦强而赵弱。齐国要是跟秦国交战，即使侥幸取胜，结果不是跟鲁国、赵国一样吗？"

齐宣王虽然觉得张仪的话有些道理，但心中仍然不服气。他不相信情况真的会那样糟，因为秦国毕竟是与六国为敌，而不是只与齐国为敌呀！张仪似乎看出了齐宣王的心思，继续说："我这次来齐国，想给大王通报一个消息。秦国与楚国已经缔结和约，双方互通婚姻结为兄弟之国；韩国奉献宜阳、魏国进献河外，为秦王祝寿，他们甘愿成为秦国的附庸；赵王最近也将在渑池朝见秦王，打算割让河间给秦国，与秦国和好。合纵诸国都放弃了反秦政策，主动与秦讲和。诸侯各国曾经想通过合纵来孤立秦国，现在怎么样呢？秦国反而越来越强大，盟友越来越多，难道大王还要坚持那有名无实的合纵路线，与秦国对抗到底吗？"

这下齐宣王有些动摇了。合纵诸国纷纷倒向秦国一方，齐国孤掌难鸣啊！张仪步步紧逼，以威胁的口气说："大王要是不与秦国改善关系，万一秦王发脾气，指使韩国、魏国进攻齐国的南面，赵国军队渡过黄河、漳水，进攻博关，恐怕即墨和临淄就不是大王的了。到那个时候，大王即使想与秦国言和也不可能了。我是为大王着想，请大王仔细考虑考虑吧！"

事到如今，齐宣王感觉到已经没有退路了。张仪虽然是从秦国利益出发，来做说客，但人家已经将利害关系挑明了，纵约已经成了一纸空文。如今的形势也对齐国不利，周边国家纷纷成了秦国的盟友，万一秦国真的要向齐国开战，齐国不就成了众矢之的吗？想到这里，齐宣王无可奈何地对张仪说："齐国地处海滨，偏僻闭塞，不了解中原情况。多谢先生前来指教，使寡人茅塞顿开，寡人愿意与秦国长期友好。"

　　至此，纵约六国已经有四国退出，成了秦国的盟友。张仪下一个目标是合纵联盟的盟主赵国。

　　由于赵国首先发起合纵抗秦运动，秦国对它恨之入骨，千方百计寻找机会对其加以报复和打击。不过，秦国对纵约的力量心存戒惧，十五年间，基本上没有对赵国发动过战争。当然，苏秦与张仪之间心照不宣的君子协定也起到了一定的作用。苏秦死后，各国之间的形势发生了巨大的变化。经过张仪的努力，几个主要的合纵国都放弃了与秦国为敌的政策，秦国摆脱了孤立的境地，这对赵国极其不利。秦国解决了韩、魏、楚、齐问题以后，就集中力量与赵国为敌，通过“战争边缘政策”迫使赵国归顺。

　　赵肃侯早已去世，当前的国君是赵武灵王。他虽然是一个有远见卓识的君主，但面对压在赵国头上日益迫近的危机，还是有些束手无策。他寝食不安，左思右想也找不到一个摆脱困境的稳妥办法。他听说张仪求见，忙将他召进宫，想听听他要说些什么。

　　张仪从赵武灵王的脸上看出他有沉重的心理压力。在这种情况下，只要再加以威胁、晓以利害，不怕他不低头。因此，张仪略加寒暄，就转入中心话题，说：“大王父子率领天下诸侯对抗秦国，使秦兵不敢走出函谷关，已经有十五年了。大王父子的声威远播天下，敝国君臣恐惧慑服，不得不闭关自守，修补兵器、整治车马、操练骑射、努力耕种、聚集粮草，而不敢轻举妄动。这都是大王父子有意督促的结果啊！”

　　赵武灵王听了张仪这段阴阳怪气的话后，一言不发。张仪接着又说：“现在秦国依靠大王的帮助，已经西收巴蜀，兼并汉中；又将东灭两周，西迁九鼎，占据黄河上的军事重地白马渡。秦国虽然偏僻闭塞，但秦王已经忍气吞声太久了。如今我们秦王有支小小的部队，身披破铠甲、手拿钝兵器，屯驻在渑池之上，打算渡过黄河、越过漳水，据守番吾。现在秦王派我来通知大王，希望在周武王灭纣的那天（甲子日），与大王在邯郸城下一决胜负。"

赵武灵王听后脸色变得苍白。他知道张仪多半是在吹牛，秦、赵之间不可能这么快就发生大的决战，但张仪的话也有几分真实。特别是秦国兼巴蜀、并汉中以后，国力大增，扩张的野心日益膨胀，对赵国来说是一个严重的威胁。张仪这时把口气缓和下来，假意替赵国出主意，说："其实，秦王也知道大王父子并不是有意与秦国为敌，而是听信了苏秦的奸计。苏秦鼓吹合纵，蛊惑诸侯，以是为非，以非为是，想颠覆齐国，最终阴谋败露被五马分尸。像他那种反复无常的小人，根本就不值得相信。合纵联盟不可靠，是显而易见的。现在秦国与楚国已经结为兄弟；韩国、魏国甘愿成为秦国的东方藩臣；齐国也向秦国进献盛产鱼盐的土地，与秦国讲和。这样，就像斩断了赵国的一只右臂。大王试想一下，一个断了右臂的人，众叛亲离，孤立无援，却想与人争斗，不是自不量力吗？现在秦准备派出三路大军，一路切断午道，派人通报齐国，请齐国出兵，渡过清河，在邯郸以东扎营；一路屯驻在成皋，调集韩国、魏国的大军在河外扎营；一路屯驻在渑池。四国相约要同心协力、消灭赵国，然后瓜分您的土地。我不敢隐瞒实情，故先向大王通报一声。"

其实，自从苏秦离开赵国以后，赵国在纵约中的盟主地位已经名存实亡了。诸侯们为了各自的利益，勾心斗角，早已不把赵国放在眼里。特别是东边的齐国，自恃强大，一直在谋求霸主地位，根本不听赵王的命令，甚至出兵攻打赵国。如今，这些不可靠的盟友都站在秦国一边，赵国要对付的就不仅仅是秦国了。赵武灵王觉得张仪的话也有道理，就问："照先生的意思，赵国怎样才能免遭灭顶之灾？"

张仪见赵王有些动摇了，就说："我私下为大王考虑过，大王如果答应去渑池与秦王相会，亲自与秦王缔结和约，我将为大王说情，劝秦王撤军，取消进攻赵国的计划。"

赵武灵王想：也罢，我就去一趟渑池，到时与秦国缔结和约，答应归顺秦国，放弃反秦政策，先度过眼前危机，以后再从长计议。于是他同意了张仪的意见，带上三百辆车去渑池会见秦王，同意与秦连横，并把河间地区割让给秦国。

张仪离开邯郸，来到他"穿梭外交"的最后一站——燕国。

燕国与秦国相距甚远，两国之间没有多大的利害冲突，反而常常受到近邻赵国和齐国的威胁。当初苏秦推行合纵运动，燕国就随了大流，跟着别的国家参加了。而且当时苏秦许诺，只要参加了纵约，大家一致对付秦国，亲如兄弟、互不侵犯。燕王为了免除齐、赵的威胁，就加入了反秦阵线，因此抗秦并不是燕国的初衷。可以说燕国是合纵联盟中反秦愿望最不强烈的国家。

张仪游说燕王，就是利用燕、赵之间的矛盾，在合纵联盟解体、燕国安全受到威胁的情况下，许诺由秦国提供安全保障，把燕国拉进连横阵线。他对燕王说："大王现在最亲近赵国，我就给大王讲一段赵王与代王的故事吧。从前，赵国与代国非常亲密，赵王为了讨好代王，还把自己的姐姐嫁给代王为妻。后来赵王想吞并代国，就邀请代王在句注要塞会面，想害死代王。他叫人做了一个酌酒的金勺，把勺柄做得很长，可以打死人。赵王暗中吩咐厨子说，'我与代王饮酒，当喝得酒酣耳热之时，你就把热汤端上来，趁势浇在代王头上，然后用勺猛击，把他打死。'代王不知是计，毫无防备，欣然赴会。厨子按照赵王的吩咐，将代王的脑浆打得满地都是，代王当场毙命。赵王的姐姐听说弟弟对丈夫下如此毒手，悲痛万分，就磨尖束发用的簪子自杀了。现在赵国还有一个地方叫磨笄山，就是赵王姐姐自杀之处。天下人都知道，大王您一定听说过吧？"

其实，赵王祖先的这些事，燕王比张仪更清楚。他知道张仪话中有话，就礼貌地问："先生不远千里来到敝国，一定有什么指教吧？"

张仪见燕王对自己没有什么敌意，就劝他说："赵王心狠手辣，六亲不认，大王心里非常清楚。赵王真的值得大王亲近吗？赵王曾经兴兵攻打燕国，两次包围燕都要挟大王，燕国割让十座城后他才退兵，大王一定记忆犹新。现在赵王已经在渑池朝见过秦王，还把河间地区献给秦国，与秦国言和，表示归服。如今摆在燕国面前有两条路可以选择。一条路是继续对抗秦国，那样的话，秦国就会出兵云中、九原，驱使赵国进攻燕国，易水和长城就再也不是大王的了。我相信大王不会选择这条路。另一条路就是归服秦国，秦王一定很高兴。燕国有了强大的秦国作靠山，安全就会有保障。况且现在赵国只不过相当于秦国的郡县罢了，没有秦王的指令，谁也不敢损害燕国的一根毫毛。大王西有强秦之援，南无齐、赵之患，利害得失，请大王斟酌！"

燕王本来就不是很想与秦国过不去，听了张仪的一番话，想想别的国家都归服了秦国，自己何必再与秦为敌呢？何况齐、赵两国本来就靠不住，不如投靠秦国，借这个强大的保护伞来对抗它们。因此，他爽快地答应归服秦国，并将常山以东五座城池献给秦王。

张仪凭他那三寸不烂之舌，通过各个击破的手段，终于说服六国放弃反秦立场，与秦连横。此时秦国并没有要求六国尊奉自己为天下共主，改行秦国的政治制度。各国仍然是独立的政治实体，只不过要割让一些土地给秦国，表示不与秦国为敌，以换取安全保障。所以在张仪时代，秦国算是刚刚迈出统一天下、并吞六国的第一步。

张仪连横区别于苏秦合纵的一个显著特点，就是秦国只与各国分别缔结双边和约，而不与六国诸侯（加上秦国共七个）缔结多边和约。这样有一个好处，各国只对秦国有义务，以换取秦国的安全保证，六国之间互相没有义务。这样的话，秦国想进攻哪国，其他诸侯不会多管闲事，甚至会与秦国一道进军，一方面借以讨好秦国，另一方面可以趁火打劫，分取一杯残羹。所以，连横政策对后来秦国消灭六国具有重要的战略意义。

各国诸侯为了自身的眼前利益，经不住张仪的威胁利诱，单独与秦国媾和，实际上是自己撕开了身上的保护网，一个一个往秦国的虎口里钻。它们勾心斗角,不相信联合的力量,妄想以土地换和平,以避免秦国的威胁。但秦国的目标是完全吞并六国,对土地的贪欲越来越大,以致后来六国为了免除灭顶之灾,展开了一场割地竞赛。在战国末期,随着秦国的步步紧逼,各国又掀起了一场声势浩大的贿秦运动和帝秦运动。但诸侯的土地毕竟有限,日割月削,六国的力量逐渐缩小,终于成了秦国的俎上鱼肉,最终亡国丧家。

宋代大文学家苏洵说:"灭六国者,六国也,非秦也。"六国的灭亡,不仅是因为秦国与六国的力量对比悬殊,而且是六国自己把自己一步步地推向了亡国的深渊。

四、空头支票

公元前 317 年,秦国军队越过边境,大举进攻韩国。

这是一次实力相差悬殊的较量。韩国与秦国相比,毕竟势单力薄。此时韩国朝野乱成一团,韩王慌忙召集群臣在宫中议事,研究是战是和。大臣们唯唯诺诺,讨论了几个时辰,也没拿出一个能解燃眉之急的对策。终于,有人提出这样一个方案:"楚国与韩国是友好国家,咱们应该立即派出信使,向楚王求救。楚国地大物博、实力雄厚,秦国虽然强大,也惧它三分。只要楚国出兵,秦兵会不战自退。"这个方案立即得到群臣的喝彩,韩王也大加赞赏。

这时,相国公仲朋从朝班中站出来,向韩王拜了一拜,说:"大王啊,这不是一个救国之策,而是一个亡国之策!"

韩王吃了一惊,群臣们也窃窃私语,议论开来。公仲朋接着说:"大王啊,现在列国纷争,大欺小、强凌弱。各国都在为自己的利益算计别国,所谓的盟国万万依赖不得!"

韩王板着脸问:"照你这么说,咱们只好等死?"

公仲朋上前一步,说:"韩国是一个弱国,即使秦国吞并韩国,对秦国也没有多大好处。据小臣分析,秦国是想借攻打韩国来打击楚国。

大王不如派遣使臣，带上厚礼去找张仪说情，通过他向秦国求和，答应割让一座大城邑给秦国，与秦王约定共同伐楚。这样，既可以解韩国的燃眉之急，又可以从伐楚之役中获取好处，这可是一举两得的好事啊！”

韩王想了想，觉得有道理。于是准备派公仲朋去秦国讲和。

这个消息很快就被楚国的谍报人员探知，汇报给楚王。楚王非常震惊，立即召见陈轸，对他说了事情的严重性，要陈轸出个主意。陈轸听完楚王的介绍，略加思索，不慌不忙地说：“秦国早就对楚国的土地、人口和财富垂涎三尺，如果与韩国联合起来进攻楚国，这是秦国君臣在宗庙烧香祷告而求之不得的事。现在即将成为现实，楚国就要大祸临头了！”

楚王这时已经急红了耳根，迫不及待地催促陈轸说：“寡人知道秦、韩讲和对楚国不利，你有什么应变之策就快说吧！”陈轸见楚王这副模样，觉得好笑。他安慰说：“大王不要惊慌，只要略施小计，我保证秦、韩不和。”楚王听陈轸这么一说，才稍稍恢复了平静。

陈轸献计说：“大王可以命令全国军队进入紧急状态，公开宣布要派兵援救韩国。并做出一副加紧调集军队的样子，让战车在大道上驰来驰去，军队昼夜不停地奔波，造成一种全国总动员的气氛。然后派遣信使，多带些车马钱币去韩国，让韩王相信楚国真的要援救韩国。如此一来，韩国即使不听我们的，也会对我们感恩戴德，一定不会做进攻楚国的先锋；秦、韩貌合心不合，即使秦兵来打，对楚国来说也不是太大的威胁。假如有幸韩国相信了我们，拒绝与秦国媾和，秦国一定会对韩国恨之入骨。韩国自认为有楚国当靠山，一定会轻慢秦国。这样，秦、韩必有一场恶战。我们可以使秦、韩之间兵连祸结，互相削弱，以免除楚国的忧患。”

楚王大喜，立即宣布在全国实行紧急动员，加强戒备，声称将出兵援救韩国。他又立即派遣亲信大臣作为特使，带着车马钱币去见韩王,告诉韩王:"敝国虽小,但已准备全国动员,发兵支援贵国了。希望贵国不要屈服,放心大胆地抵抗秦国的侵略,敝国将与贵国共存亡!"

听了楚国使节的承诺,韩王有些膨胀了:是啊!韩国也是当今七雄之一,我为什么要向秦国屈服?再说楚国是一个强国,有楚国作为后盾,韩国未必会败给秦国!于是,韩王下令取消公仲朋的秦国之行,命令前方军队坚决与秦国对抗到底。

公仲朋正在准备文件,打点行装,即将入秦。听到这个消息后,他大吃一惊,立即进宫求见韩王,对韩王说:"与秦国是和是战,事关韩国的生死存亡,望大王三思而行!"韩王却显得异常轻松,安慰公仲朋说:"爱卿未免言重了吧!以韩国之力,固然难以克敌制胜;现在有楚国的支持,韩、楚共同对敌,未必就不能胜秦。"

公仲朋按捺不住自己的焦虑,抢过话头,有些激动地说:"要是楚国真的与韩国同心,小臣也就无话可说了。可是,目前秦国对韩国的威胁是实实在在的,而楚国的援兵在哪里?雷声很大却不下雨,只怕楚国是虚张声势,口中喊得热闹却按兵不动,另有他图。我们如果把并无实际行动的楚国当作救命的稻草,轻易拒绝与大兵压境的强秦讲和,一定会自食其果,被天下人笑话的!而且楚国与韩国并非兄弟之国,关系并不密切,事先又没有共同对付秦国的盟约,楚国为什么对咱们这么好?大王想过没有?楚国真就那么道德高尚,爱打抱不平吗?依我看,楚国之举是黄鼠狼给鸡拜年,没安好心。因为秦国想进攻楚国,楚王怕我国与秦国联合,所以放出风来,宣称援救韩国。实际上他是希望挑起秦、韩之战,坐收渔人之利。这一定是陈轸的诡计,大王千万不要上当啊!"

韩王这时已经昏了头,哪里听得进公仲朋的忠直谏言!他不耐烦地对公仲朋说:"寡人的主意已定,请你不要再说了。"公仲朋还想苦谏,可是韩王已经起身准备退朝了。公仲朋泪流满面,双膝跪地,移到韩王跟前,拉着韩王的衣角,心急如焚道:"大王啊!您已经派出使臣向秦王通报和谈事宜，而今又反悔，这是欺骗行为，一定会惹怒秦国。大王轻易冒犯强大的秦国，中了楚国使臣的奸计，一定会后悔的！"

韩王大怒：你是什么东西！竟敢教训起我来。他瞪了公仲朋一眼，鼻子"哼"了一声，甩开公仲朋，进了后宫。

秦王得到韩王拒绝与秦国媾和的消息，大怒，立即派军队加紧进攻韩国，双方在岸门决战。韩军阵地土崩瓦解，韩王天天盼望楚国军队从天而降。可是等啊等啊，却不见楚国的一兵一卒。韩国最终损失惨重，不得不屈膝向秦王求和，丢失了大片领土。

楚国靠出卖韩国，摆脱了一次危机。

五、曲线救国

虞卿是赵国著名的游说之士。他也出身于平民家庭，曾经穿着草鞋、背着斗笠会见赵孝成王，推销治国安邦之策。

虞卿第一次游说就大获成功，获得了黄金百镒、白璧一双的赏赐，一下子摆脱了贫穷的生活。

虞卿第二次游说又凯旋而归。赵王任命他为上卿。

公元前260年，秦、赵发生长平之战，赵国惨败，四十万人被秦军活埋。赵王惊慌失措，立即召见大臣虞卿和楼昌商议对策。赵王说："这次长平失利，是我国的奇耻大辱。寡人想整戈束甲再战雪耻，诸君认为如何？"楼昌忙劝止："臣以为再战无益，不如赶快派使者去秦国求和。"

"不行！现在秦国打了胜仗，如果我们这时求和，秦国就会漫天要价，赵国将会比战场上失去更多。"虞卿反对说。

"那该怎么办呢？"赵王没有了主意。

"越是在这种时候，我们越是不能卑躬屈膝。大王可以派信使带着贵重的礼物去楚国和魏国。楚国和魏国贪图大王的财物，肯定会让赵国信使入境。这样，秦国就会产生疑虑，以为诸国又要合纵。这时我们再派和谈使者去媾和，就不会丧权辱国，也容易取得成功！"虞卿献计说。

结果，赵王并没有采纳虞卿的意见，而是匆匆派使者去秦国媾和，可秦王始终不答应。赵王无奈，只好又找来虞卿询问对策。虞卿说："秦国打了胜仗，天下诸侯慑于威势，必定会派人去朝贺。他们见赵国已经在与秦国媾和，就不会派兵来救，秦国就会更加肆无忌惮，加紧进攻赵国。我看不如撤回使者，按我先前提的方案去做。"

就在赵王犹豫不决之时，果然不出虞卿所料，秦国大军加强了攻势，很快打到邯郸城下，将邯郸团团围住。后来由于平原君的努力，争取到魏国、楚国的援军，赵国才免了一场灭顶之灾。

秦国解除了对邯郸的包围以后，赵王以为从此可以高枕无忧了。他派赵郝去秦国，承诺归顺秦王，并准备把六个县割让给秦国，作为和谈条件以换取和平。虞卿知道后忧心忡忡，劝赵王："秦国在战场上没有得到的东西大王却主动奉送，这不等于告诉秦国，只要你发动战争就可以得到土地吗？我看秦王贪得无厌，大王今年给他六个县，到明年秦国还会攻打赵国，到那时一切都无可挽回了！"

赵王觉得虞卿说得有点道理，就一五一十地告诉了赵郝。赵郝说："大王不要听他的。如果不割六座县城给秦国，秦兵明年肯定还会再来进攻，到时候还不是一样割地求和吗？"

"可是，依你的意见割了地，你能保证秦国兵明年不再攻打赵国吗？"赵王耳边回响起虞卿的话，有些犯难。

"这……我可不敢担保。为什么秦王攻赵而不攻韩、魏？也许是大王送给秦王的礼物太轻了，落在韩、魏后面的缘故吧？"赵郝回答。

赵王拿不定主意，又找来虞卿。虞卿说："既然不能保证赵国明年不再受秦国进攻，现在割六个县城给秦国又有什么用？他明年照样来犯，大王又要割地求和，这不是自取灭亡之道吗？依我看，最好不要割地求和。即使秦国来进攻，也不一定能攻下六座县城。赵国即使难以坚守,也不见得会丢掉六座县城。仗打久了,秦军必然疲惫不堪,只能撤军。我们再用六座城来结交诸侯,联合进攻疲惫的秦国,就会把失去的城池从秦国夺回来。现在我国并不太弱,怎么能像韩、魏那样贿赂秦国?今年割一地明年割一城,赵国日益削弱,秦国日益强大。大王的土地有限,秦国的贪欲无穷,必然要把赵国全部吞并才肯罢休!”

割地还是不割地,始终相持不下。正巧大夫楼缓从秦国回来了,赵王立即召他进宫,征求意见。

“秦强赵弱,赵国不是秦国的对手。天下诸侯都是势利之徒,巴不得秦、赵开战两败俱伤,等着瓜分赵国。我看还是赶紧割地求和。”楼缓沉吟了一阵,拐弯抹角地说出了自己的看法。

赵王咬了咬牙,说:“好吧,就按你的意见行事!”

虞卿听说后,大吃一惊,马上去见赵王,说:“千万不能按楼缓说的去做,否则赵国就完了! 我主张不割地求和,是要维护赵国的尊严。现在齐国是秦国的大敌,秦国向赵国要六座县城,大王不如把这六座县城许给齐国。齐国为了得到这些城池,肯定会与赵国一起同心协力进攻秦国。这样大王给齐国的,可以在秦国得到补偿。齐国、赵国对秦国的深仇大恨,就可以报了。同时,也可以向天下诸侯显示大王您并不是庸懦之辈。大王若把割地给齐国的消息传扬出去,我保证齐国、赵国还没有出兵,秦国的使臣便早已带着贵重的礼物来求和了。到那时,大王您就答应与秦国讲和。和谈一成功,韩国、魏国就会主动来巴结赵国,献上贵重的礼物。这样,大王一举可以结交三国,又改变了与秦国的关系,这与割地给秦国屈己求和,不可同日而语啊!”

听了虞卿的分析,赵王茅塞顿开,连称妙计。于是派虞卿到齐国去活动,共商抗秦大计,并把这事在诸侯之间传开,让天下都知道。

秦王听说赵国正在寻求与东方大国齐国结盟,急忙派人到赵国媾和。虞卿还没有从齐国回来,秦王的使节就已经到了邯郸。赵国基本上没有受什么损失,就与秦国签订了和平条约。

为了奖励虞卿的功劳,赵王赏给他一座城。

不久,魏国请求与赵国结为盟友,联合行动。赵王召见虞卿征求意见:"魏王想与赵国结盟,你看这事如何?"

"魏王做得不对!"虞卿的回答出人意料。

"可我还没有答应啊!"赵王忙说。

"那就是大王的不对。"虞卿说。

赵王有些迷惑不解:"魏王要与赵国结盟,你说魏王不对;我没有答应,你又说我不对。魏、赵结盟的事到底是行还是不行?"

虞卿见赵王着急的样子,觉得好笑,回答:"我听说,小国与大国结盟,有好处时是大国占便宜;有差错的话,就是小国承担风险。现在魏国以小国与赵国结盟,自找麻烦;大王以大国而不答应,送上门的好处失去了,所以我说魏王错了,大王也做得不对。我认为既然魏王主动提出结盟,大王不应该拒绝。"

赵王大喜,就接受了魏王的请求,两国结成联盟,秦国因此很久都不敢对赵国动武。

由于虞卿提出的正确外交路线,使赵国寸土未丢,反而在大败之后国家地位有了提升,也改善了与邻国的关系。

第七章　纵横家的生存智慧
——朝秦暮楚

　　干戈扰攘、列国纷争的战国时期，给各类才智之士提供了施展才华的广阔天地。特有的社会文化背景造就了特有的游士阶层。他们靠辩才和智谋去游说诸侯，博取各国君主的信任。这些人与他们所服务的君主之间的关系，往往是靠互相利用来维持的。一旦这种利用价值消失，他们就会被君主抛弃，或者弃君主而去。

　　正如古语所说："天下熙熙，皆为利来；天下攘攘，皆为利往。"这一点，游士出身的范雎深有体会。

　　秦昭王五十一年（前256年），一些人在赵国都城邯郸集会，想建立新的合纵联盟，对付日益东扩的秦国。秦昭王为这件事寝食不安。范雎朝见秦王，对他说："大王不必过虑，区区小事让小臣去处理就是了。"秦昭王将信将疑，忙问有何良策。范雎回答："那些号召合纵的人都是些利欲之徒，秦国与这些人之间并没有什么难解的仇怨。他们之所以纠集在一起相约反秦，实际上是以反秦为幌子求得富贵。就好比大王所养的那些看门狗，它们本来有的卧着，有的站起，有的走动，有的静立，互不干扰、相安无事。但是，一旦丢根骨头在地上，它们就会蜂拥而上，互相撕咬争夺。为什么呢？就是因为眼前的利益啊！所以，大王只要给那些主张合纵抗秦的人一点好处，他们就会作鸟兽散。"

　　秦昭王大喜，立即让唐雎带上乐队和五千斤铜钱，去邯郸西郊大摆宴席，招待那些聚集在邯郸的游士。在宴席上，唐雎对游士们说：

"秦王仰慕诸位的才学,特命我带上一些钱来慰劳大家,请诸位到我这里来领取吧!"那些游士们正穷困潦倒,听说有人送钱来,当然求之不得,都争先恐后地去拿。五千斤铜钱散完之后,主张合纵抗秦的人已走了一半。唐雎回国向秦昭王和范雎复命。范雎命令唐雎再带五千斤铜钱去邯郸,说:"你为秦国谋事,不要考虑用多少钱,要尽量向那些游士们撒钱,收效才大。"于是唐雎又带着重金回到邯郸,五千斤铜钱还没有花完,聚集在邯郸的游士们就为了得钱多少你争我夺,合纵计划就这样烟消云散了。

这些游士往往周旋于列国之间,朝秦暮楚,择君而仕,推销自己的才能和智慧。

一般来说,如果他们一旦被某位君主赏识,就会被破格升迁,得到显爵。但是,他们毕竟来自别国,欣赏他们的君主虽然最初用而不疑,可一旦有人进谗言,他们的地位,甚至生命就岌岌可危了。

因为他们与君主的关系,毕竟只是一种利用关系,用人不疑的君主和忠诚不贰的臣子还是太少了。

一、双面间谍

苏秦为燕国讨回了被齐国侵占的十座城后,回到燕国定居。他智破谗言,成功获得了燕易王的信任,大受恩宠,成了燕易王宫中的常客。慢慢地,苏秦与燕易王的母亲(文公夫人)相识,两人你来我往,私通起来。日子久了,没有不透风的墙,苏秦与文公夫人的关系在燕国成了公开的秘密,事情也传到了燕易王的耳中。但燕易王并不怪罪于他,由于他是母亲的情人,反而更加宠信他。

燕易王越是宽容,苏秦越是感到不安;加之燕国一直有人对苏秦不满,在燕易王面前诽谤他,说他的坏话。因此他在燕国居住,心中老是不踏实,担心被燕易王杀死,或者被政敌谋害。

经过一段时间的深思熟虑后,有一天,苏秦对燕易王说:"先王文公和大王您对我的大恩大德,我今生今世也报答不完,现在我留在燕国,坐享荣华,却不能替大王干点什么事,来提高燕国在诸侯中的地位。齐国是燕国的主要敌人,如果大王让我去齐国,我暗中在齐国做些有利于燕国的事,削弱齐国,诸侯就会重视燕国。"燕易王听了苏秦的主意,觉得还行,就说:"先生决定的事,我愿意听从。"

苏秦毕竟聪明过人,精于世故,他深知作为间谍的巨大危险。他自信自己的才能,暴露身份的可能性不大。但是如果自己服务的对象对自己产生了信任危机,那么自己的死期就到了。

苏秦知道自己在燕国有不少政敌,他们可能会为了个人的恩怨向燕易王进谗言,破坏燕易王对自己的信任,甚至会暗中出卖自己,向齐王告密,说自己在为燕国服务。所以在离开燕国之前,苏秦要把这一切向燕王说清楚,要获得燕王的绝对信任。他上书燕王,说:"我这次到齐国去,早就料到会有人在大王面前诽谤我,所以我要先向大王表明心迹。我要是在齐国富贵了,燕国的大夫们会不信任我;我要是在齐国地位卑贱,他们会觉得我没有本事;我要是受到重用,他们又会妒忌我。齐国对燕国有什么不利,他们会归罪于我;天下诸侯不与齐国为敌,他们又会说我受了齐国的恩惠,善于为齐国出谋划策;天下诸侯与齐国为敌,齐国人将不再信任我,他们就会把我出卖给齐国。我的处境真是左右为难,危如累卵啊!"

燕易王看了苏秦的上书,安慰他说:"先生放心去吧,我一定不会听信别人的谄言。"

有了燕易王的保证,苏秦减少了许多后顾之忧。由于燕王的信任,他在齐国期间,基本没有受到来自燕国方面的危险。

于是,苏秦假装在燕国犯了罪,逃到了齐国。齐王原来就比较欣赏苏秦的才能,就让苏秦在齐国做客卿,为齐国出谋划策。

在齐国,苏秦施展他那外交家兼说客的才能,巩固了齐王对他的信任,逐渐站稳了脚跟。在以后的岁月里,苏秦基本上在齐国度过。

他的身份实际是一个双重间谍：一方面为了换取齐王的信任，他为齐王出了不少点子，收到了一些成效；另一方面，他作为燕国的间谍，在为齐国出谋划策时不失时机地把燕国的利益放在首位。每当齐王要做出不利于燕国的决策时，他就施展自己的辩才加以阻挠，说得齐王心服口服，齐王还以为苏秦真的对齐国一片忠心，在为齐国的长远利益殚精竭虑呢！

燕国与齐国之间的国力相差悬殊，齐国的强大就是对燕国的威胁。消耗齐国的力量，缩小这种差距，是燕国君臣梦寐以求的事。苏秦也一直等待时机实施这个计划。

机会终于来了。齐宣王死后，湣王继位。苏秦早就与这位新王往来甚密，湣王很赞赏苏秦的才能，便把他找来，请他说说如何安排宣王的后事。苏秦趁机劝湣王："为了表达大王您对先王的一片孝心，应该尽齐国所能进行厚葬，让先王在九泉之下也能够体现出大国之君的雄风。"齐湣王果然中计，听信了苏秦的话，大兴土木，为宣王修造高大的陵墓，将许多珍宝拿去陪葬，弄得齐国国库空虚，民怨沸腾。

后来他又对湣王说："齐国既然是个大国，就应该显示出大国的气派，宫殿应该巍峨高大，王家花园应该宽广无边。"湣王是一个昏君，觉得苏秦说得有理，就一一照办。齐湣王成天沉醉在大国梦里，好大喜功，奢侈享乐，荒废政事，齐国国力大大削弱。

从齐湣王继位到苏秦去世，齐国东征西讨，甚至与秦国一起，一个做东帝，一个做西帝，都没有机会侵犯燕国，甚至将齐、燕边境驻扎的军队都撤到其他地方，解除了齐国对燕国的威胁。燕国因此赢得了一段和平发展时期，这不能不归功于苏秦。

随着时间的推移，苏秦与燕王的关系再也没有以前那样密切了。他在齐国生活了多年，由于深得齐王的宠幸，很多大臣对他怀恨在心，必铲除他而后快。加之他恃才傲物、油嘴滑舌，得罪了不少人，树敌太多，这些人时刻密谋如何对付苏秦。于是他们收买了一个亡命之徒，伺机刺杀苏秦。

　　一天，苏秦和往常一样，乘着马车去宫中见齐湣王。行至中途，路旁突然窜出一个人，手持利刃，向苏秦刺去。由于马车正在行进中，苏秦没被刺死，但也受了致命伤。他忍着剧痛叫惊慌失措的车夫继续赶马飞奔，来到王宫前紧急求见齐湣王。齐湣王立即派人四处缉拿凶手，但一点线索也没有。苏秦预感到自己很快就要死了，就对齐湣王说："我就要离开大王西去，希望大王能为我报仇。"齐湣王安慰他："我一定要多派些人尽快抓住凶手，将他处以极刑！"

　　苏秦无力地摇了摇头，对齐湣王笑了笑，说："不，请大王不要兴师动众。大王可以把我拉到大街上，处以五马分尸的刑罚，并发布告示说，苏秦是燕国的奸细，是来齐国捣乱的。这样，刺杀我的人就会主动出来领赏，大王就可以抓住他了。"说完就昏迷不醒了。

　　齐湣王看了看痛苦不堪的苏秦，答应了他的请求。齐湣王派人把苏秦拉到街上五马分尸，并在全国各地张贴告示，宣布苏秦为燕国做事，企图在齐国谋反，现已处以极刑。果然，那名刺客看到告示后喜出望外，就去齐王那里领赏。齐王立即叫人把他抓住，用最残酷的办法处死了他，完成了苏秦报仇的遗愿。

　　燕国人听说刺客被抓住处死了，都赞叹不已："苏先生真是太聪明了！临死时还用如此妙计，让齐王为他报了仇！"

　　毕竟是一代谋略大师，连死也充满了智慧。

二、马屁精与进身术

　　在燕王哙当政期间，燕国与齐国因为一件小事弄得关系非常紧张。燕国人早已领教过齐国的厉害，担心齐国对燕国发动战争，因此，燕国人心惶惶，君臣们寝食不安。

　　正在这时，苏代来到了燕国，他要效法哥哥在燕国碰碰运气。他曾分析过自己在燕国到底有多大的机会。哥哥为了燕国的利益，出谋划策、殚精竭虑，因此燕国人都很感激哥哥。自己是苏秦的弟弟，相信燕王不会把自己拒之门外。再者，燕国与齐国正剑拔弩张，燕王苦于无人替他去化解这种紧张关系，对自己这样的游说之士肯定会刮目相看。果然，燕王听说苏秦的弟弟来了，非常高兴，立即把他请进宫中，向他请教内政外交方面的问题。

苏代先拍了一通燕王的马屁说："我本来是东周一个孤陋寡闻的乡下人，早就听说大王道德高尚、礼贤下士，所以不顾自己愚笨浅薄，丢掉手中的农具来觐见大王。当我走到赵国的邯郸时，听到有人议论大王，比我在东周听到的称誉还高。到了燕国，我有幸亲眼见到大王治理下的燕国，接触到大王的群臣下吏，知道大王真的是当今天下少有的明主啊！"

燕王没想到苏代一开口就奉送给自己一个"明主"称号，真有点不敢相信自己的耳朵。但苏代的话听起来颇为顺耳，他想再从苏代口中多掏一些好听的话出来，就顺口问道："先生所说的天下明主，有什么优点？"

苏代等的就是燕王的这句问话，他立即回答："所谓明主，有一个最大的优点，就是喜欢听别人指责自己的过失，而不愿意别人对自己阿谀逢迎。"苏代暗自思忖：大凡国君都愿意被人称作"明主"，我赠送他一顶"明主"的帽子，他一定会高兴，也就愿意听我对他说什么了。

果然，燕王干咳了两声，收敛了笑容，摆出一副一本正经的样子，将身体向苏代这边侧了侧，问："寡人有什么过失，望先生不吝赐教！"

苏代这下子也不再客套了，直截了当地对燕王说："好吧，我就来说说大王的过失。当今天下的诸侯，齐国和赵国是燕国的敌人，楚国和魏国可是燕国的朋友呀！但大王既不敢对齐国和赵国怎么样，又不与楚国、魏国保持友好关系。这样下去，燕国可就危险了。这可是大王的过失，我要是不说给大王听，就不是忠臣。"

苏代的话正说出了燕王的心病。的确，齐国和赵国是燕国的两个强邻，经常侵犯燕国；但燕国是一个弱国，只好忍气吞声、任人欺负。燕王叹了口气，说："齐国和赵国的确是燕国的敌人，可是说到去攻打他们，我却想都不敢想。"

苏代见燕王想报仇又不敢承认，就说："大王啊，常言道，没有谋人之心，却让人怀疑他，非常危险；有谋人之心，却又让人知道，非常笨拙；还没有采取行动，计划就泄露出去，大祸就将临头。我听说，大王寝不安席、食不甘味，做梦都在想怎样报复齐国，甚至亲自动手缝缀铠甲上的甲片，却说'老天会惩罚齐国'。大王夫人也亲自动手搓穿甲片的绳索，却说'老天会惩罚齐国'。有这种事吗？"

燕王听苏代这样说，只好回答："先生既然有所耳闻，寡人也不敢隐瞒。我对齐国怀有深仇大恨，早在两年前就开始考虑如何复仇。齐国是燕国的敌国，对他进行讨伐是我的本分。只是考虑到燕国国力不足、力量不够，恐怕难以与齐军为敌。先生要是有办法抗齐，寡人愿意把燕国大政托付给先生！"

苏代见燕王已经被自己牵着鼻子走，心中一阵高兴。但是，真的要让他带领燕兵向齐国开战，他可没有这样大的能耐。苏代深知燕、齐之间的力量对比，要战胜齐国只有依靠智慧，在当时纷繁复杂的战国舞台上利用各种矛盾想方设法去削弱齐国，这样燕国才能复仇。因此，苏代提出一个广交朋友、扩大燕国影响的战略："当今天下，有七个互相争战的诸侯国，燕国是其中实力较弱的一个。如果燕国单独与别国交战，往往无法取胜；但如果哪国与燕国结盟，哪国在诸侯中的影响力就会大增。所以燕国与南边的楚国结盟，楚国的影响力就增强；与西边的秦国结盟，秦国的影响力就增强；与中部的韩国、魏国结盟，韩国、魏国的影响力就会增强。与燕国结盟的国家在诸侯中的影响力扩大之后，燕国的地位自然就会上升。所以燕国应该与这些诸侯发展友好关系，以应付齐国的威胁。"

燕王点了点头，同意了苏代的策略。但他还是顾虑重重："齐国国富兵强,燕国不是它的对手呀。"苏代却不那么看,他为燕王做了一番分析,说:"齐王虽说有些小聪明,但刚愎自用,好大喜功。他曾与南方的楚国对峙五年,国库为之空虚;被西边的秦国困扰三年,弄得人民憔悴,士卒疲乏;又与燕国为敌,使燕国损三军、折二将;就这样齐国还不满足,又兴兵与南面的宋国交战,打败了拥有五千辆战车的宋国,并灭了十二个小诸侯国。俗话说,伤敌一千,自损八百。齐王虽然志得意满,但征战则百姓劳苦,长期用兵则兵士疲惫啊!"

虽然燕王认为苏代分析得有理,但还是有点信心不足:"我听说齐国有济水、黄河作为天然屏障,有长城可以阻挡敌人的进攻,因而不容易战胜,是这样的吗?"

苏代笑了笑,给燕王打气:"如果不占天时,虽然有济水、黄河那样的天然屏障,又做得了什么?百姓穷困,士卒疲惫,虽然有长城那样的防御工事,又怎么能抵挡别人的进攻?齐国从前不征调济水以西的百姓服役,目的是防备赵国;不征调黄河以北的百姓服役,目的是防备燕国。现在济水以西、黄河以北的百姓都被征调服役,可见齐国内地已经凋敝不堪了,齐国灭亡指日可待。"

燕王一阵兴奋,恨不得立即发兵去攻打齐国,把齐王抓来碎尸万段。这时苏代却沉住气,不慌不忙地对燕王说:"不过,要灭掉齐国,还得用智取。我听说刚愎自用的国君必然不喜欢深谋远虑;国家将亡,群臣百官必然贪财。大王如果不溺爱亲生儿子、同母弟弟,可以派他们到齐国去做人质,假装向齐王表示友好,使他对燕国放松警惕。并且用金玉财宝收买齐王左右亲近的臣僚,让齐国君臣感激燕国,拼其全力去攻打宋国,等到国力困弊时,大王就可以采取行动、灭齐复仇了!"

燕王感谢苏代为燕国出了个好主意,说:"先生来到敝国,真是天助我也!"

苏代见自己已经完全取得了燕王的信任,来燕国的目的已经达到了,心中非常得意,但脸上并没有表露出来。苏代做出一副为了燕国殚精竭虑的样子,说:"不能制止内乱,则不能抵御外侮。必要时我可以去齐国制造内乱,大王则从外部进攻,不怕齐国不亡!"

燕王大喜,立即赏给苏代许多金珠玉帛,封以高官。苏代在燕国享受的荣华富贵,不亚于其兄苏秦。

不久,燕王果然派自己的儿子去齐国当人质。苏代就让自己的弟弟苏厉也去了齐国,请燕王的儿子代为引荐。齐王正怨恨苏秦对齐国不忠,一听是苏秦的弟弟,大为恼火,就下令把苏厉抓起来。燕王的儿子再三叩头向齐王求饶;加上苏厉也有一张与两个哥哥不相上下的利嘴,说得齐王龙颜大悦,早先的怒气烟消云散,问苏厉愿不愿意在齐国做官。苏厉当然求之不得,于是成为齐国的臣子,却暗中为燕国搜集情报。

后来,苏代以看望燕太子为名,也来到齐国。他的目的是取得齐王的信任,结交齐王身边的宠臣和一些有影响的人物,以实施搞垮齐国的计划。但苏代怕齐王给他吃闭门羹,所以到了齐国以后并没有马上去拜见齐王,而是先带着厚礼去求见齐王面前的红人淳于髡。

淳于髡也是一个颇有才学的人。他对苏氏兄弟的才学早有耳闻,故惺惺相惜,对苏氏兄弟比较敬重。他听说苏代登门拜访,非常高兴,何况人家还带着几大包礼物。他把苏代请进府中,宾主寒暄之后,苏代知道淳于髡喜欢幽默,就给他说了一段卖马人与伯乐的故事:"有一个人去市场上卖骏马,卖了三天也无人问津。他就去找伯乐,对伯乐说,'我有一匹骏马要卖,在市场上卖了三天,可连问一声的人都没有。我知道先生是闻名天下的相马师,人们都相信先生的眼力。我想请先生到市场上去,围着我的马仔细看一看,然后离去时再回头瞧一瞧。当然我不会让先生白跑的。'伯乐就照卖马人的话,去市场上围着那匹马转了转,离开时又看了几眼。果然立刻就有人来买那匹骏马,马价也一下子提高了十倍。我现在想去拜见齐王,却没有人为我引荐,所以特来拜见先生,不知先生能否做我的伯乐?我给先生带来了白璧一双,黄金千镒(一镒相当于二十两),微不足道,就权当先生的马食吧!"

淳于髡被苏代的一番话逗得直乐,心想苏氏兄弟果真名不虚传,就对苏代说:"先生不必客气,我一定在齐王面前替你美言几句!"

在淳于髡的帮助下,苏代得到了齐宣王的信任。苏代常常往来于燕、齐之间,有时替燕王传达使命,有时又替齐王传达使命,成为两国君主身边的红人。

三、游士择主

一个食古不化的国君,往往会断送整个国家。

燕王哙有一个很大的毛病,就是贪图虚名,所以苏代夸他是"明主",他就真的以为自己是贤明之君了。他还想与历史上的尧、舜齐名,千古流芳。不过,要学尧、舜,就得举行禅让,即把王位让给手下的一名贤臣,而不传给自己的儿子。要真这样做,燕王一时又下不了决心,毕竟做国王比做臣子过瘾啊!

燕国的宰相子之是一个工于心计、善于钻营的野心家。他见燕王哙愚蠢昏庸,就暗中罗致党羽,结交亲信,一步一步地把燕国实权揽在自己手中。子之与苏秦是儿女亲家,所以苏代来到燕国后,投奔在子之门下,想靠这棵大树猎取高官厚禄。苏代凭借自己学到的权谋应变之术时常给子之出点子,二人成为生死之交。子之对苏代有求必应,苏代则利用燕王的信任,不失时机地宣传子之是如何能干、如何深得人心。

有一次,苏代从齐国回来,燕王哙召见他,问:"齐宣王这个人怎么样?能不能够称霸诸侯?"

苏代回答:"不可能。"燕王问:"为什么呢?"苏代说:"他不信任自己的大臣。"

苏代想用这个办法让燕王哙对子之加倍信任。果然,燕王哙从此以后更加信任子之，很多国家大事都交给他处理。为了感激苏代，子之送给他很多钱财。后来子之的所作所为，苏代则睁只眼闭只眼。

子之进而开始觊觎燕王的位置，苏代就为他大造舆论，说燕王哙要效法尧、舜行让国之礼，让整个燕国都知道此事，使得燕王哙进退两难。子之暗中让一个叫鹿毛寿的人去试探燕王："大王不如干脆把王位让给子之。人们常说尧帝贤明，就是因为他把天下让给许由。他本来就知道许由不会接受，自己也有了让天下的美名，其实天下还是自己的。现在大王如果把王位让给子之，子之肯定不敢接受。这样，大王就与尧帝齐名了。"燕王听了这个人的话，立即宣布让位给子之。谁知子之也不谦虚，就大摇大摆地坐在燕王的位置上处理国家大事。

燕王虽然让了位，但下面的官吏不是都听子之的使唤，许多人仍然忠于燕国太子。于是子之又派人去对燕王哙说："大禹禅位给伯益，却用他的儿子夏启的亲信做官吏。当大禹年老体衰，真的要把政权交给伯益时，夏启和他的党羽就发动政变杀了伯益，夺得大权。所以后人都说大禹并不是真心想让位给伯益，而是故意让自己的儿子去夺权。现在大王说把王位让给子之，但用的仍然是太子的亲信。这就是名为禅让，实际上是让太子掌权。大王不怕别人说您实际上是想把王位留给自己的儿子吗？"

燕王哙现在一心想做尧舜那样的君主，就下令将食禄三百石以上的官吏全部免职，收缴他们的印信，交给子之。子之正式做了燕王，燕王哙以年老为由不再干预政事，反而向子之称臣。

子之做燕王不到三年，燕国大乱，人心惶惶。将军市被和太子密谋推翻子之。这时有人向齐宣王献计，可以趁机破燕。齐宣王就派人对燕国太子说："听说太子要整顿君臣的大义、端正父子的名位，寡人非常佩服。齐国虽小，愿意听太子的命令！"太子毕竟不谙世事，对错综复杂的国家关系缺乏认识，以为齐王真的要帮他，就急招党羽、聚集徒众，与将军市被一起围攻子之。

但子之早有准备,最终太子和市被惨败被杀。燕国百姓离心离德,士兵没有斗志,边防空虚,城门大开。齐国立即派兵伐燕,所向无敌,很快攻入燕国都城,活捉子之,将其剁成肉酱,并杀了燕王哙。齐王成功地挑起燕国内战,然后以帮助平息内乱为名兴师伐燕,趁火打劫,使燕国元气大伤。

苏代、苏厉兄弟在子之之乱中,态度模棱两可,躲到齐国去了。他们这样做,一是想避开矛盾,免得卷入其中身受其害;二是想置身局外,坐观事态的发展,谁知竟出了这样大的乱子,弄得局势无法控制。苏代原先劝燕王哙设计搞垮齐国,不料被齐国钻了空子,燕国首先被搞垮了。苏氏兄弟现在是有苦难言。

后来齐军撤走,把燕国的大片土地划归齐国的版图。燕国人拥立公子平为燕王,是为燕昭王。由于苏氏兄弟与子之的特殊关系,燕昭王非常怨恨他们。苏氏兄弟很害怕,只好留在齐国,不敢到燕国去。

苏氏兄弟在燕国的这次大动乱之中站错了队,把自己推到了危险的边缘。他们原以为子之会顺利地稳定局势,安坐王位,但事实恰恰相反。在只认帝王血统与亲缘的时代,禅让政治只是一个梦想,要么是野心家借以夺权的幌子,要么就是昏庸帝王的异想天开。不过,这也不能全怪苏氏兄弟。战国时期游士众多,他们往往走出国门,周旋在异国他乡,以获取功名富贵为目的。因此,他们与任用自己的国君并没有完全割不断的感情,二者多半是一种互相利用的关系,谈不上不事二主、舍生取义。因此,在政治漩涡中,很多游士显得圆滑世故,往往趋炎附势,谁最有权势就依附于谁,为谁贡献犬马之力。在你死我活、险象丛生的政治斗争中,游士们的这种生存态度也是出于无奈。他们出入于刀剑之林,周旋于阴谋诡计之间,只有庇护于一棵大树之下,才可能求得相对平安。不过,大树终究会倒,只有具有大智慧的人才能在动荡不安的政治环境中掌握自己的命运。

燕国人怨恨苏代,他只好留在齐国做了寓公。凭着高超的外交手段和游说才能，苏代获得了齐王的赏识，成了齐王的宠臣。

不过，苏代并不是真心替齐王卖命，他不是那种忘恩负义的人，燕国对他的恩惠，他常记在心间。燕国出了那么大的乱子，自己曾经给燕王出的计策不仅没有实现，反而被齐国占了上风，这对他来说也是一种奇耻大辱。他暗下决心，一定要凭自己的力量实现自己的既定目标，为燕国复仇，再次获取燕王的信任；同时也让自己能在青史上留名。

齐国早就想吞并宋国，就派苏代去宋国观察情况，路上途经魏国。魏王知道齐国的计划，非常不满，知道燕国人怨恨苏代，就把他抓了起来，准备送给燕王处置。苏代便暗中派人请齐王援救。齐王派出使臣，先来见苏代，苏代面授机宜，告诉使臣如何应对魏王。

齐国使臣见了魏王，依照苏代的话对魏王说："齐国打算与秦国一起伐宋，并把宋国的土地送给秦王的弟弟泾阳君，秦必然不会接受。为什么呢？秦王并不是不想与齐国搞好关系，并把宋国土地吞并，只是不信任齐王和苏先生，以为这是奸计。现在齐国和魏国关系如此紧张，那就表明齐王没有欺骗秦王。齐国要是与秦国联手灭宋，让泾阳君拥有宋地，这恐怕对魏国不利吧？大王不如放了苏先生，这样秦国就不相信齐国，齐、秦不和，两败俱伤，大王不就可以联合其他诸侯消灭齐国了吗？"

魏王听了使臣的话，果然放了苏代。在当时错综复杂的国际关系中，苏代巧妙地利用各种矛盾化险为夷，使自身转危为安。

苏代来到宋国，还没有回齐国复命齐王就兴兵伐宋了。此时燕昭王虽然对齐国恨之入骨，但苦于齐强燕弱，只好陪着笑脸，对齐王低三下四，还派了一个儿子去齐国做人质。

苏代认为如果齐国真的吞并了宋国，实力会更加强大，不利于燕国报仇雪恨，就暗中给燕昭王写了一封信，说：

"燕国作为一个拥有万辆兵车的国家，却屈尊侍奉齐国，这是很危险的事。何况齐国并不信任大王,反而会更加提防燕国。所以,大王讨好齐国,并没有解除齐国对燕国的威胁。齐国本身就是一个强国,如果再把宋国及楚国的淮北地区兼并,再加上鲁、卫二国,实力就扩大到原来的三倍。一个齐已经够燕国受的了,如果以三个齐国威胁燕国,祸害就更大了。所以我建议大王不要支持齐国伐宋。

"聪明人办事,能够变祸为福,转败为功。大王应该不忘国耻,报仇雪恨。大王不如利用齐王狂妄自大、刚愎自用的弱点,远尊齐国为天下霸主,派使臣和齐国结盟,烧掉诸侯与秦国建立外交关系的信物,大家约定上下二策:上策为诸侯联合进攻秦国,下策为诸侯孤立秦国。秦国受到孤立的威胁,秦王一定深以为忧。秦国五世都称霸诸侯,如今屈居齐国之下,必然会千方百计报复齐国。大王暗中派人去游说秦王,告诉秦王,'燕国、赵国屈膝事齐,甘为之下,本就无利可图。但因为秦王难以信任,只得出此下策。大王为什么不派泾阳君或高陵君这样有影响的人物为信使去联合燕国、赵国?燕国、赵国相信秦国之后,三国结盟,秦为西帝,赵为中帝,燕为北帝,以令诸侯。如果韩、魏不服,由秦国出兵讨伐;齐国不服,由燕、赵出兵讨伐。这样,天下谁敢不服?天下归服,秦国再率领韩、魏二国一起伐齐,归还宋国和楚国淮北的土地。如此,燕国、赵国就会抛弃齐国,尊奉大王。'秦王必然会乐意听从,这样大王就可以结交强大的秦国,报仇雪恨了。"

这封信送到燕昭王手中后,昭王感动不已,说:"我的先王对苏氏有恩,子之之乱后苏氏兄弟离开了燕国,想不到他们还惦记着燕国,为寡人出谋划策,看来燕国要向齐国报仇,非苏氏兄弟不可啊!"于是派人秘密召回苏代,对他厚加恩赏。

苏代对燕王说:"我留在燕国作用不大,还是到齐王身边做官,暗中为燕国服务,这样更好。"燕王想想也有道理,就同意了。

苏代又回到齐国,齐湣王对他信任如初。苏代见伐齐的条件基本成熟了,就请燕王派人去联络赵国。但赵国出于自身利益考虑,不愿意与齐国为敌,赵王还派自己的儿子到齐国去做人质,以取信于齐。苏代担心赵国与齐国结盟会对燕国不利,就在齐王面前说赵国的坏话,谎称赵王准备秘密召回质子,居心叵测,劝齐王派兵守住赵质子,将他软禁,以防他逃跑。齐王果真信了苏代的话。赵王听说自己的儿子被软禁,大怒,与齐国断绝了外交关系。

这一计获得了成功,苏代就派心腹去对燕昭王说:"现在齐国与赵国关系恶化,赵国必定不肯帮助齐国。大王可以趁此机会进攻齐国,我在齐国为大王做内应。"燕昭王得到苏代的情报后,立即发兵进攻齐国的晋城。

齐湣王没想到燕国会对齐国开战,有些手足无措。苏代暗中指使人向齐湣王建议让自己带兵去抵抗燕军。受苏代吩咐的那个人就对齐湣王说:"燕国进攻齐国,是想收复失地。现在燕人在晋城按兵不动,显然是兵力不足、计划不周。大王何不派苏先生为将,率军迎敌呢?苏先生那样有才能,对付小小的燕军不在话下。只要打退燕人,不怕赵国不屈服。"

齐湣王当然不知道苏代是燕国的间谍,他还以为燕昭王怨恨苏代,苏代也一定怨恨燕国,觉得此言有理,就下令让苏代出征。苏代立即去见齐王,假意推辞说:"我不懂兵法,怎么能够带兵打仗?大王还是另外派人去吧!大王派我去迎敌,是白白损失大王的甲兵,还把我送给燕国人啊!要是打不了胜仗,就无法挽回损失了,大王还是三思而后行吧!"苏代越是推辞,齐湣王就越是认为他在谦虚,坚持要派他去,说:"行了,先生放心去吧,一切后果由我负责。"

苏代领兵来到晋城之下,由于他暗中与燕人通消息,把齐国的军事秘密拱手相送,齐军屡战屡败,损失了两万多人。苏代收拾残兵败将守卫阳城,向齐湣王报告说:"大王错误地让我领兵打仗、迎战燕军,现在损兵折将,死伤两万人,我真是死有余辜。我请求大王把我送交司法部门,将我处死。"齐湣王接到报告后,不仅没有怪罪苏代,反而认为责任完全在自己,对苏代的信任丝毫未减。

后来,苏代又送情报给燕王,叫燕王进攻阳城和狸城这两个地方,然后又故技重演,授意亲信去对齐湣王说:"上次苏先生兵败晋城,并不是用兵的错误,而是碰巧燕国占了天时,才侥幸取胜。现在燕人又进攻阳城和狸城,是想再次碰运气。上次苏先生损兵折将,非常内疚。大王要是再派他出征,他必定会将功赎罪,以报答大王的知遇之恩。"

昏庸的齐湣王不知是计,竟听信了这人的话,再次派苏代领兵出征。苏代假意百般推辞,把上次的理由反复向齐湣王说明。但齐湣王主意已定,催促苏代前去应战。苏代就带领齐军与燕人在阳城会战。结果可想而知,燕人大获全胜,杀死齐军三万人。

经过这几次失败,齐国元气大伤,而燕国声威日振。从此齐国君臣之间离心离德,互相猜忌,百姓失望。燕国乘机与秦、赵、魏、韩联合伐齐,燕军统帅乐毅所向披靡,攻下齐国七十余座城池,齐湣王逃出国都,被人杀死。

燕国报了大仇,扬眉吐气。

苏代达到了目的,就与弟弟苏厉一起回到燕国。燕国人非常感激苏氏兄弟,把他们当成英雄,给予他们极高的荣誉,燕王赏给他们许多金玉珠宝,兄弟二人享尽了荣华富贵。

四、金蝉脱壳术

张仪经过多年的"穿梭外交",完成了瓦解合纵联盟、推行连横战略的任务,使诸侯纷纷放弃了反秦政策。秦国不费一兵一卒,就获取了大量土地。张仪兴致勃勃地从燕国赶回秦国,他猜想秦王一定会对自己感激不尽,财宝、爵位、奴仆、美女唾手可得。

但是,张仪还没有回到咸阳,就传来了秦惠文王去世的消息,继承王位的是秦武王。张仪的心一下子凉了半截儿。

秦武王做太子的时候,就看不惯张仪的所作所为,尤其瞧不起张仪的人格。俗话说，一朝天子一朝臣。秦武王当了国君以后，一些大臣由于嫉妒张仪的才智，经常在秦武王面前说张仪的坏话。他们诋毁张仪说："张仪这个人品德败坏，说话不讲信用，做事反复无常，诸侯对他恨之入骨。他在周游列国期间，常常出卖秦国的利益，以讨别人的欢心。大王如果再重用他，恐怕会被天下人耻笑。"听了这些人的话，加之秦武王本来就对张仪有成见，张仪回国后，没有得到任何封赏，秦武王甚至不想召他入朝。

张仪失宠的消息很快便传到诸侯各国，引起一阵恐慌。他们认为张仪这个人都得不到秦王的欢心，张仪对他们做出的承诺又有多大的可信度呢？签订的协议不就成了一纸空文吗？因此，他们有一种受骗的感觉。一些主张合纵的人又开始在列国活动，说服有的国家背叛秦国，诸侯力量又开始重新组合，张仪的连横阵线已经处于崩溃的边缘。

国家形势的这种变化，使秦国内部反对张仪的人又找到了攻击他的口实。他们在秦武王面前说，张仪夸口说六国已经臣服于秦国，怎么如今还有人与我们做对？可见张仪犯了欺君之罪。

在这种情况下，一些胆子较大的诸侯纷纷派使者到秦国，要求张仪给一个说法，当初答应的条件还算数不算数？特别是齐国，公开责备秦国不守信用，要求退还割让的土地，弄得秦王很难堪。

张仪成了众矢之的，不仅秦国人骂他卖国求荣，把事情弄糟了；而且齐、楚等国也非常恨他，想方设法要除掉他。在内外交困的情况下，张仪不得不为自己寻找出路。

秦国是不可能再待下去了，他深知飞鸟尽、良弓藏的道理，商鞅就是前车之鉴。张仪有一段时间闭门谢客，深居简出。一方面，他害怕像苏秦那样遭人暗算；另一方面，他也在想一个全身之策，想避祸远害，平安度过下半生。

一天，张仪去求见秦武王，说："我有一个主意想告诉大王。"秦武王一副爱理不理的样子，道："有什么好主意，你就说吧。"张仪说："都怪臣无能,诸侯各国又开始背叛连横阵线,与秦国做对。我认为为了秦国的王霸大业,应该在诸侯之间制造混乱、挑起不和,这样秦国就可以坐收渔人之利,得到更多的土地。"秦武王表情漠然,说:"好啊,你有什么良策呢?"张仪说:"现在很多诸侯都对我不满,尤其是齐王非常恨我,我走到哪里,齐国必定会进攻哪里。所以我请求大王让我去魏,齐必定出兵进攻魏国。魏、齐交兵,相持不下;大王就可以乘机进攻韩国,进入三川,出兵函谷关,兵临周的都城,周天子一定会把历代相传的祭器拱手献给大王。大王得到代表周朝的祭器,就可以挟持天子,依照地图、文簿核查天下的土地、户口,进而夺取天下。这是改朝换代的兴王大业啊!"

尽管秦武王不喜欢张仪这个人,但张仪也没有做过什么对不起他的事。所以秦武王并不想立即杀掉张仪,只是不想重用他。秦武王觉得张仪讲得有些道理,如果他的计划能够成功,对秦国是有利的。现在张仪主动提出离开秦国,对秦武王来说少了一个隐患。加之现在各国诸侯痛恨张仪,要是把他留在秦国,人们会说自己庇护一个不忠不信的小人,不如让他去魏国,一方面可以转移诸侯的视线,另一方面可以让别人去处置他。于是,秦武王拨给张仪三十辆马车和大量珠宝,让他去魏国活动。

当时,人才的流动非常自由。许多游士朝秦暮楚,今天为这个君主卖命,明天也许又成了另一个君主面前的红人。弃旧投新的情况是很正常的,很难找到一个终生服务于一国的人。如吴起、商鞅、苏秦、苏代、张仪、乐毅、陈轸、甘茂、公孙衍等人,都是在数国为将为相。游士们把择主而仕、择木而栖看成自己的权利,列国君主们也把游士们的投奔和离去看得非常正常。当然也有少数君主对人才采取扼杀政策,或者为我所用,或者加以消灭。游士要是遇上这样的君主,只好自认倒霉。

张仪弃秦至魏,魏王非常高兴,把他当成魏国的救星迎进朝廷。

魏王早就仰慕张仪的才学,心想有了这样一位旷世奇才,看谁还敢再与魏国过不去。他举行了隆重的欢迎仪式,任命张仪为魏国的宰相。

齐王听说张仪在魏国受到重用,非常不满,就派兵进攻魏国,要把张仪捉到齐国去受审。魏王原以为张仪是一颗福星,想不到现在成了灾星,心中非常害怕,就想把张仪打发走,免得引火烧身。

这一切都在张仪的计划之中。张仪找到魏王,对他说:"大王不用担心,我会让齐国乖乖退兵。"魏王将信将疑,没有立即把张仪送走。于是张仪派自己的心腹舍人冯喜到楚国,设法拿到了楚国的"护照",作为楚国的使臣去齐国,对齐王说:"大王非常憎恶张仪,却帮了张仪的大忙。"齐王说:"寡人痛恨张仪这个不讲信义的小人,曾经发誓,张仪在哪里,我就要派兵打到哪里,怎么能说我帮了张仪的大忙呢?"冯喜说:"大王这样做,实际上是使张仪更受秦王信任。"齐王面带疑惑,问:"此话怎讲?"冯喜回答说:"大王有所不知。张仪到魏国前,曾与秦王约定说,'为大王着想,我在东方各国制造混乱,秦国就可以多获取土地。现在齐王非常恨我,我走到哪里,就要打到哪里。所以我请求大王让我去魏国,齐国一定会派兵进攻魏国,齐、魏兵连祸结,相持不下,大王就可以趁机进攻韩国,占领三川,出兵函谷关,长驱直入周都,夺取周朝的祭器,挟持天子,收缴天下的地图与文簿,成就兴王大业。'秦王同意了他的计划,就派他到魏国。现在大王果然派兵伐魏,不是正好中了张仪的奸计吗?而且大王劳师动众,倾财竭力进攻一个友好国家,实际上又在诸侯中树了一个敌人,对齐国没有好处,倒使秦王更相信张仪。"齐王一听,恍然大悟,立即下令撤军。这样,张仪平安地留在了魏国。

张仪从秦国来到魏国,完全是从保护自身安全出发。经过多年的奔波,他尝尽了人间的冷暖辛酸,感觉累了。张仪曾经为秦国立下汗马功劳,到后来还是被抛弃、被冷落,要是不主动离开,说不定连命都保不住。他这时才感觉到自己一生都在追逐的功名利禄,只不过如过眼烟云，是那么捉摸不定、难以持久。所以他虽然在魏国做了宰相，但并没有去执行他曾经向秦武王许诺的要在东方各国之间制造动乱的计划。当时他之所以提出这样一个计划，只不过是想征得秦武王的同意，让他堂而皇之地离开杀机四伏的秦国，以保全性命。要不然的话，他就不会故意派人把自己和秦武王的计划告诉齐王，使齐国退兵了。张仪对魏国的内政外交也很少发表意见，他只是想让人们早点忘掉张仪这个名字，越快越好。

不久以后，张仪死于魏国，带着满腔的失意和一身疲惫离开了人世。不过，张仪并非如战国时期许多游士那样，或死于君主的淫威，或死于政敌的暗箭，他是寿终正寝的。从这一点来说，张仪比商鞅、吴起、苏秦、李斯等人不知高明多少倍。他巧妙地利用自己的智慧，在充满仇恨、嫉妒、阴谋和矛盾的复杂环境中，左右逢源，使自己得以善终。

五、画蛇添足

游士的特征就在于流动。今天为这国献计，明天为那国献策，陈轸就是这样一个典型。

陈轸到底是哪国人，连太史公马迁也说不清楚。有人说他是楚国人，有人说他是三晋人，今天已渺茫难稽了。不过，他侍奉过秦君，还侍奉过楚王，这却是事实。

陈轸得到秦惠文王的信任，常常作为秦国的使臣周旋于诸侯之间。由于他有一颗充满智慧的大脑，诸侯们遇到什么疑难问题，往往都会向他请教。陈轸也乐意结交诸侯，做个人情。

周显王四十六年(前323年)爆发了一场战争。战争的主角是楚国、魏国和齐国。楚王派昭阳为大将，以迅雷不及掩耳之势进攻魏国，在襄陵大破魏军，夺占了八座城池。接着，楚国又调兵攻打齐国。由于楚军是得胜之师，士气旺盛，使承平多时的齐国君臣大为恐慌。正巧这时，陈轸作为秦王的使节，来到了齐都临淄。

齐王早就听说过陈轸足智多谋,喜欢为别人排忧解难,就大胆向他求教。齐王在宫中举行了隆重的欢迎仪式,并设宴为陈轸接风洗尘。席间,齐王虽然摆出笑脸,但君臣脸上笼罩着一层阴影。陈轸早已把这一切看在眼里,他不失时机地问齐王:"大王是否有什么烦恼?"

齐王叹了一口气,将楚、魏之战,楚国得胜,夺占了八座城池,如今又兵临齐国的事一五一十地对陈轸讲了,最后说:"寡人并不畏惧楚国,要是打起仗来齐国未必就不能取胜,只是兵连祸结,齐国的百姓又要遭罪了。"

陈轸见齐王还担忧齐国的百姓,当即拍着胸脯说:"大王不要担忧。小臣这就去楚军中走一趟,为大王退敌。"齐王非常高兴,向陈轸行了个礼,说:"有先生的这句话,寡人就可以高枕无忧了!"

陈轸来到楚军大营,指名要见楚军大将昭阳。昭阳听说是陈轸求见,传令下去不予接待。陈轸让营门卫士进去告诉昭阳,就说陈轸有生死二策要说给将军听。昭阳无奈,下令打开营门,放陈轸进来。

陈轸进营,昭阳早已命手下列队执戈,严阵以待,想给陈轸一个下马威。未等陈轸开口,昭阳先说话了:"先生是秦王的使节,还是齐王的说客?"陈轸先是一愣,随即哈哈大笑,说:"我和将军也算是曾经共过事的老朋友了,听说将军打了胜仗,特地前来向将军祝贺,祝将军百战百胜,加官晋爵!"说完向昭阳行了贺喜之礼。

昭阳脸上稍微有了点笑容,他传令给陈轸看座,夹道执戈的两队甲士也退了下去。两人叙了叙故人之谊,谈得还算投机。陈轸吹捧了一番昭阳的战功,说得他飘飘然。然后,陈轸随口问:"按照楚国的政策,打败敌军,杀死敌将,应该封什么官爵?"昭阳不知陈轸的用意,回答说:"官为上柱国,爵为上执珪。"

陈轸假装不清楚,立即又问:"比上柱国、上执珪更高的官爵是什么?""那就是令尹了。"昭阳脱口而出。"将军目前的官爵是……"陈轸明知故问。"令尹。"昭阳骄傲地回答。"以将军的战功,楚王能否在令尹之上再设一个官爵来奖赏你？"陈轸步步紧逼。

昭阳默然。陈轸笑了："据我所知，楚国的令尹相当于其他国家的相国，处于一人之下万人之上的位置，除了楚王以外，没有谁比他更有权了。将军难道还不满足吗？"

昭阳似乎听出了话外之音。陈轸不让昭阳有答话的机会："我给将军打个比方吧。楚国有一个人，养了几名门客。有一次，他祭祀完祖先，赏酒给门客们喝。但是那点酒如果几个人喝就太少了，一个人喝刚够，怎么办呢？门客们商议，大家分别在地上画蛇，谁先画成酒就归谁。有一个人很快就把蛇画好了，他拿过酒缸，正要开饮，见其他几个尚未画好，就心血来潮，说，'我还可以为蛇画四只脚呢。'可是他的蛇脚尚未画完，另一个人的蛇已经画好了，那人抢过酒缸，说，'蛇本来就没有长脚，你怎么能给它画脚呢？'于是把酒喝了。那个画蛇添足的门客不仅没有得到酒喝，而且成了人们的笑柄。"

听了这个故事，昭阳不禁大笑。陈轸却板起面孔，对昭阳说："将军今日嘲笑别人，只怕日后也会有人嘲笑将军呢！"昭阳收敛笑容，问："此话怎讲？"陈轸说："将军以楚相的身份率军攻打魏国，破军杀将，夺占了八个战略要地，不能不说这是旷世奇功。现在又调集大军，准备攻打齐国，齐王对将军畏之如虎，你有这样的盛名，威震诸侯，应该知足了。令尹之上，再也没有什么官爵可以封赏给你了。古语说，亢龙有悔。战无不胜而不知休止，将会招来杀身之祸，已有的官爵将会归别人所有，就好像画蛇添足一样，望将军三思！"

听了陈轸的话，昭阳不寒而栗。他感激地对陈轸说："没有先生的赐教，昭阳差点误入歧途！"

昭阳立即下令停止进攻齐国，班师回朝。

避免画蛇添足，时刻不忘自我保护，战国时期很多游士都懂得这个道理。

苏秦的弟弟苏厉游说秦将白起息兵，与陈轸游说昭阳有异曲同工之妙。公元前 293 年,秦国的左更(官爵名)白起率军大败韩、魏联军于伊阙,杀死魏将犀武。十一年后,白起已升为大良造(秦国的最高官爵),率军攻占了赵国的蔺城、祁城;次年又攻占了战略要地离石,准备一举灭魏。

秦国的扩张引起了诸侯的惊恐,特别是徒有虚名的"天下共主"周王室,更是惶惶不可终日。韩、魏是周王室与秦国之间的屏障,唇亡齿寒啊!周天王慌忙请来苏厉,商议对策。

苏厉为周天王分析了形势:"白起打败了韩、魏,杀死魏国大将犀武,又进攻赵国,夺取了蔺城、离石和祁城。这家伙不仅巧于用兵,而且似乎得到上天的暗助。现在他又领兵进攻魏国都城大梁,我估计魏军不是他的对手,大梁不久就会陷落。如果大梁失守,成周洛阳将不保。所以,应该设法阻止他。"

听了苏厉的分析,周天王脸都吓白了,他用近乎哀求的口吻催苏厉赶快出个主意。苏厉略加思考,对周天王说:"天王尽管放心,我一定让白起乖乖撤军。"

苏厉来到秦军营中求见白起。由于苏厉的哥哥苏秦闻名天下,白起对苏厉还算客气。白起问苏厉:"先生大驾光临,有什么见教?"苏厉拱了拱手,说:"见教可不敢。不知将军有没有听说过养由基这个人?"白起想了想,说:"没有听说过。"苏厉说:

"养由基是一个楚国人,非常善于射箭。他能够随手张弓,射下远处飞动的蜻蜓。他的射柳功夫尤其绝妙,在百步之外能够射下一片细小的柳叶,百发百中。他的高超箭术博得了人们的喝彩、赞叹。可是有一个人看了养由基的表演,却没有喝彩,只是平淡地说,'确实很会射箭。不过还得跟我学些东西。'养由基认为自己的箭术已练到了极致,听了那人的话很不高兴,对那人说,'人们都说我的箭术天下无双,你却说我还得跟你学,莫非你的箭术比我更高明?你表演给大家看看如何?'那人不慌不忙地说,'我在射箭方面的确不如你。我没有你那样大的力气,不能左手拉弓,像擎起泰山;右手拉弦,像怀抱婴儿。可是我知道,箭射柳叶百发百中,本来是好事;但是如果不因为射得好而趁此罢休,过不了多久,你就会筋疲力尽,弓身不正,箭杆弯曲。到那时,如果你有一发射不中,养由基百发百中的名声就全没了,你就会前功尽弃的!'养由基听了那人的话,立即拜那人为师。他从此韬光养晦,再也不在人们面前表演他的射柳绝活。养由基百步穿柳百发百中的美名,却一直流传至今。"

白起听得入了神。苏厉见他还有兴趣听下去,趁机凑近他的耳根,低声说:"将军难道不想让自己百战百胜的美名流传千古吗?"

"先生这话是什么意思?"白起开始警觉起来。苏厉做出一副对白起推心置腹的样子,说:"将军打败了韩、魏联军,杀死魏将犀武,又北攻赵国,夺取了蔺城、离石、祁城等战略要地,可谓功盖天下,威名远播。现在将军率领秦兵东出伊阙,越过两周,进攻韩国,又去攻打魏都大梁。万一将军一战失利,将会前功尽弃啊!"

苏厉的话击中了白起的心病,他沉默了片刻,问苏厉:"依先生之见,我该怎么办?"

苏厉见白起果然聪明,立即说出了此行的目的:"如果我处在将军的位置,会向秦王告病,停止攻打大梁,撤军回国。"

白起采纳了苏厉的建议,就向秦王打报告说自己身体不适,无法继续指挥作战,请求班师回朝。秦王不知虚实,只好同意了。

六、狐假虎威

陈轸在秦国与张仪多次发生冲突。虽然他一次又一次地逃过了张仪的暗箭,但是,居身险恶之地、陷入是非之争,毕竟不是长久之计。因为陈轸与张仪之间有太多的过节。

开始时,秦惠文王对二人都能兼容,但不久天平发生了倾斜,秦惠文王任命张仪为相国,推行连横战略。张仪拜相,意味着陈轸失宠,张、陈之争胜负已见分晓。陈轸不得不考虑退路，在忠诚与身家性命之间，他选择了后者。

陈轸想到楚王非常欣赏自己的才干，上次代表秦王出使楚国，楚王对自己表达了爱才之意。楚国也许有自己的用武之地吧？他逃出秦国，来到郢都朝见楚怀王。可是楚怀王这次已经对他没有了以往的热情，就像好龙的叶公，陈轸的心凉了半截儿。楚怀王对陈轸说："先生长于应变、擅长舌辩，寡人就委任你一个行人（外交官）之职吧！"陈轸无奈，只好接受了。

有一次，楚王派陈轸出使秦国，途经魏国都城大梁，陈轸想到老友公孙衍，想与他相见，叙叙旧情。

公孙衍也是当时有名的舌辩之士，他此时在魏国做官，住在大梁。听说陈轸想见自己，他想到自己满腹的经纶无处施展，挂个闲职不免有些自卑，羞见故人。于是公孙衍拒绝与陈轸相见。

陈轸对公孙衍的处境有所了解，他叫人带话给公孙衍，说："我陈轸想见你，是无事不登三宝殿。如果你真的执意不想见我，我就只好离开大梁，以后恐怕再难相见了，你可别后悔！"

公孙衍听陈轸这么一说，也就不再拒绝，去见了陈轸。两人叙了叙旧，公孙衍就唉声叹气，满脸愁容。陈轸问："公孙兄为何有吃有喝却不干点事情？是不是你厌倦政务，喜欢清闲？"公孙衍苦笑说："先生此言差矣，我等之人是闲得住的吗？可怜我公孙衍才疏学浅，得不到什么事干，只好借酒消愁，我哪敢厌倦政务呢！"陈轸略加思索，说："我为公孙兄找些事做如何？"

公孙衍将信将疑："那样的话，我得感谢先生了。请问是些什么事？"陈轸笑了笑，故意卖关子，说："公孙兄莫急。最近魏王派使臣李从带着一百辆车出使楚国，公孙兄可曾听说？"公孙衍说："是有那么回事。可这又与我有什么关系？""公孙兄饱读诗书，精通权谋，怎么现在却糊涂了？你可以利用此事大做文章。"陈轸不客气地教训起公孙衍来。"先生批评得有理。可是我还是不明白,这里面有什么文章可做。"公孙衍一脸茫然。

陈轸见公孙衍急得脸通红,摇了摇头,叹了口气,说:"我还是一五一十地跟你说吧。"于是凑近公孙衍耳根,告诉了他自己的想法。公孙衍先是满脸狐疑,接着喜笑颜开,听完陈轸的主意,非常激动,向他深深地鞠了一躬,说:"此计甚妙,如果能够实现,我公孙衍今生今世也不敢忘记先生的大恩大德!"

第二天,公孙衍进宫去面见魏王说:"小臣曾经周游列国,结识了不少君主。特别是燕王和赵王与我关系非常好,几次派人邀请我去访问,对我说,'先生如果有空,请一定来敝国共叙友情。'现在小臣正好没事可做,特来向大王请假。"

魏王听了公孙衍的话,心中盘算开了:想不到公孙衍还真有些来头,我还不能得罪他,而且我正想与燕王、赵王加强联系,公孙衍这样的人大有用处。于是问:"爱卿要去多久?"公孙衍回答:"时间不长,只需十五天就够了。"魏王同意了他的请求。

公孙衍就让人在大庭广众中宣传说,魏王将派自己带着三十辆车出使燕国和赵国,现在正在准备车马,收拾行装即将出发。各国派往驻大梁的外交官听到这个消息后,立即报告各自国君:"魏王已经派李从带着一百辆车出使楚国,现在又派公孙衍带着三十辆车出使燕国、赵国。"

齐王获悉魏王派人进行如此频繁的外交活动,与诸侯加强关系,心头急了。他害怕齐国会被诸侯冷落,陷于孤立,急忙派特使去魏国,对魏国表示友好,并把国事托付给公孙衍。

公孙衍接受齐国的国政后,名声大噪,成了大梁城中的忙人。魏王更是对他刮目相看:想不到公孙衍不仅与燕王、赵王关系密切,而且与齐王也有着非同一般的关系啊!这一定是位天下奇才,应该将他留在魏国。于是,魏王取消了公孙衍的燕、赵之行。

　　燕王、赵王本来与公孙衍并无瓜葛,听说他受到齐王、魏王如此厚爱之后,也把他当成了天下奇才,把国家大事也托付给他。

　　这时李从正在楚国,与楚王约定合纵抗秦。楚王听说燕国、齐国、赵国都把国家大政交给公孙衍决断,心想:既然公孙衍能得到三个大国国君的赏识,他的才能一定不会差。于是,楚王不再理会李从,派人与公孙衍相约,把楚国的大政也交给他处理。

　　公孙衍本来在魏国不受重用,如今却让燕、赵、齐、楚四国捷足先登,魏王心里很不是滋味。他怕邻国之君嘲笑他冷落人才,怕天下人骂他有眼无珠,放着一位天下奇才却让别国利用。于是把公孙衍找来,举行隆重仪式,亲自把魏国的相印挂在公孙衍的腰间。

　　于是公孙衍成了魏、赵、齐、楚、燕五国合纵联盟的纵约长。在陈轸的指点下,公孙衍名重诸侯,成了大梁城中最忙的人。

七、借光有道

　　秦武王有一身大力气,爱争强斗胜,又野心勃勃。大力士任鄙、孟说、乌获都受到他的重用。

　　秦军攻下宜阳后,秦武王与孟说一起到洛阳观周鼎,他突发奇想,要和孟说比试比试谁的力气更大。秦武王双手抓鼎,想把它举起来,可是周鼎千斤,哪里能轻易举得起来?秦武王拼尽全身的力气,把周鼎提过双膝。突然,"哇"的一声,秦武王喷出一口鲜血,周鼎落地砸在他的小腿上,双膝以下的胫骨被砸得粉碎。秦武王就这样一命归天了,他的弟弟昭王继位。向寿、公孙衍、甘茂、樗里子成为主宰秦国内政外交的四大巨头。

　　在秦国的内政外交政策上,四大巨头矛盾重重:向寿主张秦、楚和亲,公孙衍、樗里子主张秦、韩联合,甘茂则主张秦、魏合作。他们彼此之间勾心斗角,互相攻击。

　　宜阳之战后,甘茂从战略角度考虑,主张与韩国和解,将武遂归还给韩国，并遣返被秦军掳掠的宜阳百姓。这样韩国就会对秦国感恩戴德，死心塌地地归附秦国。

甘茂的这一主张，为对他不满的人提供了攻击他的口实。向寿、公孙衍立即去拜见秦昭王，说甘茂把秦国将士用鲜血换来的土地拱手送人，居心叵测。

秦昭王没有相信向寿等人的话，同意了甘茂的意见。但是向寿、公孙衍因此怀恨在心，经常在秦昭王面前说甘茂的坏话。他们别有用心地说："魏国的蒲阪对秦国的东进非常重要，大王何不派甘茂带兵去把它夺过来？"

秦昭王觉得这个主意不错，就命令甘茂带兵去打蒲阪。甘茂本来主张秦国与魏国合作，如今叫他去进攻魏国，心里不太愿意。而且他心里也明白：这是向寿、公孙衍的调虎离山之计，他一旦离开朝廷，自己的命运就掌握在别人的手心里了。

甘茂只好来到前线，硬着头皮与魏兵作战。可是战争屡次失利，打了好几个月，都毫无进展。

这样，向寿、公孙衍又有了口实，他们告诉秦武王："甘茂故意拖延时间，贻误战机，暗中与魏国勾结。"

秦昭王是一个疑心很重的君主，向寿、公孙衍说得活灵活现，他不得不信。秦昭王立即下令召回甘茂，进行调查。欲加之罪，何患无辞？

甘茂害怕了，不敢回咸阳，丢下印信逃走了。

可是，偌大的天下，何处可以安身？韩国、魏国他是不敢去了，楚国、赵国希望也不大，甘茂想到自己的祖国——齐国。游子归故乡，总该受到欢迎吧？可是，自己原本是秦国的大臣，做过一些对不起齐国的事，也许齐王正怀恨在心，如果这样的话，不是自投罗网吗？

想到这里，甘茂放慢了车速，垂头丧气。

这时，东边扬起一阵尘土，只见一队车马飞驰而来，与甘茂的车相遇。对面一辆华丽的车上，一个人探出头来，见了甘茂大声问："这不是秦国左相甘茂大人吗？怎么一个人在此?"甘茂一眼就认出那人正是大名鼎鼎的苏代，于是叹了口气说："苏先生见笑了。我现在是秦国的罪人，正山穷水尽走投无路呢!"

甘茂也算是一代人杰，如今沦落到这步田地，苏代不免升起了一股恻隐之心。他问甘茂现在要去哪里? 甘茂说想去齐国。苏代高兴地说："那好啊! 我们今后可以常见面了!""不过，"甘茂一副愁眉苦脸的样子，"我在齐国没有什么靠山，找不到引荐人啊!"

苏代默然。甘茂灵机一动: 眼前的苏代不是最好的引荐人吗? 于是下车，向苏代行了个礼，说："今天见到苏先生，甘茂三生有幸! 先生有没有听说过贫家姑娘和富家小姐一起纺线织布的故事?"

苏代弄不清甘茂葫芦里卖的什么药，迷惑不解地回答："没听说过。"

甘茂接着说道："有一个穷人家的姑娘，因为家贫买不起火烛，晚上就到富家小姐那里去借光纺线。日子久了，富家小姐就不高兴了，想赶她走。贫家姑娘对富家小姐说，'我家里穷，没钱点灯，所以我常常厚着脸皮，早早赶来为小姐打扫房间，铺好座席，目的就是想借点小姐的余光纺线。小姐的余光照在四壁，不如把它恩赐给我，这对你没有丝毫坏处，反而有好处啊! 小姐为什么赶我走呢?'"

苏代听了这个故事，笑着说："真有意思。甘先生想要我为你做点什么?"甘茂见苏代果然明白，也就不兜圈子了："我得罪了秦王，处境困难，虽然我逃出了秦国，但无处安身。苏先生是齐王身边的红人，我愿意为你扫地铺席效犬马之劳，只希望先生借我一点余光，不要赶我走。"

苏代暗自寻思，自己在齐国势单力薄，如果与甘茂联手对自己也有好处。于是许诺说："甘先生放心，苏某让齐王重用你就是了。"

到了咸阳，苏代面见秦王，办完了公事，秦王设宴款待他。苏代见秦王兴致颇高，瞅了个机会，对秦王说："我在来秦国的途中碰到了甘茂,他是一个能干之人,可不一般呀!他在秦国,历仕惠王、武王和大王您,是三朝元老,在秦国有许多亲信。他在秦国这么多年,对秦国的险隘山川、战略要地了如指掌,大王为什么让他离开秦国呢?"

秦昭王愤愤不平:"甘茂受先王许多重恩,寡人也待他不薄,他却叛逃而去,简直是一个忘恩负义的小人。寡人一定不会放过他的!"

苏代顺水推舟说:"是啊,他要是逃到齐国去,联合齐国、韩国、魏国一道反对秦国,那对大王很不利啊!"

经苏代这么一说,秦昭王才感到问题的严重性。他忙问苏代:"甘茂现在已经逃走了,先生可有什么良策?"

苏代见秦昭王上钩了,就附在他耳边,悄声说:"说实话,我也不希望甘茂来齐国。亡羊补牢,未为迟也。大王何不派一心腹之人,带上钱财去向甘茂赔礼道歉,许诺只要他回秦国,一定授予他高官厚禄,让他做上卿。等他一回到秦国,就把他软禁在槐谷,终生不许他出来。这样,他对秦国就没有什么危害了。"

秦昭王听了,连称妙计,立即派人带上秦国的相印去齐国迎接甘茂,答应只要他回到秦国,就任命他为上卿。但秦昭王的特使把嘴皮都磨破了,甘茂就是不答应回秦国。

苏代从秦国回到齐国,去见齐潘王说:"甘茂是当今少见的奇才,现在滞留在齐国。秦王已经派人带着相印来请他回去,承诺授予他上卿之职。可是甘茂怀念故土愿意为大王效劳,所以推辞不受,大王准备用什么样的尊礼待他呢?大王要是不挽留他,他一定会怨恨大王。像甘茂那样的奇才如果统帅强秦的军队,齐国可就难以对付了。"

齐王听苏代说得有道理,就召见甘茂,拜他为上卿,让他留在齐国做官。

八、急流勇退

范雎做了秦国宰相以后,积极推行自己的"远交近攻"战略思想,获得了一个又一个的成功。秦国以锐不可当之势向东扩张,加快了吞并六国的步伐。

秦昭王四十三年(前264年),秦国围攻韩国的战略要地汾陉,没有费多大的功夫就占领了该地,在靠近黄河北岸之地修筑广武城,作为进一步征服韩国的跳板。韩国西北门户大开。

五年以后,秦昭王用范雎的计谋,施行反间计,使赵王撤去能征善战、足智多谋的老将廉颇的职务,把赵国军队的指挥权交给没有实战经验、只会纸上谈兵的赵括。然后,秦昭王让白起统帅秦兵与赵军决战于长平,秦军大破赵军。为了打击赵国的元气、威慑诸侯,白起下令将投降的四十万赵国士兵全部活埋,制造了中国历史上最为残酷的大屠杀。

长平之战不仅消灭了赵国的有生力量,而且向诸侯表明了"顺我者昌,逆我者亡"的秦国意志。这次战役还使白起成了受人崇拜的英雄。

白起功高,范雎很是不安。当白起准备乘胜攻取赵都邯郸的时候,范雎从自身利益考虑,唆使秦昭王下令白起罢兵,造成白起与范雎不和。

长平战后第二年,秦昭王不顾形势有利于赵国的变化,也不听白起的一再劝阻,派王陵领兵攻赵,结果失败了。秦昭王意欲白起代王陵为将,先派范雎去说服白起,后来又亲自到白起家中,敦促白起出征,都被白起拒绝了。秦昭王气愤地说:"不用白起,我照样会把邯郸夷为平地!"于是他又派王龁代替王陵攻赵。可是僵持了八九个月,秦兵损失惨重,还是没有在战场上捞到好处。

白起听说秦军损失惨重,便对人说:"不听我的话,结果怎样?"这话被人传到秦昭王耳中,秦昭王召见白起,坚决要他去前线。但白起死活不去,秦昭王恼羞成怒,将他逐出咸阳,贬为普通士兵。秦昭王还不解恨,怕他逃出秦国为他人所用;于是派使者赐白起剑,令他自尽,一代名将就这样陨落了。白起之死,范雎难辞其咎。

白起死了,谁来做秦国的大将?范雎想到了自己的恩人郑安平。在范雎的周旋下,郑安平被任命为将,率军攻打赵国。但是,郑安平没有大将的才能,战斗接连失利。郑安平所率两万余秦军陷入赵军的包围之中,弹尽粮绝只好投降。

郑安平降赵对范雎是一次沉重的打击。当初秦昭王看在范雎的面子上,任用郑安平为将军。按照秦国的法律,如果被保荐的人犯了罪,保人也要被判同样轻重的罪,这叫连坐。现在郑安平犯了叛国罪,处罚应该是灭三族,这意味着范雎也要被灭三族。

尽管范雎与秦昭王之间超出了一般的君臣关系,但是秦国朝野上下对郑安平一事仍然议论纷纷。何况秦国是一个重视"法治"的国家,讲究"信赏必罚",范雎怎能例外!人们在公开和私下场合都表示出不满情绪。

秦昭王倒没有对范雎说什么。他怕范雎多心,就发布命令,不准国人议论郑安平一事;否则,与郑安平同罪。

这道严厉的命令果然奏效,舆论慢慢平息下来,再也没有人敢对范雎说三道四了。

仅仅过了两年,又发生了一件关系到范雎政治前途,甚至生死的事情。当初带他入秦的王稽在任河东守时与东方各国私相交接,出卖秦国的利益,被人告发依法处决了。

光是郑安平叛国就够范雎受的了,偏偏又出了一个王稽叛国,这下子范雎就如坐针毡了。秦昭王虽然没有责备范雎,甚至对他还是那么客气;但范雎越来越感到不安,以前的傲气也收敛了许多。

有一次,范雎去见秦昭王,只见秦昭王坐在那里唉声叹气、闷闷不乐。范雎上前问道:"小臣听说,做臣子的应该为主上分忧。现在大王忧郁寡欢,敢问有什么心事?"秦昭王长叹一声,说:"现在秦国危机四伏,诸侯联手对付我们,我们连一个小小的赵国也难以制服,这真是秦国的耻辱。这几年来秦国接连损兵折将，郑安平叛国投敌，王稽又里通外国，白起死后秦国再也没有什么将才了！"

听了秦昭王的话，范雎心里很不是滋味，恨不得找个地缝钻进去。

秦昭王发出这样的感慨，意味着什么，范雎心里比谁都明白，他越来越感觉到自己的辉煌时期就要结束了。商鞅、白起等人不得善终，等待自己的结局又将是什么？

秦国君臣关系的微妙变化，早已被等待出人头地的一位舌辩之士看在眼里，他就是燕国人蔡泽。与同时代的很多游说之士一样，蔡泽精研过舌辩技巧，遍谒过大大小小的诸侯，偏偏没有人赏识他。难道命运真的这样不济？

一天，蔡泽碰到了以善于相面而闻名天下的唐举。唐举曾经给赵国司寇李兑相过面，预言他百日之内将掌握一国大权，后来果真应验了。蔡泽便请唐举也给自己看一看，这一生到底有没有享受荣华富贵的机会。

唐举仔细打量了蔡泽一阵，然后笑着说："我听说圣人不相面……"蔡泽知道唐举在开自己的玩笑，便说："算了吧，富贵是我命中注定了的，我只是想请先生算一算我的命有多长，请先生明示。"

唐举扳了扳手指，说："从现在算起，先生还有四十二年的阳寿。"蔡泽一听大喜，辞别了唐举，对车夫说："我要是能吃上细白面粉，享受美味佳肴，骑上千里马，怀揣黄金印，腰间拴上紫绶带，与君主们拱手作揖，如此美妙的生活即便只有四十二年，也心满意足！"

怀着这样的希望，蔡泽又背起行囊，汲汲奔走于诸侯之间。在赵国，他还没有开口就被驱逐出境；在去韩国、魏国的途中，连烧饭的锅也被人夺去。蔡泽历经艰辛，受尽了人世间的冷眼与嘲笑。正当他走投无路的时候，听说秦相范雎任用的两个亲信都犯了重罪，虽然秦昭王没有责怪范雎，但范雎心中非常不安。

这是一次难得的机会！蔡泽心中一阵狂喜。他要抓住这个千载难逢的机会,去秦国碰碰运气。精明的蔡泽并没有马上去见秦昭王,他要采取迂回战术找到跻身卿相的突破口。这个突破口就是应侯范雎。

蔡泽先在咸阳住了下来,然后放出风声说:"燕国游士蔡泽是当今天下最能言善辩的人,范雎根本不是他的对手。他如果见了秦王,秦国的相位非他莫属!"

这话一传十,十传百,很快就传到了范雎的耳中。范雎火冒三丈:"五帝三王之事、诸子百家之说,我都烂熟于心,天下多少辩士都不是我的对手。这个蔡泽是什么人,如此口出狂言,我定要见识见识!"范雎立即派人把蔡泽找来,要给他一个下马威,让他知道自己不是徒有虚名的无能之辈。

蔡泽见范雎找他,心中暗暗得意:自己的激将法果真见效了,看来自己的运气就要来了。

蔡泽来到相府,见到范雎并不向他磕头,只是拱了拱手,算是打招呼。范雎本来就窝着一肚子火,见蔡泽如此傲慢无礼,气不打一处来,厉声责问:"你在大庭广众之下宣称要夺我相位,有这回事吗?"蔡泽不动声色,回答:"是有这么回事。"范雎火冒三丈:"你有什么能耐,敢口出狂言?"蔡泽也不客气,说:"先生自以为聪明绝顶,怎么这么不明事理?四季交替,秋收冬藏,万物有盛有衰,草木有荣有枯,这是天地间的常则。人生在世,却只希望自己身体健康、耳聪目明、思维敏锐,是这样的吧?"

"是又怎样?"范雎随口回答。

"秉性仁义,行道施德,百姓受其恩泽得到实惠,就会爱戴他、尊敬他,把他像国王一样捧得高高的。这难道不是一个辩智之士的追求吗?"蔡泽咄咄逼人地问范雎。

范雎默然不语。蔡泽见气氛有所缓和,语气也软了下来,说:"安居显位,享受富贵,治理万物井然有序、各循其理。自己则安享天年而不横死，生前百姓爱戴，死后青史留名、功德圆满，这是不是圣人说的吉祥善事？"

范雎不想回答，只略略点了下头。

蔡泽咄咄逼人："如果像秦国的商鞅、楚国的吴起、赵国的文种那样，算得上功德圆满、善始善终吗？"

范雎这才恍然大悟：这家伙真是冲着我来的呢！范雎心里明白，商鞅、吴起、文种都是为国家立过大功的人，但后来都不能颐养天年，未能善终。每每想到他们，范雎就不寒而栗。

但是，范雎自恃才华横溢、辩才出众，他不想对一个无名小卒的说教唯唯诺诺。因此，他狡辩说："那有什么不可以的呢？商鞅辅佐秦孝公，尽心尽力，公而忘私。设严刑以镇压奸邪，用赏罚以革新政治。呕心沥血，甚至不惜欺骗旧友，蒙受恶名，安定了秦国的江山社稷，造福广大百姓，为秦国打败了周围强敌，开拓了千里疆土。吴起辅佐楚悼王，使私不害公，谗不蔽忠，听言不取苟合，决策不取附和，不怕艰险、不避危难。为了使楚国称雄诸侯，自己粉身碎骨在所不辞。文种辅佐越王，主上虽然身受困辱，但忠心耿耿、毫不懈怠；主上虽然濒临灭亡，但竭尽才能不愿离去。成功了而不夸耀，富贵了而不骄怠。像这三个人那样，真是忠义到了极点。所以，君子为大义而死，视死如归，与其屈辱地活着不如光荣地死去。作为一个饱读圣贤书的士人，应该有杀身成仁的大志，见义勇为，虽死无恨。即使像商鞅、吴起、文种那样，又有什么不可以的呢？"说完这一番豪言壮语，范雎心中沾沾自喜。他瞟了一眼蔡泽，心想：看你还有什么话说！

蔡泽见范雎果然名不虚传，确实是舌辩高手，不敢轻视，只好慢慢与他周旋。蔡泽清了清嗓子，不慌不忙地说：

"如果君主圣明，臣子能干，是天下的大福；君主明察，臣子忠直，是国家的大福；父亲慈爱，儿女孝顺，丈夫守信，妻子守节，是家庭的大福。但是，事情往往不是这样。有其臣而无其主，有其子而无其父，有其妻而无其夫的事,历史上还少见吗?

"比干忠心耿耿,却无法挽救殷朝的危亡;伍子胥聪明过人,却不能保全吴国;申生孝可动天,却无法制止晋国动乱。这都是虽有忠臣孝子,而国亡家破的例证呀!

"为什么呢?就是因为没有明君贤父听他们的忠言,自己忠诚只不过是一厢情愿罢了。先生不认为他们很可怜吗?"

范雎喃喃地说:"君子忠君为国,死而无憾……"

蔡泽见范雎的底气有些不足了,心中一阵欢喜。他沉住气,继续趁热打铁,说:"商鞅、吴起和文种这三位贤人,作为臣子是无可挑剔的,忠心为国,成就大功。可是君主又是如何对待他们的呢?一旦龙颜恼怒,就身首异处。如果作为臣子,非要等到死而不得其所才可以立忠成名,那么微子就算不上仁者,孔子不能称为圣人,管仲也不值得推崇了。所以,我觉得一个人要建功立业,应该做到十全十美,身与名俱全是最好不过的了;其次是不得好死却享有美名;最后是名裂而身全。先生认为是这样吗?"

范雎默不作声,虽然他觉得蔡泽说得有理,但不想向一个名不见经传的小人物屈服。不过,范雎的傲气已经消解得无踪无影了。他和颜悦色地对蔡泽说:"时辰不早了,先生先去歇息,过两天咱们再聊。"

在接下来的几天里,范雎的心情久久不能平静。是啊,水满则溢,弦紧则断,是该考虑退路的时候了。他派人把蔡泽请来,要好好听听蔡泽到底有什么高见。

范雎早已备好酒菜,请蔡泽入席,说:"先生远道而来,今天的几杯薄酒聊当为先生洗尘,请先生开怀畅饮!"随后为蔡泽斟满一樽酒,对他说:"上次先生说的商鞅、吴起、文种之事,还没有讲完呢!我想听听先生的下文。"

蔡泽脸上浮现出一丝不易觉察的微笑,他知道范雎为自己洗尘是假问计是真。他端起酒樽,一饮而尽,爽快地说:"先生垂问,蔡某怎敢不竭诚！"

他们的话题很快转到商鞅、吴起、文种身上。蔡泽说："商鞅、吴起、文种这三个人为君尽忠，建功立业，与闳夭事文王、周公辅成王相比怎么样？"

"商鞅、吴起、文种哪能与闳夭、周公相比呢！"范雎脱口而出。

"先生现在所事之主对待功臣，与秦孝公、楚悼王、越王勾践相比又如何呢？"蔡泽冷不丁冒出这样一个问题。

"这……"范雎语塞，有些紧张地说，"我不知道。"

蔡泽轻松一笑，说："我替你回答了吧。先生现在所事之主，对忠臣的亲近程度比不上秦孝公、楚悼王、越王勾践，这一点世人皆知。而先生辅佐君主修内攘外，治国安邦，开疆拓土，与商鞅、吴起、文种相比，又怎么样呢？"

范雎想了想，摇头说："我比不上三位贤人。"

蔡泽见范雎还有自知之明，也就不拐弯抹角了，说："先生目前所事之主并不比秦孝公、楚悼王和勾践对待功臣那样亲近，先生的功绩又不如商鞅、吴起、文种；但是先生所处的官位比三人高得多，所拿的俸禄比三人多得多，私家又比三人富得多，先生如果不功成身退，恐怕将来的祸患比三人大得多吧？我真替先生担心啊！"

范雎还有些犹豫不决，权势地位毕竟是诱人的东西啊！身处高位令人仰慕，呼风唤雨，颐指气使，那是何等的威风啊！而真正能够急流勇退、弃禄位如敝屣的，古今又有几人？蔡泽似乎看透了范雎的心思，是的，贪恋权势是人之通病，看来范雎也未能免俗。蔡泽继续口若悬河，说古道今，想趁机打动范雎，劝他交出相印。他说：

"俗话说得好，太阳升到中天就要西沉，月亮到了满盈就要转亏。万事万物盛极而衰，这是自然规律。所以圣人进退出处，适可而止，这才是常道。现在先生的大仇已报，恩情已偿，为什么还不知与时变化，视富贵如浮云呢？

"苏秦该算一个聪明绝顶的人吧？为什么最终落得个曝尸街头的下场？还不是因为他贪图富贵，不知节制。商鞅为秦孝公制定法令，禁奸本，明赏罚，废井田，开阡陌，劝民耕战，开疆拓地，使秦国国富兵强、无敌于天下，但是在他大功告成之时被五马分尸。白起率秦国数万之师与楚国作战，克鄢郢，烧夷陵，并蜀汉，又越过韩、魏而攻强赵，长平一战赵卒四十万人化为野鬼冤魂。白起一人攻占过敌国七十多座城池，使楚、赵等强国闻秦国的兵威而战栗。结果怎么样呢？一旦他失宠，就被贬为卒伍，赐剑而死。吴起为楚悼王立法，锐意改革，罢无能之人，损不急之官，塞私门之请，变楚国之俗，禁游手之民，精耕战之士，兵震天下，威服诸侯。结果又怎么样呢？楚悼王一死，他就被乱箭穿胸。文种为越王勾践深谋远虑，以亡为存，因辱为荣，卧薪尝胆，励精图治，率四万之士，辅佐勾践复兴越国、成就霸业。结果又怎么样呢？勾践翻脸不认人，文种俯首就戮。

"像这四个人，功成不去，祸至于身，这就是所谓能伸不能屈，能往不能返啊！范蠡就深知飞鸟尽、良弓藏这个道理，功成之后，超然避世，远离宦海，经商致富，身名两全，获得陶朱公的美称。"

蔡泽缓了缓，见范睢听得津津有味，暗自思忖，只要我再略施辩才，不怕他不对我言听计从。想到这里，蔡泽呷了一口酒，又滔滔不绝地说：

"先生大概见过人们投骰子吧？有的人想押大注，一举发财；有的人却想小注分押，慢慢赢钱。您现在身居相位，为秦国出谋划策，足不出户、坐不离席就能制服诸侯，使天下人都慑于秦国的威势。可以说秦国完全达到了目的，先生的功业也登峰造极了。现在正是慢慢享受胜利果实的时候，如果再不急流勇退，商鞅、白起、吴起、文种就是前车之鉴。俗话说，用水作镜子，能够看见自己的面容；用人来作镜子，可以知吉凶。《书经》说，'成功之下，不可久处。'先生何必重蹈那些人的覆辙呢？"

听到这里，范雎额头上直冒冷汗。可怜范雎一生聪明，这下子真有点拿不定主意了。他向蔡泽侧了侧身子，问：“先生的意思是……”

蔡泽费了这么多的口舌，感到有些筋疲力尽，但暗地里为自己鼓劲：“快要成功了，一定要强打精神，不要让自己的努力付诸东流。”他提高了嗓门，继续说：

“先生一定知道伯夷让国的故事吧？先生何不趁此主眷未衰之际，主动交出相印，让位于贤人？先生退下来以后，可以纵情山川，游目岩穴，醉心自然，享受人生。这样先生不仅可以将应侯的封爵世代相传，而且可以像伯夷一样博得清廉的美名，流芳百世，与延陵季子、许由等古代大贤并称。不仅如此，先生脱离宦海风波，悠闲自在，无挂无碍，可以长命百岁；比起商鞅、吴起、白起、文种之徒不得善终，不知要高明多少倍！

“依鄙人之见，先生应该早下决心，不要再犹豫，否则大祸将至。郑安平、王稽之事，先生真的以为主上不计较吗？俗话说，伴君如伴虎。虎能食人，乃其天性。先生您仔细考虑考虑吧！”

范雎毕竟是个聪明绝顶的人，听完蔡泽的一席话，他豁然开朗，对蔡泽又佩服又感激。范雎端起酒樽向蔡泽敬酒，真诚地说：“听君一席话，胜读十年书。先生对范雎的指点，真如拨云雾而见日月。很多人在无穷无尽的贪欲中迷失了方向，范雎不会重蹈覆辙！”

于是，范雎把蔡泽待如上宾，三日一宴，五日一访，两人闭门深谈，情投意合。

过了一段时间，范雎问蔡泽：“依先生之见，谁可以任相国？”蔡泽意味深长地笑而不语。范雎恍然大悟：“我明白了！”

范雎立即进宫，面见秦昭王，说：“小臣今日求见大王，要向大王推荐一位天下奇才！”

秦昭王一惊，范雎平时孤芳自赏，没有听说过他推许什么人，今天是怎么了？

秦昭王漫不经心地应了一声"唔?"范雎迫不及待地说:"有一个从关东来的客人,名叫蔡泽。这人能言善辩,对三王之事、五霸之业、世俗之变无不通晓,大王可以放心地把秦国大政托付给他。小臣见过的人很多,自愧弗如。良才美玉应尽其用,所以不揣冒昧把他推荐给大王。大王如果能对他加以重用,必能成就大业!"

听范雎如此说,秦昭王倒想见识见识这位"天下奇才"。他派人把蔡泽召进宫,同蔡泽交谈了一个时辰,居然非常投机。于是拜蔡泽为客卿,给予他优厚的赏赐。

范雎见蔡泽已经获得秦昭王的信任,就上表称病,请求交还相印,告老归田。秦昭王假意挽留,坚持让他继续担任相国。范雎却声称自己病重,坚决推辞。于是秦昭王接受了范雎的辞呈,拜蔡泽为相国。

范雎卸去政务,安心做自己的应侯去了。

蔡泽在秦国做了几个月的相国,劝秦昭王灭了周室,为秦国做了些实事。但是树大招风,蔡泽一介辩士轻取相位,引起了秦国朝野一些人的忌恨。深知全身保躯之道的蔡泽害怕死无葬身之地,于是称病辞去相国之职,秦王封他为纲成君。直到秦始皇时他还健在。

虽然世道变迁、人世纷更,但蔡泽如龙游大海、鹤归山林,自在逍遥,避祸远害,得以善终。

范雎和蔡泽之所以能够避免商鞅、文种、吴起等人的悲剧,就在于他们不贪恋权势,见好就收,功成身退。

第八章　战国四公子与门客
——礼贤下士

除了像苏秦、张仪这一类出身平民的游说之士外,战国时期还有一种身份显贵的纵横家。他们或为公子,或有功于国而受封爵,有万贯家财,还有大量封地。他们的共同特点就是礼贤下士,豢养了大量的门客。依靠这些门客,他们往往能在当时的国际舞台上纵横驰骋、左右逢源,其中最有名的就是"战国四公子"。

一、弃儿与才子

孟尝君姓田,名文,是齐国的王族。他的父亲田婴,是齐威王的小儿子,齐宣王的异母弟。田婴做过齐国的宰相,受封于薛(今山东滕州南)。

田婴共有四十多个孩子,田文是他的一个小妾所生。田文的母亲本来就卑贱,偏偏他又出生在一个不吉利的日子——五月初五。当时的人认为,这一天出生的人长到房门一样高以后,男孩将害父亲,女孩将害母亲。因此,田婴极不喜欢这个孩子,叫小妾赶快把他送出去扔掉。可田文的母亲哪里舍得抛弃自己的亲骨肉?她没有听从田婴的话,偷偷地将儿子养了起来。好在田婴有四十多个孩子,他根本分不清谁是谁生的,连孩子们的名字也不能全部叫出来。田文混在兄弟之间,渐渐长大了。

一天,田婴心血来潮,要自己的四十多个孩子一一来见他。轮到田文,田婴问他母亲是谁,他如实回答。田婴又问:"何时出生的?"

"五月初五。"田文随口应道。田婴勃然大怒,立即命人把他母亲找来,怒气冲冲地责问她是怎么回事。田文是丈二和尚摸不着头脑,他忙问母亲,父亲为什么发火。母亲对他讲述了那个古老而可怕的传说。

谁知田文听完以后一点也不惊慌,上前对父亲恭恭敬敬地行了个礼,请父亲息怒,然后问:"一个人的命运到底是上天决定的,还是由房门决定的?"田婴一时答不上来。田文紧接着说:"如果我的命运由上天决定,父亲您老人家就不用担心;如果我的命运由房门决定,您就把房门做得老高,让我永远也长不上去,不就没事了?"田婴见这孩子说得在理,小小年纪如此聪明,顿时转怒为喜,对他格外疼爱,后来又让田文经常陪伴在自己身边。田文经常帮助父亲处理一些疑难问题,显示了过人的才华。

田婴养了许多门客,可他身任相国公务繁忙,无法经常与他们在一起,送往迎来难免有欠周到的地方。眼看田文日渐成人,才智出众,田婴感到自己众多的儿子中只有田文能继承自己的事业,有意让他主持家务、接待宾客。

田文果然不辜负父亲的期望,靠自己的聪敏、机智把家事管理得井井有条;善待宾客,使他们高兴而来满意而去。因此,田家声望日隆,各类人才纷至沓来。在此期间,田文也学到了许多治国安邦之道,为日后纵横捭阖、叱咤风云打下了良好的基础。

慢慢地,天下皆知田家有一个公子叫田文,许多诸侯派人来请求田婴立田文为太子。这正合田婴之意,他便爽快地答应了。田婴死后,田文顺利地继承了家业,成为薛邑的新主人,人们尊称他为孟尝君。

二、狗盗鸡鸣

孟尝君登上政治舞台以后,为了增强自己的政治实力,广招各类人才,各国怀才不遇的人纷纷投到他的门下。即使是那些逃亡的罪犯,只要他真的有本事,来到薛邑都会受到孟尝君的庇护。所以,短时期内,他的门客就达到数千人。不论他们出身贵贱,孟尝君都对他们一视同仁,同吃同住,以增进友情。

有一次,孟尝君陪一位客人用晚餐,有人无意遮住了灯光。客人误认为主人的菜肴比自己的好,所以才遮遮掩掩,非常生气,放下筷子就要辞行。孟尝君立即起身,把饭菜递给客人看。客人见孟尝君的饭菜与自己的完全一样,万分羞愧,便拔剑自刎以表歉意。这件事传出去后,人们对孟尝君更加敬重和仰慕了。

为了笼络门客,使他们对自己忠诚不贰,孟尝君还想尽各种办法解除门客们的后顾之忧。孟尝君接待新宾客,不仅考察他们的才能,还会打听他们的住址,让人在屏风后面记下来,待客人走后,就派人专程去问候他的家属,馈赠财物。常常客人还没有回家,孟尝君的手下便早就来慰问过了。因此,宾客们都觉得孟尝君对自己另眼相看,异常感激,都愿意为他赴汤蹈火。

这时,秦国日益强盛。秦昭王听说孟尝君非常能干,想见见他,便派人来邀请孟尝君,说自己想要见他,实际上是想除掉他,以削弱齐国的势力。孟尝君感到拗不过人家的盛情,想去赴约,多亏苏代极力劝阻,这才没有去。后来齐湣王为了与秦国搞好关系,还是迫使孟尝君出使秦国。

秦昭王见孟尝君虽然身材短小,但气度非凡,加上门客如云,早已心怀嫉恨。秦昭王心想:像孟尝君这样的人如果能为我秦国效力,秦国岂不更加兴旺发达?他当即表示,要把秦国的相印交给孟尝君。

孟尝君哪里肯接受?他极力推辞,而秦昭王执意要给。这时,秦昭王旁边的一个人悄悄扯了一下秦昭王的衣角,秦昭王才罢休。

待孟尝君退下以后,那人对秦昭王说:"孟尝君聪明过人,又是齐国的王族。要是在秦国做宰相,他肯定会处处替齐国着想,那样秦国就危险了。"秦昭王想了想,觉得有理,就再也不提拜相一事。但他也不放孟尝君回齐,而是把他软禁起来,想等时机成熟就把他杀掉。

孟尝君身陷囹圄！这可急坏了他的随从们。他们想尽办法,最后找到秦昭王的一个宠姬,请她向秦昭王求情放了孟尝君。

"可以！"宠姬满口答应,"不过,我曾经见孟尝君穿过一件狐白裘(白狐皮大衣)挺好看的,不知道他舍不舍得割爱？"

那件狐白裘衣的确很漂亮,价值千金,天下就只有这么一件。当时孟尝君已经把它作为见面礼送给秦昭王了,如今到哪里再去弄一件呢？那人回去告诉孟尝君,孟尝君犯难了,后悔当时太大方,如今落到这个地步,只怕再也回不了齐国了。

孟尝君正在唉声叹气,一个擅长"狗盗"(入室偷窃)的门客上前对他说:"先生不要着急,我去秦王宫中将狐白裘拿出来就是了。"当夜,那人装扮成狗的模样爬进宫中,将狐白裘盗了出来。孟尝君大喜,赶快叫人把它送给宠姬。宠姬得到了狐白裘,遂了心愿,就在秦昭王耳边吹枕头风,求他放了孟尝君。秦昭王被美人的软玉温香熏得云里雾里,竟懵里懵懂地签发了过关文书,答应放孟尝君归齐。

接到秦昭王的放行通知后,孟尝君及其随从生怕秦昭王反悔,立即动身,日夜兼程赶往函谷关。为了减少旅途的麻烦,以防不测,他改名换姓,打扮成商人的模样。正好他的一个随从有假造和涂改文书的技能,巧妙地涂改了过关文书上的姓名和内容,孟尝君一行才顺利地闯过了一道又一道的关卡。终于,秦国的东大门——函谷关在望了,过了函谷关就可以脱离虎口。

他们一行人到达函谷关时,正是夜半时分,城门紧闭。按照秦国的规定,要到鸡鸣时才开关。此时离鸡鸣还有好几个时辰。时间就是生命,万一秦昭王反悔派人来追,到时只能束手就擒。

孟尝君急得像热锅上的蚂蚁,祈祷雄鸡赶快报晓。可是光着急有什么用？正在绝望之时,一个门客上前安慰说:"先生不要担心,我有办法让所有的雄鸡叫起来！"于是他惟妙惟肖地扯开嗓子学鸡叫。刚叫了几声,附近人家养的公鸡都跟着叫了起来,"喔喔喔"的声音响成一片。

守关的秦兵被鸡鸣声吵醒,他们奇怪今晚为什么鸡叫得这么早,只得骂骂咧咧地起来开门。他们打着呵欠,借着星光查看了孟尝君一行人的过关文书,就放他们出了关。孟尝君一行人立即快马加鞭,很快就消失在茫茫的夜色之中。

果然,秦昭王下令放他们走后不久就觉得不对劲,立即派兵驾上传递紧急公文的驿站快马,一站接一站地快速追赶。孟尝君一行刚出了函谷关,追兵也赶到了。望着茫茫的夜色,追兵们只好垂头丧气地回去复命。

孟尝君靠着狗盗鸡鸣之徒,得以虎口脱险。当初他接纳这几个门客时,其他门客都不高兴,不愿与他们为伍,可在关键时刻终于派上了用场。从此人们对这几个门客刮目相看,对孟尝君不拘一格延揽人才的行为佩服得五体投地。

三、狡兔三窟

孟尝君差点客死异乡,历尽千辛万苦才回到了齐国。齐湣王觉得过意不去,就让他做了相国。在以后的几十年里,孟尝君深深卷入了当时诸侯之间的纷争之中。他倡导过合纵,经历了多次大起大落,躲过了无数的阴谋、诡计和危难,许多门客仍然忠心耿耿地跟随他,为他献计献策、化解厄运。特别是他的封地——薛邑的民众,在他遭受挫折时也没有抛弃他。这应归功于冯谖的聪明才智。

有一天,一位身挂长剑、脚穿草鞋、衣衫破旧的人来到孟尝君的府上,嚷着要见孟尝君。他就是齐国人冯谖。

孟尝君客气地将他请进府中,问他:"先生远道而来,有何赐教?"冯谖直截了当地说:"我家太穷,生不起火,想到先生府上混碗饭吃。"孟尝君觉得这人有点怪,说不定还有些才能,就收留了他,让他做了下等门客,想着观察一段时间再说。

过了十天,孟尝君问管家:"新来的那个冯谖在干什么?"管家回答:"那人很穷,只有随身带的一把长剑,吃完饭没事就敲着他的长剑唱'长剑啊!长剑!咱们还是回去吧,在这里连鱼也不给吃!'"听了管家的话,孟尝君想,此人莫非真有本事?于是吩咐下去,把冯谖提升为中等宾客,给他鱼吃。

五天以后,孟尝君又找来管家,询问冯谖的情况。管家说,冯谖这几天还是天天敲剑唱歌,只不过歌词内容变了,唱的是"长剑啊!长剑!咱们还是回去吧,出门没有车可坐!"于是孟尝君决定将他的待遇再升一等,给他配备了马车。

可是,仅过了五天,管家就来报告说,冯谖又在敲剑唱歌了,这次唱的是"长剑啊!长剑!咱们还是回去吧,这里无法养家!"

孟尝君很不高兴,只是耐着性子没有发作而已。其他门客也视冯谖为贪得无厌之徒,认为他没有别的本事。过了几天,孟尝君叫人打听冯谖家里还有些什么人,得知他有一老母,就叫人送了些吃穿用品去。从此冯谖不再敲剑唱歌了,但他在孟尝君府上待了一年多,没有出过一次主意。

当时孟尝君正任齐国的宰相,受封万户于薛邑,收入颇为丰厚。但由于豢养了三千食客,耗费很大,渐渐有些捉襟见肘、入不敷出了。他曾经让人在薛邑放债,赚点钱贴补开支,可是人们借钱踊跃,还钱就不那么爽快了。很多人根本就无力偿还,这使孟尝君非常着急,决定找一个人前去讨债。

门客之中不乏多才多艺、能言善辩之士,但讨债这种事谁也没有干过。大家你瞧瞧我,我瞧瞧你,都不愿意去。这时有人推荐说:"冯谖看起来忠厚老实,没有别的本事,收债这种事也做得来。何况他来了这么久,也该为大人出点力。"

孟尝君觉得有道理,就让人把冯谖叫来,对他讲了自己面临的困境,请他务必要把放出去的债连本带息收回来。

"好的。"冯谖也不多说,立即辞行前去薛邑。

冯谖把所有欠债户叫来,费了九牛二虎之力只收回十万钱。于是他自作主张,买了很多好酒、肥牛,大摆宴席,邀请所有的债务人赴会。然后核对借据,凡是能够还钱的,就与他们约定一个期限,到期付清。对于那些因贫穷而实在无力还债的人,就把债券收回来当场烧掉,免除他们的债务。

冯谖对大家说:"孟尝君之所以借钱给你们,是想让你们用这些钱去发展生产,赚更多的钱改善生活。现在孟尝君因为家中开销太大,入不敷出,才叫我来和你们商量,有能力还钱的就请定个偿还期限,确实无力偿还的,也不为难你们,通通免债,一笔勾销。现在孟尝君让我款待你们,你们就开怀畅饮吧!"

听了冯谖的这番话,众人万分感动,跪在地上连连叩头,齐声感谢孟尝君的大恩大德。大家纷纷表示,有这样仁爱的主人真是薛人的福分,今后一定要报答他。

孟尝君听说冯谖不仅没收回欠债,反而用钱大摆宴席,焚烧了债券,非常生气,就立即派人把他召回来,责问他安的是什么心。

冯谖请孟尝君息怒,不慌不忙地说:"是的,我大摆宴席,还烧了债券。但如果我不大摆宴席,欠债人就不会全来,我也就不会认识这些人,弄不清谁富谁穷。对于那些实在无力还债的人,即使天天去讨,等上十年,利上滚利,愈欠愈多,先生的钱还是要不回来。不如主动放弃那些无法收回的空债,给老百姓一个爱民不爱利的印象,让薛邑的百姓更亲附于你,颂扬你的德行,这可是用钱买不回来的啊!"

孟尝君默然。冯谖接着又说:"临行前,你嘱咐我,家中缺什么就买什么。我估量了一下,您的府库中满是珍宝,马厩里骏马充盈,后宫里美女如云,现在只缺一样东西,那就是民心了。我虽然没有把钱带回来,但给您带回了宝贵的民心啊!"

听了冯谖的话,孟尝君想反正债是讨不回来了,也只能如此,就不再说什么了。

孟尝君美名远扬,不免名高震主,诸侯只知齐国有田文,不知有齐王,令齐湣王感到压抑。齐湣王就借故免了孟尝君的相位,让他回薛邑去住。孟尝君只好沮丧地离开都城,回到自己的领地。

走到距薛邑还有一百里左右的路程,孟尝君就看到百姓们扶老携幼,跪在路的两边夹道欢迎他,口口声声称他为大恩人,有的献上美酒,有的呈上佳肴,还有的捧着水果、递上烧饼,请他笑纳。见到如此场面,孟尝君泪流满面,回头对冯谖说:"我今天终于看到了先生为我买的民心,多谢你了!"

冯谖见孟尝君终于认识到自己笼络民心的良苦用心,也很激动。到了薛邑以后,冯谖开始思索如何使孟尝君东山再起。

一天,冯谖朝见孟尝君,对他说:"俗语道,狡猾的兔子应该有三个窟,才能免遭伤害。大人您现在只有薛邑这个地方可以安身,万一有什么不测,就没有退路了。请让我出去活动,再为大人挖两个窟,保你东山再起,官复原职!"于是孟尝君交给冯谖一辆车和大量钱财,让他去试一试。

冯谖先到了秦国,游说秦王:"当今天下之士不入齐则入秦。入齐者欲强齐,入秦者欲强秦。齐、秦两大强国势不两立,谁称雄谁就得天下!"

秦王一听,很感兴趣,忙问:"先生有什么妙计让秦国称雄?"

冯谖并不正面回答,反问秦王:"齐王罢免了孟尝君的官,大王听说过没有?"

秦王迷惑不解:"听说过。可这与秦国有什么关系呢?"

冯谖不慌不忙地说:"使齐国强大,威震天下的人是孟尝君。现在齐王听信谗言,免了他的职,他心中一定很怨恨,或许会背叛齐王。他掌握了齐国的很多机密,又才智过人,门客众多,如果能为秦国所用,齐国不就被掌握在大王的手心里了吗?"

秦王听了非常激动,随后又愁眉苦脸地问:"寡人怎么才能把孟尝君请来呢?"

冯谖见秦王已经上钩,就鼓动他说:"机不可失呀!大王应该尽快派使者带上厚礼,秘密地将他接过来。否则,齐王要是悔悟重新启用孟尝君,谁将称霸天下就难说了。"

于是,秦王立即派人带上十辆车,载着一百镒黄金,日夜兼程,去薛邑邀请孟尝君入秦。

冯谖向秦王告辞以后,抄近路以最快的速度赶回齐国,求见齐王。他把游说秦王的内容又向齐王说了一遍,只是把秦、齐换了一个位置,并装出一副为齐国着想的样子,说:"当今天下,士不入齐则入秦。入齐则齐强,入秦则秦霸。齐强则秦弱,秦强则齐弱,二者势不两立。"然后他凑近齐王的耳边,说:"我有一个确切的消息,秦王已经派使者带着十辆车和一百镒黄金来迎孟尝君入秦。孟尝君不去则已,要是真的去了,他的影响力那样大,对大王您可没有好处啊!"

齐王感到问题严重,一时紧张,不知该怎么办。冯谖见状,进一步劝道:"听说秦王是请孟尝君去做相国,大王何不立即恢复孟尝君的官职,并增加他的封邑向他道歉,这样孟尝君就没有理由去秦国了。"

齐王有些犹豫。冯谖催促说:"大王!秦国的使者已到了齐国的边境,如果不痛下决心,恐怕就来不及了!"

齐王还将信将疑,便派人到边境上去查看,果然看见秦国的使者正朝齐国赶来。那人火速向齐王汇报,齐王这才派人召回孟尝君,宣布恢复他的相位,增加他的封邑和民户。

秦国使者得知孟尝君又受到齐王的重用,只好悻悻地回国去了。

事成之后,冯谖对孟尝君说:"现在'三窟'已成,大人可以高枕无忧了!"

冯谖以自己的聪明才智,凭借孟尝君在诸侯中的威望,巧妙地利用秦、齐两国争霸称雄、夺取人才的欲望,把孟尝君作为一张王牌,在诸侯之间打来打去,使孟尝君的身价不断上升,终于东山再起,地位更加巩固了。

四、跛子与美人头

赵国公子赵胜名列战国四公子之一,也以养士而闻名诸侯,被称为平原君。他历仕赵惠文王和孝成王,官至宰相,但三次罢相,又三次官复原职。三起三落而不倒,这与他利用众门客的集体智慧分不开。

平原君的府第旁有一座民宅,里面住着一位驼背跛脚的人。有一天,那人弓着身子从门洞中钻出来,一瘸一拐地提着水桶去打水,样子很难看。正巧平原君的一位美人站在楼台上观望,见跛子那副滑稽相,忍不住大笑起来。

跛子没有吭声,打完水摇摇晃晃地回去了。

第二天,跛子来到平原君的府上,求见平原君。平原君勉强接待了他,问他有何贵干。"我是来您府上讨一颗美人头的!"跛子也不绕弯子,开门见山地对平原君提出要求。

"哦?"平原君感到奇怪,想弄清事情的原委,就问跛子怎么回事。跛子愤愤不平地说:"我早就听说先生礼贤下士、思贤若渴,各路人才不远千里来投奔您。听说先生爱贤士胜过爱美人,我才慕名而来,与您为邻。我自幼落下病疾,行动不太方便,样子也不太好看。昨天我去打水,您府上的美人竟站在高处看热闹,还当众讥笑我,我要求先生杀了这个美人,以向我道歉!"

听了跛子的话,平原君觉得很好笑,就顺口应道:"好吧,我去查一查,看谁吃了豹子胆敢讥笑你!"待跛子走了以后,平原君对左右的人说:"那跛子也真是,不就笑了几声嘛,就要人家的脑袋,岂不太过分了!"

事后,平原君就把这件事忘了。时间一天一天地过去了,没多久就有人来向平原君辞行,以后三天两头都有门客离平原君而去。不到一年时间,平原君的门客就只剩下一半了。

平原君觉得非常奇怪:"我赵胜对待宾客没有丝毫失礼的地方,怎么这么多人要走?"

这时一个门客上前回答:"就因为先生您舍不得杀那个嘲笑跛子的美人,大家认为您好色胜过爱才,所以只好另择主人。过几天我也要走了。"

平原君这才感觉到事情的严重性,可不能因为一个美人失去众多才士啊!他立即下令杀了那个美人,砍下她的头,亲自提到跛子那里去赔礼道歉。

那位跛子其实也是一位才士,见平原君如此认真,果然爱才士胜过爱美人,非常感动,就主动投到平原君的门下,为他效劳。原先走了的那些门客们听说平原君杀了那个美人,深感平原君确实更看重人才,又纷纷回来了。从此,平原君的名声更大,威望更高了,门客也比以前更多了。

五、毛遂自荐

公元前259年,秦国大军围困了赵国都城邯郸。赵王紧急召见平原君,让他设法向楚国求援,并与楚国结成合纵联盟。

平原君临危受命,深知此行责任重大,关系到赵国的存亡,只能成功不能失败。他召集门客们说:"我这次出使楚国,想带二十个有勇有谋、文武兼备的人一同前去。如果能够轻松地说服楚王与赵国合纵最好;即使不行,也一定要设法让楚王歃血为盟,答应与赵国联合抗秦,否则我们就无脸回赵国。使团的成员不外找,就在你们中间挑选!"

可是挑来挑去,勉强凑够了十九个人,就再也没有符合条件的人选了。平原君叹了口气:"我赵胜养了几千名门客,怎么连二十个文武双全的人都凑不齐呢?"

这时，角落里有一位门客起身走到平原君面前，说："大人如果觉得实在找不出人选，就请拿我凑个数吧！"

平原君并不认识这个人，问："你是谁？"

"下等门客毛遂。"那人回答。

"你来我门下多久了？"平原君问。

"三年。"毛遂回答。

平原君冷笑了一声，说："一个有才能的人，就像铁锥放在口袋里，立即会露出锋芒。你到我门下三年了，我怎么从来没有听人说起过你？恐怕你并没有突出的才能。你不能去楚国，还是待在赵国吧！"

毛遂并不慌张，回答："大人何不把我放进口袋里试试？要是我之前就有进口袋的机会，恐怕早就脱颖而出了！"

平原君见他口气不小，心想反正多一人少一人也无所谓，就让他跟随众人一起去楚国。使团中的其他人原来不相信毛遂有什么本事，一路上，毛遂上到天文地理，下到列国形势，无所不通，渐渐征服了使团的成员。

到了楚国，平原君与楚王展开了艰难的谈判。平原君反复对楚王讲两国合纵抗秦的利害关系，可楚王只是打哈哈，并不表态。从早晨一直谈到正午，都谈不出个所以然。这时，使团成员们想考验考验毛遂，就怂恿他上去进言。

毛遂站起身，手按佩剑，沿着台阶慢慢走到平原君面前，说："赵国和楚国联合抗秦的利害关系，两句话就可以讲完。今天谈了这么长的时间，到底是为什么呢？"

楚王见毛遂上来，就问平原君这是谁。平原君回答说是自己的门客。楚王勃然大怒："我与你家主人正在商议大事，这里是你站的地方吗？还不赶快退下！"

毛遂并不理会楚王的训斥，反而按着佩剑向前跨了几步，走到楚王面前，跪下说："大王对我一顿呵斥，不过是仰仗楚国的强大罢了。

现在我就在你面前,你的性命掌握在我手中,楚国的威力对你有什么用? 当着我家主人的面,你最好对我客气点!"

楚王不再吱声了。毛遂接着说:"商汤只有七十里土地,却做了天下的王;周文王不过百里地盘,却能号令诸侯。难道他们靠的是众多的军队吗? 他们靠的是正确把握形势以壮其威。现在楚国拥有方圆五千里的疆土,雄兵百万,完全有称霸天下的实力,一定能抵挡得了强大的秦国! 可是秦国大将白起这样一个小丑,率数万人马兴师伐楚,一战攻下鄢、郢,二战烧了夷陵,三战侮辱了你的祖先,这可是不共戴天之仇啊! 连我们赵国也为楚国感到羞耻,难道你身为楚王就不知道惭愧吗? 现在赵王派我们来与楚国结成合纵联盟,也是为楚国好,并非只是对赵国有利,你怎么就不明白? 你还当着我家主人的面训斥我,真是岂有此理!"

听了毛遂的一席话,楚王满脸通红,态度马上起了变化,连声说:"先生所言极是! 先生所言极是!"毛遂步步紧逼:"那么,赵、楚合纵抗秦之事就这么定了?"楚王明确回答:"就这么定了。"

毛遂立即叫楚王左右的人取来鸡、狗、马血,先递给楚王喝,又递给平原君喝,然后自己喝,又叫堂下十九个人依次喝,圆满完成了赵国与楚国结盟的任务。

回到赵国后,平原君对这次出使感触颇多。他常对人说:"我见过的才士少说也有成百上千,自信以貌取人八九不离十,对毛先生却看走了眼。毛先生的三寸之舌强于百万之师啊!"他立即提升毛遂为上等门客,有事就虚心向他请教。

楚国与赵国结盟后,楚王派春申君率军救援赵国,魏国的信陵君也带着魏国大军赶来。平原君又接受门客李谈的建议,尽散家财招募敢死队,与秦军展开激战,最终迫使秦军解围而去。

平原君在邯郸保卫战中功勋卓著,有人劝他向赵王请功封赏,但平原君听了门下辩士公孙龙的劝告,没有那样做。于是平原君有功不居、谦恭礼让的美名传遍了天下。

六、侠肝义胆

魏国公子信陵君以礼贤下士、勇于任侠闻名。他是魏安釐王的异母弟,名无忌,被封于信陵。信陵君为人忠厚仁爱,天下才士仰慕他的名德,纷纷投到他的门下。无论贵贱,信陵君都对他们以礼相待,不以富贵骄人,所以很受他们爱戴。因为有信陵君,十多年来没有哪个诸侯敢对魏国用兵。

信陵君的贤名也给他带来不少麻烦,特别是他那个做魏王的哥哥,对他处处提防,怕他抢了自己的王位。有一次,信陵君陪魏王下棋,北方边境突然传来警报,说赵王正领兵向魏国杀过来,快越过边界了。魏王很惊慌,要立即召集王公大臣开会,商议对策。信陵君却从容不迫地说,大王不必紧张,这是赵王在狩猎。魏王将信将疑。过了一阵子,果然传来消息说,赵王是在打猎。魏王十分惊讶,问信陵君是怎么知道的。信陵君随口回答说,他在赵王身边安插有密探,随时报告赵王的行踪。听了信陵君的话,魏王的脸色很难看,后来就再也不敢让他与闻国家大事了。

当时魏国有一个隐士名叫侯嬴,已经七十岁了,家里很穷,在大梁城守东门。信陵君听说这人很有计谋,早想与他结交,就派人送去一份重礼,侯嬴却不肯收,说:"我洁身自好几十年,可不能因为贫穷就随便要人家的东西。"

信陵君并不甘心,就在府中设宴,大会宾客,并给侯嬴也发了请柬。达官大人、贵宾显客都到齐了,只有侯嬴一人未到。于是信陵君让人备好车马,亲自驾车去接,还把左边的尊位留给他。侯嬴见信陵君亲自来接,就理了理破衣旧帽,也不推让,径直上车坐在尊位上。他斜着眼睛瞟了瞟信陵君,只见信陵君恭恭敬敬地为他赶车。到了闹市区,侯嬴突然叫信陵君停车,说:"我有个朋友在市上卖肉,我要去和他谈点事情,请公子把车绕过去。"信陵君立即驾车进了闹市。侯嬴下车后,故意与他的朋友朱亥站着聊了很久,暗中观察信陵君的态度,只见信陵君非常耐心地等着,脸上没有丝毫不满的神情。

这时候,信陵君府上的宾客们已经等了好几个时辰,大家都盼着给信陵君敬酒。市上的人都看见信陵君亲自为侯嬴驾车,信陵君的随从们早等得不耐烦了,但又不便发作,只得在心中暗骂侯嬴不识抬举。

过了很久,侯嬴才向朱亥告别,上了车。到了信陵君的府上,信陵君请侯嬴入上座,并将他一一介绍给宾客,宾客们都很惊奇。

当酒喝得正酣时,信陵君起身向侯嬴祝酒,侯嬴忙起身说道:"我今天太为难公子了!我侯嬴不过是个守门人,公子却屈身在大庭广众之下为我赶车,我侯嬴应该知足了!本来不该再要求公子赶车进闹市,但我见公子真心实意礼贤下士,所以故意下车与朋友闲聊了很久,让公子在车上等着。这样,人们都会觉得我侯嬴是一个不知足的小人,公子是一个谦恭的君子,公子的大名将会更加响亮!"

原来如此!信陵君大喜,宴会后,立即把侯嬴奉为上等门客。侯嬴又向信陵君推荐说:"我的朋友朱亥,是一位很有才智的隐士,危急之时可以委以重任。"信陵君就像请侯嬴那样去请朱亥,但往返多次,朱亥就是不肯来,信陵君觉得非常纳闷。

公元前 260 年,秦国大将白起在长平打败赵国的主力,将投降的四十多万赵军全部活埋。第二年秦国军队包围了赵国都城邯郸,赵国已经危在旦夕。平原君的夫人是信陵君的姐姐,因为有了这层关系,平原君多次给魏王和信陵君写信,请求援兵。魏王决定派将军晋鄙带领十万大军去救赵。就在这时,秦王派使者来威胁魏国说:"秦国很快就会攻破赵国,如果哪个诸侯胆敢救援,待秦国灭了赵国以后就进攻谁。"因此,魏王很害怕,下令晋鄙在邺城待命,不再前进。

平原君见魏国按兵不动,非常生气,就写了一封言辞激烈的信,派人送给信陵君。信中说,我之所以与你家联姻,是仰慕公子的高义,能够救人急难。如今我国都城就要陷落了,多次向魏国求救,都不见援军到来。只怕是虚名吧!公子即使看不起我赵胜,也该为你姐姐想想啊!

信陵君读到这封信后,羞愧难当。他多次恳求魏王下令进军,手下的宾客辩士也在魏王面前磨破了嘴皮,但魏王的回答始终只是两个字:"不行!"

信陵君绝望了。为了自己的一世英名,也为了自己的姐姐,他决定铤而走险,将自己的门客组成一支敢死队,分乘一百辆战车,到赵国去与秦兵拼个你死我活。

行至东门,信陵君下车向侯嬴辞行。谁知侯嬴面无表情,淡淡地说:"公子好自为之吧!侯嬴年老体衰,不能和公子一起去与秦兵拼杀了。"

信陵君闷闷不乐地行了几里路,越想越觉得不是滋味:我待侯嬴不薄,天下无人不知,今天我这一去凶多吉少,侯嬴怎么连一句送行的话也不说?我得回去问个究竟。

信陵君掉转马头,回到城门口,只见侯嬴正在城门前等着他。侯嬴见信陵君回来了,笑着迎上去说:"我早料到公子会回来的!"接着他又说:"公子礼贤下士,名闻天下。现在赵国有难,公子想不出办法就要去跟秦兵拼命,这与拿肉往虎口里投又有什么区别呢?"

信陵君恭恭敬敬地向侯嬴行了个礼,请他指点迷津。侯嬴让信陵君屏退左右,道出了自己的计策:"公子要救赵,手中得有兵权,这就需要调兵的虎符。听说它就放在魏王的卧室里,要是公子能设法把它拿出来,就可以去调晋鄙的兵了。"

信陵君觉得这主意挺好,但怎么才能拿到虎符呢?侯嬴开导说,魏王现在最宠爱如姬,公子曾替如姬报过杀父之仇,她对公子非常感激,愿意为公子赴汤蹈火;你去请她帮忙,她肯定会乐意的。信陵君恍然大悟,就依侯嬴之计而行,顺利地弄到了虎符。

当天,信陵君就出发前往邺城,又一次与侯嬴道别,侯嬴叮嘱他说："将在外，君命有所不受。如果晋鄙见了虎符后，仍不肯交出兵权而向魏王请示，事情就麻烦了。我的朋友朱亥力大无穷，可以叫他与公子一起去。晋鄙爽快地交出兵权，固然皆大欢喜；如果他不交，就让朱亥打死他。"

信陵君听了此言，不禁掉下了眼泪。侯嬴见状问道："公子是不是害怕了？""不是的。晋鄙是员老将，为人精细，肯定不会轻易交出兵权，到时候恐怕只能杀了他，我不忍心啊！"信陵君回答。侯嬴极力安慰信陵君，他才止住了泪。侯嬴把他带到朱亥家中，请朱亥随行。朱亥非常乐意地答应了，并对信陵君说："公子屡次前来慰问我，我之所以不答应做你的门客，是因为我没有什么可以用来报答公子的深情厚谊。现在公子临危赴难，我愿助一臂之力！"

临别时，侯嬴动情地对信陵君说："公子对我有大恩，本应与公子同行，但我年老体衰，走不动了。公子走后，我将计算日期，在你到达邺城的那天，我将面向北方自刎而死，以报答公子的知遇之恩！"

信陵君到了邺城，假借魏王的命令，让晋鄙交出兵权。晋鄙查验了虎符，将信将疑，对信陵君说："我奉魏王的命令，统领十万大军驻扎在边境上，责任重大，怎么你不带一兵一卒就让我交出兵权？"信陵君见晋鄙不想交权，只好暗示朱亥抽出袖中四十斤重的铁锤，把他打死了。

有了兵权，信陵君发布命令：我们现在就向赵国都城邯郸进军。父子都在军中的，父亲可以回家；兄弟都在军中的，哥哥可以回家；家中无兄弟的，可以回家照顾父母。信陵君经过挑选，组成一支八万人的大军，向秦军发动突然袭击。秦军腹背受敌，只好撤离了邯郸。

赵国保住了。赵王和平原君亲自出城迎接信陵君，赵王甚至向他叩拜，平原君手持弓箭为他清道。人们称赞信陵君侠肝义胆，古今无双。信陵君因此名声大振。

就在信陵君夺兵权的那一天，侯嬴果然面向北方自杀了。

信陵君虽然在赵国成了英雄，但魏王对他恨得咬牙切齿。信陵君不敢回魏国，只好在赵国住了下来，这一住就是十年。在赵国期间，信陵君继续招贤纳士。他听说赵国有两个隐士，一个叫毛公，是个赌徒，一个叫薛公，以卖酒为生，就去拜访二人，但二人早已躲得无踪无影了。后来他打听到二人所在，就不再声张，徒步去拜访。他的诚意打动了二人，从此常与二人一起谈古论今，成了好朋友。

秦王听说信陵君没有回魏国，非常高兴，想趁机灭掉魏国，就连年出兵伐魏。魏王这才感觉到信陵君对魏国的重要性，就派人去请信陵君回国。信陵君担心魏王反复无常，不愿回去，并下令不准手下与魏王的使者接触，否则处死。从此再也没有人敢劝信陵君回去。

毛公、薛公知道这个情况后，便对信陵君说："公子之所以在赵国受到尊敬，名闻诸侯，是因为有你的祖国魏国做后盾。现在秦国正在攻打魏国，如果魏国亡了，公子的祖庙被人铲平，公子还有什么面目活在世上？"

二人的话还没说完，信陵君已经恍然大悟，立即吩咐手下人准备车马，启程回国。魏王把上将军的大印亲自交到信陵君的手中，让他统帅魏军抗秦。信陵君遣使向各国求援。由于他的崇高威望，五国诸侯纷纷派兵助战，终于赶走了秦军。

信陵君在魏国受重用，使秦王非常不安。秦王派人带着大量钱财，秘密来到魏国，收买晋鄙的门客，让他们散布谣言，说诸侯只知魏国有信陵君不知还有魏王，将要推举信陵君做魏王。秦国还多次派使者向信陵君祝贺，问他有没有当上魏王。

魏王本来就对信陵君存有戒心，听到这些谣言以后，起初还不太信，后来谣言越传越凶，他就觉得信陵君越来越可疑。终于有一天，魏王再一次罢免了信陵君的官。

这一次，信陵君彻底绝望了。从此他称病不朝，日夜饮酒作乐，四年以后（前243年），就与世长辞了。

信陵君死后，秦国加紧进攻魏国，蚕食土地。十八年以后（前225

年），秦国把魏国吞并了。

七、聪明的代价

楚国宰相春申君也是战国四公子之一。但他发迹并不是靠显赫的门第，而是靠他的谋略、智慧，以及力挽狂澜的汗马功劳。

春申君名叫黄歇，年轻时四处游学，渐渐见多识广，练就了一身才能。楚顷襄王非常赏识他，常派他代表楚国出使他国。

有一次，黄歇刚好出使秦国。这时秦国已经以武力迫使韩国、魏国屈膝求和，又密谋大举伐楚。黄歇了解到这个情况后，立即求见秦王，想劝秦王放弃灭楚的计划。但当时秦国已经夺取了楚国的巫郡、黔中郡，攻下了楚都，迫使楚王迁都到陈县(今河南淮阳)。因此，秦王很看不起楚国，认为楚国可以一举而灭之，所以秦王拒绝接见黄歇。黄歇就给秦王写了一封长信，通过各种渠道送到了秦王手中。

信中说："天下最有实力的国家，就数秦国和楚国了。楚国虽然打了些败仗、丢了些土地，但仍有众多的战士、广阔的国土。如果秦国向楚国开战，这就像两虎相斗，让那些笨狗得利，韩国和魏国正在后面等着呢！俗话说，秋去冬来，物极必反。秦国现在势力之强、疆域之广，这种情形自开天辟地以来简直是见所未见、闻所未闻。大王的威势可以说到了极点了！大王乘摧毁魏国的余威，还想让天下所有的诸侯臣服，恐怕会给自己带来灾祸吧？大王进攻楚国，视韩、魏为可靠的仆从。事实上，韩国、魏国早在成为诸侯以前就言而无信。当初智伯联合韩、魏伐赵，当智伯胜利在望的时候，韩、魏却反戈一击，灭了智伯。前事不忘，后事之师啊！何况韩国、魏国表面上顺服大王，骨子里却对大王恨得要死，巴不得秦、楚开战，以便坐收渔人之利呢！依我看，韩、魏才是秦国的真正敌人，大王何不与楚国修好。秦、楚联合进逼韩国，韩国必定会拱手让出山川之险、黍帛之利，向大王投降，做秦国的附庸。韩国称了臣，魏国难以自保，也必定会主动献上疆土。这样，秦国的东边就与齐国为邻了。齐国慑于大王的声威,也会割地求安。秦国的土地不就跨有两海(西海至东海)了吗? 那时大王再号令天下,谁敢不从? 把燕赵、齐楚分割开来,然后各个击破,谁敢不投降?"

看了黄歇的这封信,秦王茅塞顿开,立即下令停止进攻楚国;并派使者去楚国,送给楚王许多财物,秦、楚结为友好国家。楚国逃过了一次灭顶之灾。

为了保持秦、楚之间的和平,楚顷襄王把太子送到秦国作为人质,让春申君在秦国陪伴太子,负责楚、秦之间的关系。

几年以后,楚顷襄王病重,秦王却不让楚太子回国。眼看楚顷襄王病情一天天恶化,楚国面临无君可立的危险,黄歇很着急就去找范雎,让他在秦王面前多美言几句。并说如果秦国让太子回国,他一定会非常感激秦国,不会与秦国为敌。

范雎也觉得有道理,就去禀报了秦王。但秦王眼珠一转,说:"既然这样,就让太子的老师先回去看看楚王到底病得怎样,回来后再说吧!"

时间不饶人,黄歇只好另作他图。黄歇对太子说:"秦王把你扣留在这里,是想待价而沽。现在殿下对秦王还没有多少用处,但要是楚王真的驾崩了,楚国群龙无首发生内乱,那时殿下就成了秦王手中的一张王牌,对楚国不利!"太子焦急地问:"那该怎么办呢?"黄歇说:"我看只能先让殿下您设法逃回楚国,我留在这里抵罪!"于是他给太子换上楚国使者车夫的衣服,让太子在前面赶车,混出了秦国的关卡。

黄歇留在咸阳,当有人来访,他都以"太子染病,暂不会客"为由推托。估计太子快到楚国了,黄歇才去见秦昭王请罪:"楚国太子已经秘密回国了! 大王就把我杀了吧!"秦昭王听到这个消息,又气又恨,让黄歇自杀谢罪。这时范雎刚好在场,劝说秦昭王:"楚国太子已经逃走了,杀了黄歇又有什么用呢? 黄歇身为人臣,舍身救主,楚国太子立为楚王后,肯定会重用他的。大王不如放他一马,让他回楚国去,他会感激大王,这样楚国会更加亲近秦国。"秦昭王想了想,觉得范雎的话也有道理,只好作罢,放黄歇走了。

黄歇回国后不久,楚顷襄王就死了,太子即位,为楚考烈王。考烈王感激黄歇的大智大勇,任命他为令尹(相国),封他为春申君,并把淮北十二个县赐给他。

当时齐国有孟尝君,魏国有信陵君,赵国有平原君,他们都礼贤下士、延揽人才、豢养门客。春申君也广交贤士,门下宾客达数千人,与孟尝君、信陵君、平原君齐名。

楚国在春申君的治理下,国力逐渐恢复了。公元前257年,他率十万大军救赵,与信陵君一起解了邯郸之围。后来他又率领楚军兼并了鲁国。

春申君在楚国做了二十二年令尹,位极人臣,志得意满。可是一场战争的失败使他失去了楚王的信任,成为他命运的转折点。

由于秦国兼并天下的意图越来越明显,六国诸侯意识到必须遏制秦国东进的势头,以图生存,就又一次结成合纵联盟。由于楚国比较有实力,大家推楚王为纵约长,春申君负责具体事务。六国联合出兵进攻秦国,但在函谷关外吃了大败仗,合纵联盟土崩瓦解。楚王把这次失败归咎于春申君,从此君臣之间逐渐疏远了。

楚考烈王在位二十三年,始终没有儿子。春申君担心楚王绝嗣,就找了许多女子献入后宫,还是无效。春申君为此寝食不安,无计可施。

赵国一个名叫李园的冒险家带着他的妹妹来到楚国,想把他妹妹献给楚王,以获取荣华富贵。但他听说楚王后宫养了许多美女,但谁也没有生子,心想:该不是楚王的原因吧? 于是他心生一计,没有贸然让他妹妹进宫,而是自己先到春申君的门下做食客,渐渐获得了春申君的信任。

有一次,他向春申君告假回家探亲,故意拖延了很久才回来。春申君问他为什么回来这么迟,他就故弄玄虚说,回家正碰上齐王派人向他妹妹求婚,他因应酬才误了归期。他趁机把妹妹夸耀了一番,说得春申君也动了心,就问他妹妹答应齐王没有。李园说还没有,不过她非常仰慕大人。春申君想都没想,就叫李园把妹妹带来见一见。见了面后,春申君见她果然很漂亮,就娶她做了妾,不久有了身孕。

李园与妹妹密谋,让妹妹在春申君枕边吹风说:"楚王待您胜过亲兄弟,让您在朝中做了二十多年的宰相。但楚王至今没有儿子,百年之后,不得不由楚王的兄弟掌权,那时您还能位极人臣,享尽荣华富贵吗?而且您做了这么多年的宰相,对楚王的兄弟多有失礼的地方,他真的掌了权,还容得下您吗?您恐怕连命都保不住!"

听她这么一说,春申君额上直冒冷汗,忙问该如何是好。李园的妹妹见他上了钩,就献计说:"我现在已经怀上了您的孩子,但别人并不知道,如果您把我献给楚王,楚王肯定会宠幸我。要是上天保佑我肚子里是个男孩,太子就非他莫属;您的儿子将会当上楚王,楚国不就成了您家的了吗?"

春申君这时已经年老昏聩,分辨不清是非了。他认为这个主意的确很好,就让李园的妹妹单独住一间房子,严加保护,然后进宫对楚王说她多么多么美,楚王垂涎三尺,忙叫春申君赶快送她入宫。从此楚王好多天都不上朝。

不久,李园的妹妹生下一个男孩,楚王喜出望外,连忙祭告天地祖宗,将其立为太子。自然,李园的妹妹被立为王后,李园也跟着鸡犬升天,成了楚王的宠臣。

李园兄妹达到目的后,总觉得春申君是个隐患,万一他把这事捅出去,不就鸡飞蛋打了吗?于是李园兄妹收买杀手,准备除掉春申君。这件事许多人都有所觉察,只有春申君一人蒙在鼓里。

楚王快要死了,李园也加快了谋害春申君的步伐。春申君的门客朱英决定劝春申君提高警惕,以防暗算。"世上有无妄之福,也有无妄之灾。大人生在这个祸福无常的乱世,侍奉喜怒无常的君王,怎么能没有转祸为福的人呢?"朱英说道。

春申君弄不明白,问:"什么叫意想不到的福分?"

朱英回答:"大人在楚国掌权二十多年,名义上是相国,实际上是楚国之王。现在楚王就要归天,日后大人辅佐少主,可以代替他治国,就像伊尹、周公那样,等少主长大后再还政于他,不等于您做了楚王吗? 这就叫意想不到的福分。"

春申君点了点头,又问:"什么叫意想不到的祸患呢?"

"李园视大人为仇人,许久以来就暗中训练杀手。楚王死后,他必定会先入宫夺权,然后杀掉大人灭口。这就是意想不到的祸患啊!"朱英说。

"先生恐怕言重了吧? 李园势单力薄,我又对他很好,他肯定不会加害于我的。"春申君淡淡一笑说。他又问什么叫转祸为福的人。朱英说:"大人可以让我去楚王身边做贴身卫士,把我安插在宫中。楚王死后,李园肯定会抢先入宫,我就为大人杀了他,这样,大人就会转危为安,变祸为福了。"朱英献计说。

可是春申君认为李园就是吃了豹子胆,也不敢如此做,没有听从朱英的意见。

朱英见春申君的确年老昏聩、不明事理了,就摇了摇头告退了。为了避祸,他改名换姓逃走了。

不久以后,楚考烈王死去,李园果然抢先入宫,在城门口埋伏杀手,等春申君入城时,趁机杀掉了春申君,割下他的头抛出城门喂野狗,还将他家满门抄斩。

一代人杰就这样死在一个小人手里。

第九章　最后的纵横家
——蒯通

　　秦国自孝公以来,变法图强,奖励耕战,国力蒸蒸日上。经过百余年的发展,到秦始皇亲政之时,统一天下的时机终于成熟。公元前230年,秦王派内兄腾进攻韩国,俘虏了韩王,在韩国旧地设立了颍川郡。此后十年间,秦相继灭赵、灭燕、灭魏、灭楚、灭齐,兼并六国,结束了春秋战国以来长期分裂割据的局面,建立了统一的中央集权制国家,中国历史从此翻开了新的一页。

　　六国毕,四海一,干戈渐息,天下底定,秦始皇"奋六世之余烈,振长策而御宇内"(贾谊《过秦论》),实现了中国的统一。秦始皇下令焚书坑儒,不准卖弄口舌、是古非今。这样,那些在战国时期朝秦暮楚、摇唇鼓舌的纵横之徒,失去了存在的价值和推销文韬武略的市场,逐渐从历史舞台上谢幕了。

　　但是,纵横家并没有完全从历史舞台上消失,他们在等待时机,东山再起。

　　秦朝实行严刑峻法,横征暴敛,大兴土木,竭尽天下民力,自然不能维持长久。始皇帝建立的庞大帝国仅仅维持了十五年(前221—前206),就在陈胜、吴广起义的号角声中崩塌了。天下大乱,楚汉相争,原来蛰伏民间、深隐待时的纵横之士又开始活跃,蒯通就是他们中的出色代表。

一、劝降高手

　　蒯通,原名蒯彻,《史记》《汉书》中因避汉武帝讳,改为蒯通。范阳(今河北保定徐水北)人,大约出生在战国末年,入秦时岁数应当不小了。他研习纵横之术,可能曾经游历于列国之间,从事过一些游说活动。但由于名气不大,事迹也不突出,《战国策》中并没有与他相关的记载。他曾经在齐国生活过一段时间,以致汉高祖刘邦称他为"齐人"。《汉书》本传记载他与安期生颇有交情,而这位安期生正是秦汉之际知名的黄老学派。

秦灭齐后,蒯通并没有像许多关东士人那样投入秦朝的怀抱,去谋个博士官职,而是收拾行李,回到了自己的故乡,静观政局的变化。这一待就是十二年。

机会终于来了。公元前209年七月,陈胜在大泽乡振臂一呼,天下云集响应,反秦浪潮在原东方六国的土地上成燎原之势,锐不可当。八月,陈胜派遣的大将武臣率领一支起义军渡过黄河,略定原赵国的土地,号武信君。这时的蒯通正在家乡范阳,武信君曾派人到他家中问候。

武臣的大军在河北之地势如破竹,节节推进。可是,在范阳城下却遇到顽强抵抗,久攻不下。蒯通这时也在范阳城内,看准了这个施展才能的机会。他来到范阳令徐公府前,大呼:"范阳百姓蒯通,愿面见徐公!"守门的士兵见他口气很大,不敢怠慢,便放他进来,拥着他来到徐公面前,陈明原委。

虽说蒯通没有名闻天下,但在范阳还是很有名气,徐公对他的名字并不陌生,还与他有些交情。但因为军情紧急,徐公有些怀疑他的来意,耐着性子问他:"听说蒯先生攀上了高枝,今日进城有何见教?"

蒯通一边对徐公作长揖,一边以略带悲伤的口吻说:"听说明公就要遭受不测之祸,我提前来府上吊丧。"

徐公听他这么说,心头颇为不悦,厉声说:"你这是什么话!我倒要听听你有什么说辞,如果不说明白,别怪我徐某不念旧情!"

蒯通心中暗喜:只要你让我开口说话,我就有办法说服你!于是,他开始施展自己的舌辩技巧：

"大人做范阳令该有十多年了吧？这些年来你对朝廷忠心耿耿，草菅人命，你计算过没有：有多少人的父亲做了你刀下之鬼，有多少人因为你而成为孤儿？又有多少人因为你被砍断双脚遭受黥首之刑？多少慈父孝子满怀深仇大恨，想吃你的肉、寝你的皮，但因为畏惧秦法，不得不将仇恨的火焰埋藏于心中。现在天下大乱，秦朝的法令再也无法施行，那些失去父亲的孝子和失去儿子的慈父将争先恐后地把利刃插入大人你的腹中，报仇雪恨，借以名垂青史。大人就要身首异处了，这难道不值得凭吊吗？"

听了蒯通的一席话，徐公头上冒出了冷汗。他知道，这些年来，自己执行朝廷的政令确实严厉了一些，杀了不少人，如果局势真的失控，找他复仇的人肯定不少。想到这里，徐公再也没有了刚才的傲气。他满脸堆笑，将蒯通引入密室，低声问："先生此行，有何良策教我？"

蒯通见徐公有了兴趣，不紧不慢地说："我今天来，其实不光是来吊丧的，也是来向大人表示祝贺的。"说完，拱手向徐公道："祝贺大人今日遇见蒯某，绝处逢生！"

徐公一脸茫然，蒯通暗喜，接着说：

"想必大人听说过赵武信君的事。这人胸怀大志、礼贤下士，承蒙他不弃，曾经派人到我家中慰问。我跟武信君有些交情，只要大人按我的谋划办，大人就能安然无恙。"

徐公有些着急了，忙问有何良策。蒯通说："凭借我与武信君的交情，我会出城面见，对他说，'将军如果只想通过战场上厮杀夺取土地，通过城下恶战换来城池，这其实是非常危险的事。依小臣的愚见，不战而得地，不攻而夺城，传檄而千里定，这才是最好的结局。'但这话说来容易，要做起来就难了。他一定会问我，怎样才能做到这一点。那么我就会说，'范阳令徐公为朝廷守土，整顿士卒，与城共亡是其天职。但他胆小怕死，贪慕富贵，不想与将军交战，想率先献城，不战而降。

徐公投降后，将军一定要优礼相待，不要杀他。否则边地之城的守将们就会相互传告：范阳令先降而身死。投降没有出路，他们就会婴城固守，负隅顽抗，那些地方都会变成金城汤池，再也攻不下了。为将军着想，不如用华贵的黄盖朱轮车迎接范阳令，让他乘车在燕、赵大地上周游驰骋。这样的话，边城之将就会辗转相告：范阳令先降而身获富贵！如此，他们就会争先恐后献出城池，向将军投降，就像从山坡上向下滚圆球一样。这就是我说的传檄而千里定。'有我这番说辞，不怕武信君不从。"

听了蒯通的一席话，徐公豁然醒悟。他向蒯通再拜道谢，当即命人备好车马，派蒯通去见武信君。武信君听完蒯通的话，果然派出车一百辆、骑兵二百人，带上侯印去范阳城迎接徐公。

不出蒯通所料，燕、赵之间正在观望的守城之将，看到徐公主动投降受到如此优礼，纷纷出城投降。没用多长时间，武信君就兵不血刃，轻轻松松地取得了三十多座城池。

二、吠非其主

公元前 206 年十月，刘邦率十万大军攻入咸阳，秦朝二世而终。此后，历史转入了刘邦和项羽两大军事集团争夺胜利果实的楚汉之战。公元前 203 年九月，韩信率汉军虏魏王，破赵军，降燕王，占领了黄河以北的广大地域。蒯通看到韩信实力迅速壮大，就投到韩信麾下，成为他的重要谋士。同年十月，韩信督军进攻齐地，兵至平原（今山东平原南）时，得到齐地已经被郦食其说降的消息，于是韩信决定停止进兵。既然不费一兵一卒齐地就归降了刘邦，就再也没有必要拿双方将士的生命来一决胜负了。但蒯通站出来力主进攻，以武力平齐。他对韩信说：

"将军受诏攻打齐国，汉王却又派出一个说客去劝降齐，这本身就是汉王的不是。汉王既然没有诏书让将军停止前进，将军又怎么能停止进攻！况且郦生只不过是手无缚鸡之力的儒士，凭三寸之舌就劝降了齐地七十余城；而将军率数万之众，艰苦征战了一年多，才攻下赵地五十余城。将军的功劳反倒不如一介竖儒，将军不觉得惭愧吗？"

听了蒯通的一席话，韩信如梦初醒，坚定了以武力攻占齐国的决心。于是趁齐王与郦食其置酒高会、疏于防范之机，挥兵奇袭齐军，一举攻下历下，陷临淄，再战潍水，打垮二十万齐、楚联军，占领了齐地全境。齐王投降后还被进攻，恼羞成怒，立即将郦食其烹杀。

为了成名置他人生命于不顾，这种唯利是图、唯功是视的价值取向，在蒯通身上表现得淋漓尽致。

韩信平齐后，实力大增，成为刘、项之外另一支举足轻重的军事力量。这时刘邦统帅的汉军与项羽的楚军对峙于彭城（今江苏徐州）一线，双方胜负难分，韩信的向背对刘、项都非常关键。刘邦为使韩信尽快南下，参加对楚军的最后围歼，封他为齐王。与此同时，项羽也派出辩士武涉，游说他联楚反汉、三分天下。

韩信刚刚戴上齐王的桂冠，对刘邦感恩戴德，坚决拒绝背汉联楚。蒯通分析当时形势，预感到项羽灭亡后，韩信功高震主，形势对其非常不利，与刘邦的冲突很难避免。蒯通决定劝韩信据齐地自立，成为刘、项之外的第三势力。

但韩信是一个重恩信的人，如果直接劝他背汉，未必奏效。蒯通决定采取迂回战术。他神秘地对韩信说，自己精于相人之术，非常灵验："贵贱在于骨法，忧喜在于容色，成败在于决断，从这几个方面观察，万无一失。"韩信让他为自己相面，他故作高深地说："从将军的面上看，不过封侯，又常处危险不得安宁。但是，从将军的背后看，贵不可言。"

韩信对蒯通的话很感兴趣，表示愿闻其详。蒯通于是纵论天下大势，极力劝韩信据齐自立，进而争夺天下：

"天下最初发难之时，'俊雄豪杰建号一呼，天下之士云合雾集，鱼鳞杂沓,熛（biāo）至风起'。当此之时,大敌当前,大家心同志合,奋力灭秦。如今楚汉纷争,兵连祸结,'使天下无罪之人肝胆涂地,父子暴骸骨于中野,不可胜数'（《史记·淮阴侯列传》）。

"楚人起于彭城,转战千里,追亡逐北,至于荥阳,乘胜进军,威震天下。然而兵困于京、索之间,迫近西山,再也无法前进,至今已经三年了。汉王率几十万大军,扼守巩、雒,依山河之险,一日数战,却无尺寸之功,屡战失利,初败于荥阳,再伤于成皋,奔走于宛、叶之间,这就是所谓的智勇俱困。

"锐气挫于险塞,粮食竭于内府,百姓疲惫,心生怨恨,无所依附。据小臣观察,如此形势,非天下之贤圣,不能息天下之祸患。当今楚、汉两主之命都握在将军手心。将军为汉则汉胜,与楚则楚胜。小臣愿披腹心,输肝胆,贡献愚计,但恐怕将军不能采纳。

"如果将军真能听小臣之计,不妨让楚、汉与我两利而并存,三分天下,鼎足而居,其势莫敢先动。将军有贤圣之智,有甲兵之众,占据强齐,收附燕、赵空虚之地,从背后钳制楚、汉。然后顺从百姓的愿望,西向为百姓请命,则天下之人如风相随,如声相应,谁敢不听将军号令！使大变小,使弱变强,广立诸侯,分割天下。诸侯已立,天下之人必然服从将军号令,对将军感恩戴德。将军据有齐国胶、泗之地,以德服人,深拱揖让,则天下君王相率而朝于齐。古语说:天与弗取,反受其咎;时至不行,反受其殃。但愿将军仔细斟酌！"

对于蒯通的分析,韩信频频点头。不过,他思忖再三,还是拒绝了,他对蒯通说出了自己的理由:"汉王待我甚厚,把好衣给我穿,把好车给我坐,把美食给我吃。古人说过,乘人之车者载人之患,衣人之衣者怀人之忧,食人之食者死人之事。我理当感恩图报,怎么能够做背信弃义的小人呢？"

面对韩信的犹豫,蒯通心里十分着急。他列举了很多先友后敌、始合终离的实例,分析汉王刘邦的为人,说明"世态炎凉,利尽则交亡"

的道理,再次敦促韩信痛下决心。他说:

"当初常山王张耳、成安君陈余为布衣时,相互为刎颈之交。后来因为争张黡、陈泽之事,互相怨恨,终于分道扬镳。常山王逃归于汉王,借兵东下,杀成安君于泜水之南,首足异处,终为天下人耻笑。这二人交情之厚,可以说天下无双,但结果怎样?最终兵戎相见,视如寇仇。这是为什么?祸患生于多欲,而人心难测之故也。

"现在将军想通过忠信以结交于汉王,但您想过没有,您与汉王的交情,比得过张耳与陈余吗?且您与汉王所争之事,比张黡、陈泽大得多了。所以小臣以为,将军如果真的认为汉王一定不会危害自己就大错特错了。春秋时大夫文种、范蠡兴复越国,辅佐勾践成就霸业,结果怎样呢?立功成名而身死亡。俗话说:野兽已尽而猎狗烹。从交友方面讲,则不如张耳之与成安君;从忠信方面讲,则不过大夫文种、范蠡之于勾践。以上的事例值得将军借鉴,愿将军深思。

"而且小臣听说,勇略震主者身危,功盖天下者不赏。将军渡西河,虏魏王,擒夏说;引兵下井陉,诛成安君,徇赵、胁燕、定齐;南摧楚兵二十万之众;东杀龙且,西向报仇,这正是所谓功业天下无二,谋略无人堪比。如今将军有震主之威,挟不赏之功,归楚楚人不信,归汉汉人震恐,将军该如何是好呢?身居人臣之位,而有震主之威,名高天下,小臣真为将军担忧啊。"

蒯通列举的历史教训是深刻的,阐述的理由也是相当充分的,韩信不能不深加考量。然而,韩信仍然下不了"谋反"的决心,他只是用"容我三思"加以搪塞。

蒯通对未能说服韩信心有不甘,几天以后,他再次面见韩信,对其提出了最后的忠告:

"能听善言,就能发现事变的征候;采纳妙计,就能把握先机。有善言不听,有善谋不用,而能久安,恐怕很少有人做得到。懂得事情的严重性,却不敢去做,会招来祸患的。聪明人应该当机立断,如果犹豫不决，效法妇人之仁，将会贻害无穷。俗语说，猛虎之犹豫，不若蜂虿（chài）之致螫（shì）；骐骥之踟蹰（jú zhú），不如驽马之安步；孟贲之狐疑，不如庸夫之必至。这是讲能言不如能行。功业难成而易败，机会难得而易失。请将军详察。"

但韩信心存犹豫，不忍背弃汉王；又自以为功多，汉王不会对他下手，最终没有采纳蒯通的建议，错过了与刘、项争夺天下的大好机会。

到此时，蒯通终于明白韩信难以说服，自觉继续留在韩信军中已无意义，还有可能危及自身。为图自保，他假装疯病发作，趁机离开韩营，云游江湖，靠做巫师为生。

后来韩信的结局果然被蒯通言中。公元前202年正月，垓下之战刚刚结束，刘邦就剥夺了韩信对汉军的指挥权。接着，又改封韩信为楚王，强令他脱离富庶的齐国。时隔不久，公元前201年十二月，韩信就被刘邦诬以"谋反"的罪名，削去王位，降为淮阴侯，迁到都城长安严密控制起来。公元前196年正月，韩信因勾结陈豨谋反，被吕后、萧何合谋诛杀。韩信临刑前叹息说："我真后悔不用蒯通之计，而今死于妇人之手，岂非天意！"

刘邦这才知道蒯通曾经为韩信谋划，惊出一身冷汗，下令齐国将蒯通押送长安。蒯通到长安后，刘邦亲自提审，以教唆韩信谋反的罪名，将其处以烹刑。临刑前，刘邦严词诘问："你为什么要教韩信谋反？"蒯通面不改色，理直气壮地为自己开脱罪责：

"走狗各为其主。那个时候，小臣独知齐王韩信是主子，哪知有陛下，当然要为齐王谋划。况且秦失其鹿，天下共逐之，谁有高材，谁就先得。天下之人都想做陛下所做的事，只不过没有这份实力，如果要杀，杀得完吗？"

刘邦听了蒯通的这番话，觉得这人还不算虚伪，想了一会儿就下令把他放了。蒯通侥幸逃过死罪，保住了性命。

三、娶妻与求臣

汉朝建立不久,刘邦就封其外妇之子刘肥为齐王,任命曹参为齐相国。曹参礼贤下士,大量延揽人才,流落齐国的蒯通也成了曹参的座上客。

由于曹参相信黄老之学,加上蒯通曾与安期生往来,受过黄老之学的影响,常为曹参出谋划策,拾遗举过,显贤进能,曹参非常信任他。《汉书》本传记载了蒯通向曹参推荐齐处士东郭先生和梁石君的故事。

原来,秦朝灭亡以后,楚、汉相争,群雄逐鹿,齐王田荣因怨恨项羽分封不公,谋划举兵反叛。齐国士人都被田荣裹挟,有不从者就遭杀头之祸。东郭先生与梁石君也被劫持,只得勉强随之反叛。后来田荣失败,那些士人又纷纷投靠汉朝。二人感到耻辱,就一道入深山隐居,羞与士林为伍,更不愿入仕。由于这二人在齐国士人中相当有威望,曹参的一个门客就建议蒯通向曹参推荐这两个人。蒯通一口答应下来,于是来见曹参,说:

"有一个妇人,丈夫刚死了三日就嫁了别人;又有一个妇人,丈夫死后幽居守寡,闭门不出。如果大人要娶妻,选择哪一位?"曹参一头雾水,随口回答:"当然要娶不嫁的妇人。"蒯通接着说:

"娶妻的道理就跟求臣一样。东郭先生和梁石君二人是齐国有名的俊士,曾经依附过田荣。田荣死后,二人入山隐居,未尝卑躬屈膝以求仕。愿大人将二人罗致府中,以尽其才。"

曹参接受了蒯通的建议,立即将二人招入府中,奉为上宾。

通过这件事,蒯通再次发挥纵横家擅长游说的优势,既使曹参博得了礼致贤人的美名,也使东郭先生和梁石君有机会贡献自己的才干,收到两全其美的效果。

蒯通晚年潜心著书,总结战国游说之士的舌辩艺术,并加以评论,共八十一篇,号曰《隽永》。书名意思是,纵横家的这些说辞优美隽永,意味深长。班固《汉书·艺文志》著录"《蒯子》五篇"，列入"纵横家"，可惜其书早已失传。清代马国翰《玉函山房辑佚书》的"子编·纵横家类"有辑本一卷，辑录《说徐公》《说韩信》《说曹相国》三篇，都录自《汉书》本传所载。

结束语

　　蒯通之后，纵横家再也没有掀起过大的历史波澜。司马迁的父亲司马谈曾经论述当时"六家"显学，没有纵横家的位置。尽管如此，纵横家并未销声匿迹，汉初习纵横术者也不乏其人。如主父偃"学长短纵横之术"，"边通，学长短"。《汉书·艺文志》"诸子略·纵横家类"著录有《邹阳》七篇、《主父偃》二十八篇、《徐乐》一篇、《庄安》一篇、《待诏金马聊苍》三篇。这些著作都是当时人的作品，可见，纵横家在当时并没有完全沉寂。

　　纵横家的完全衰落是在汉武帝罢黜百家、独尊儒术之后。"纵横"为乱世之学，天下大乱、群雄并争之时，是"纵横"盛行的大好时机。但当战乱平定、国家统一以后，它便失去了生存的土壤，甚至被最高统治者明令禁止。汉武帝罢黜百家，其中一项就是严禁"苏、张纵横"，便是典型之例。"纵横"之学尚口舌，重功利，轻忠信，寡廉耻；与儒家提倡的仁义道德格格不入，在举世崇儒重德的文化背景下，自然要受到唾弃。

　　纵横家虽然成了历史的陈迹，消失在历史的洪流之中，但是"纵横"之术并没有就此丧失其历史价值。历史的发展演变经历了诸多曲折，每当在天下大乱、各种力量对垒之际，我们常常会看到纵横家的影子。

　　用世策略与语言技巧有其永恒的历史价值。在当今时代，演讲与谈判在政治、经济、文化、外交等活动中的作用日益重要，纵横家的原则与方法可以给当代人许多启迪。日本学者大桥武夫写的《兵法与鬼谷子》就阐述了鬼谷子智术在商战中的实用价值。《鬼谷子》与《战国策》完全可以作为口才训练与策划谋略理论与实践的教科书。纵横家的这份历史遗产还有待后人充分挖掘。

本书没有对纵横家过多地做学理上的探讨。诸如苏秦和张仪的时代先后问题、《史记》《汉书》《战国策》与出土《纵横家书》记载的异同问题，还有其他诸多学理方面的谜团，本书并未尝试加以解决。

如今，市场争夺战、人才争夺战、贸易大战……此伏彼起，异常激烈。其惊心动魄的程度，不亚于秦、赵长平之战。在这些无休止的"战争"中，最后鹿死谁手，由谁来一统天下，靠的是什么呢？

大家不妨翻翻这本小书，看看纵横家们是怎样出奇制胜的。也许，它能让你领略到丰收的喜悦，品尝到智慧的果实。

汉唐书局